政府支持行为对中小企业创新绩效的影响研究

郑 烨 吴建南 著

本书为国家自然科学基金青年基金项目（72004182），教育部哲学社会科学研究重大课题攻关项目（13JZD015），教育部人文社会科学研究青年基金项目（19YJCZH267）的阶段性成果

科 学 出 版 社

北 京

内 容 简 介

在中国的创新生态中，政府机构是企业外部网络中影响力最大、最复杂，也是最难预测的重要构成要素。党的十九大报告提出要坚定实施创新驱动发展战略，在此背景下，鼓励中小企业创新已成为当前中央和地方政府推动创新驱动发展战略有效实施的重要抓手，而探索政府支持行为对中小企业创新绩效的影响作用则是关键之举。本书基于政府支持企业创新的视角，重点从理论构建、案例分析和实证研究三个层面全面系统地分析了政府支持行为影响中小企业创新绩效的背景、现状、过程及效果，并提出了支持中小企业创新发展的相关政策建议。

本书立足于政府支持中小企业创新的现实问题，是科技政策与管理领域的最新研究成果，可以直接用于指导财税、科技等政府部门制定相关的支持中小企业创新的公共政策，也可以为国内学者从政府视角研究企业创新过程提供思路，还可以直接作为科技政策与管理、技术经济与管理专业的硕士、博士研究生拓展专业知识的理论素材。本书整体上适用于创新政策与管理领域的研究者及实践者阅读。

图书在版编目（CIP）数据

政府支持行为对中小企业创新绩效的影响研究 / 郑烨，吴建南著. —北京：科学出版社，2022.6

ISBN 978-7-03-069486-7

Ⅰ. ①政…　Ⅱ. ①郑…　②吴…　Ⅲ. ①政策支持－影响－中小企业－企业创新－企业绩效－研究－中国　Ⅳ. ①F279.243

中国版本图书馆 CIP 数据核字（2021）第 153150 号

责任编辑：徐　倩 / 责任校对：张亚月
责任印制：张　伟 / 封面设计：无极书装

科学出版社出版

北京东黄城根北街 16 号
邮政编码：100717
http://www.sciencep.com

北京盛通商印快线网络科技有限公司印刷

科学出版社发行　各地新华书店经销

*

2022 年 6 月第　一　版　开本：720 × 1000　1/16
2023 年 1 月第二次印刷　印张：13
字数：262 000

定价：136.00 元

（如有印装质量问题，我社负责调换）

作 者 简 介

郑烨，男，1986年8月出生，管理学博士（博士后），现任西北工业大学公共政策与管理学院公共管理系副教授、硕士生导师。主持国家自然科学基金项目、教育部人文社会科学研究项目、中国博士后科学基金面上项目等国家级及省部级课题近10项，主要参与完成教育部哲学社会科学研究重大课题攻关项目、国家自然科学基金面上项目等课题10余项。在*International Journal of Technology Management*、《科研管理》、《科学学研究》、《科学学与科学技术管理》、《研究与发展管理》、《中国人口·资源与环境》等SSCI和CSSCI刊物上发表论文50余篇。曾获第三届全国优秀MPA教师、陕西省研究生教育成果奖一等奖、第二届中国研究生公共管理案例大赛全国二等奖（指导老师）、中国商业联合会科学技术奖三等奖、陕西高等学校科学技术研究优秀成果奖一等奖、陕西省第十四次哲学社会科学优秀成果奖三等奖、陕西高等学校人文社会科学研究优秀成果奖二等奖、第二届夏书章公共管理优秀博士论文奖提名奖等多项奖励。

吴建南，男，1970年5月出生，管理学博士（博士后），教育部长江学者特聘教授，现任国务院学位委员会第八届学科评议组（公共管理组）成员、上海交通大学国际与公共事务学院院长、中国城市治理研究院常务副院长、上海交通大学改革创新与治理现代化研究中心主任、上海交通大学讲席教授、博士生导师。主持国家社科基金重大项目1项、教育部哲学社会科学研究重大课题攻关项目2项、国家自然科学基金面上项目、教育部人文社会科学重点研究基地重大项目、国家重点科技工作专项等课题40余项。在*Journal of Public Administration Research and Theory*、*Public Management Review*、*Public Administration*、*Review of Public Personnel Administration*、*Public Administration Quarterly*、*International Public Management Journal*、《管理世界》、《公共管理学报》、《中国行政管理》等SSCI和CSSCI刊物上发表论文百余篇。近年来曾获教育部高等学校科学研究优秀成果奖二等奖、三等奖，陕西省哲学社会科学优秀成果奖二等奖等多项奖励。

序　言

党的十八大以来，在以习近平同志为核心的党中央的带领下，我国经济持续平稳增长，经济发展的科技含量持续提升。可以说，这些成就的背后都离不开创新，国家经济实现高质量的发展离不开创新，科技强国的建设也离不开创新。2019 年党的十九届四中全会上提出要"构建社会主义市场经济条件下关键核心技术攻关新型举国体制"，并指出实现新型举国体制需要"建立以企业为主体、市场为导向、产学研深度融合的技术创新体系，支持大中小企业和各类主体融通创新，创新促进科技成果转化机制"①。2020 年 10 月，党的十九届五中全会上进一步明确"坚持创新在我国现代化建设全局中的核心地位，把科技自立自强作为国家发展的战略支撑"②，并将其摆在各项规划任务的首位。由此可以看出，创新是当前引领我国发展的第一动力，也是实现更高质量、更可持续发展的必由之路。想要更好地发挥科技创新对现代化建设全局的支撑作用，政府需要更好地发挥自身作用、进一步厘清市场与政府的边界、明晰市场和政府在推动创新中的功能定位、激发创新者的动力和活力。

从理论视角来看，现有相关研究表明，政府支持行为在各国企业创新过程中普遍发挥了较为重要的促进作用，对新兴工业化国家及发展中国家的企业来说，政府相关政策对其创新的影响更为重大。尽管当前学界围绕政府行为与企业创新间关系取得了丰硕的研究成果，但当前学界对政府支持行为究竟能否及如何影响企业创新活动仍未达成共识。并且根据现有研究，当前学界更多地在探讨某一政府支持行为对企业创新绩效的直接影响作用，但是不同政府支持行为组合方式如何影响企业创新绩效，具体影响效果如何？各类政府支持行为应该如何组合才能达到最佳效果？等等，这些问题仍是一个个未被打开的"黑箱"。基于此，本书主要采用混合研究方法，综合运用质性研究及量化分析，构建了政府支持行为影响中小企业创新绩效的研究框架，进而揭示了不同类型的政府支持行为对中小企业创新绩效的影响机制。

本书立足于政府支持中小企业创新的视角，围绕财税政策引导、创新环境营

---

① 引自 2019 年 11 月 6 日《人民日报》第 001 版的文章《中共中央关于坚持和完善中国特色社会主义制度、推进国家治理体系和治理能力现代化若干重大问题的决定》。

② 引自 2020 年 11 月 4 日《人民日报》第 001 版的文章《中共中央关于制定国民经济和社会发展第十四个五年规划和二〇三五年远景目标的建议》。

造两类不同的政府支持行为对中小企业创新绩效的影响进行了深入探讨，对现有的企业创新绩效研究，以及政府支持企业创新的研究成果进行了丰富和拓展，研究结论也初步揭示了财税政策引导、创新环境营造、企业创新能力、企业创新动力对企业创新绩效的影响机理。

为完成本书的撰写，作者和研究团队在西安、青岛、乌鲁木齐、绵阳等多个城市展开实地调研，并面向中小企业发放了大量问卷，为本书的顺利撰写奠定了良好的基础，在此感谢相关政府工作人员及中小企业负责人对本书数据收集给予的大力支持与配合。另外，在本书出版过程中，感谢姜蕴珊、秦可馨、李昕怡等同学在多次校对过程中做出的贡献。最后，还要衷心感谢国家自然科学基金委员会、教育部社会科学司、西北工业大学科学技术研究院等机构为本书出版提供的资金支持。本书从撰写到出版几经修改，能够顺利出版实属不易，相信本书能够为读者从政府视角研究企业创新提供思路借鉴，也希望本书能够在财税、科技等政府部门制定相关的支持中小企业创新发展的公共政策时提供一定的政策参鉴。

作　者

2022 年 1 月 11 日

目　录

第二篇 案例研究与模型构建篇

第三篇 实证分析与模型验证篇

第四篇 总结与展望篇

第1章 导 论

1.1 政府支持中小企业创新的实践与理论背景

1.1.1 实践背景

在中国经济快速发展的40多年里，我国的人均国内生产总值（gross domestic product，GDP）总量已经达到了中等偏上收入国家的水平，这无疑要归功于创新的引领和发展，只有大力推动创新型经济发展，才能使中国由世界经济大潮的追随者转化为世界经济的引领者[1]。党的十八届五中全会明确提出了以“创新、协调、绿色、开放、共享”作为当前的五大发展理念，其中创新发展居于首要位置[2]。习近平指出，“要深入实施创新驱动发展战略，推动科技创新、产业创新、企业创新、市场创新、产品创新、业态创新、管理创新等，加快形成以创新为主要引领和支撑的经济体系和发展模式”[3]。总之，创新驱动已成为当前国家经济社会发展的重要动力与源泉，而实施创新驱动发展战略的关键就在于厘清政府与市场在资源配置中的作用，同时激发全社会的创新活力和潜能。鉴于中小企业在经济发展中的重要地位，在世界各国大力推进开放创新的时代背景下，鼓励中小企业（small and medium-sized enterprise，SME）创新已成为各个国家实施科技创新政策的关键之举[4]。在竞争激烈、变化莫测的全球化市场体系中，中小企业通过持续进行产品创新与流程创新影响了整个经济的发展，是全球经济增长与技术进步的动力源泉[5]。在发展中国家，中小企业带动区域经济发展的作用已经得到了广泛的认可。以中国为例，第九届全国人大常委会第二十八次会议通过了《中华人民共和国中小企业促进法》，这是我国国家层面制定的第一部适用于扶持和促进中小企业发展的专门性法律，就是为了发挥中小企业在国民经济和社会发展中的重要作用①。在过去的十多年里，中小企业的注册数量超过了所有注册企业数量总和的99%，在商业活动及区域就业岗位供给方面占据主导地位，并且中小企业对经济发展的贡献主要体现在促进经济总量增长和维持财政收入稳定、创造就业机会、推动技术创新与出口贸易增长等方面，中国经济的发展应当同中小企业的发展并行不悖[6-8]。《中国中小企业年鉴2018》的相关数据显示，全国中

① 中华人民共和国主席令第六十九号，2002年6月29日通过，自2003年1月1日起施行。

小企业的注册登记数量由 2001 年的 16 万家快速增长到 2018 年末的 3000 多万家，近二十年来的增长超过了 187 倍，并且按照东、中、西、东北地区域划分①的中小企业数量年度增长率也在持续上升，尤其是东部地区的中小企业数量远远超过了中、西部和东北地区，由此显现出近年来我国中小企业数量呈现快速蓬勃增长的态势。

对于中小企业的长期发展而言，创新研发是其提高核心竞争力的关键所在[9]。国内许多中小企业有着强烈的创新意愿，但是这些企业可能由于自身资金不足、能力不够，加之创新研发活动所带来的非排他性、非敌对性及外部性等因素的影响，从而创新动力不足而难以长期坚持进行创新研发活动[10]。当前普遍认为，资金不足、技术落后及研发人员匮乏等因素是阻碍中小企业进行创新的“三座大山”。在面临国内外复杂多变的经济环境的背景下，中小企业的转型升级面临着严峻挑战。例如，中小企业市场准入壁垒依旧存在、技术创新与管理创新遭遇各类瓶颈、创新软环境建设相对滞后、财政金融支持力度跟不上等，这些问题若不解决将严重制约国内中小企业的转型升级与创新发展[11-13]。由于中小企业的创新活动本身具有高度的不确定性和风险性，而企业本身无法承受高额的投资费用及巨大的风险，为了确保市场机制的有序运作，及时纠正企业创新活动的偏移，政府这只“看得见的手”通过借助各类政策工具，刺激和干预了中小企业的创新研发活动。

自 1978 年改革开放以来，中央和地方政府通过出台各类创新政策来支持中小企业的创新发展，具体涉及金融政策、人力资源政策、商业创新支持体系政策及法律政策四大方面[14]。鉴于中小企业创新发展的重要性，在党的十八大召开前后，国家先后出台了《中共中央　国务院关于深化科技体制改革加快国家创新体系建设的意见》（中发〔2012〕6 号）、《国务院办公厅关于强化企业技术创新主体地位全面提升企业创新能力的意见》（国办发〔2013〕8 号）、《“十二五”中小企业成长规划》、《国务院关于进一步支持小型微型企业健康发展的意见》（国发〔2012〕14 号）等一系列政策性文件扶持和引导中小企业及小微企业的发展[15]。2015 年后科技部又发布了《关于进一步推动科技型中小企业创新发展的若干意见》（国科发高〔2015〕3 号）（以下简称《意见》），旨在充分发挥市场在资源配中的决定性作用和更好地发挥政府作用，充分激发科技型中小企业的技术创新活力，促进科技型中小企业的健康、蓬勃发展。《意见》中明确指出我国科技型中小企业仍然面临创新能力有待增强、创新环境有待优化、服务体系有待完善、融资渠道有待拓宽等问题。并且从鼓励科技创业、支持技术创新、强化协调创新、推动集聚化发展、完善服务体系、拓宽融资渠道及优化政策环境等七大方面提

① 东、中、西、东北地区的划分依据《中国中小企业年鉴》上的划分标准。

出了进一步推动科技型中小企业创新发展的现实路径，致力于培育、壮大科技型中小企业群体[16]。

作为企业外部网络中影响力最大、最为复杂，也是最难预测的重要构成要素，政府与企业之间的关系无疑会对企业生产和经营绩效产生重要影响[17]。一方面，政府扮演着重要的“扶持之手”的角色[18]，主要通过银行贷款、拓展资本市场、财政补贴、税收优惠、政府采购等手段支持企业发展[19-21]；另一方面，政府也扮演着“有形之手”的角色，主要表现为对企业投资的直接干预、对企业经营业务范围和地域空间的干预、给企业造成巨大的政策性负担等[22-25]。究其根源，主要是我国长期以来对计划经济形成的路径依赖，使得政府与企业之间的关系尚未完全理顺。不论政府是出于社会目标还是政绩目标，抑或是实现个人对企业的利益寻租，总之，政府会通过直接影响企业的行为来实现区域经济社会的发展，这也是因为政府部门掌握着国家的主要决策权力，尤其是对于具有一定规模的企业而言，政府在资源配置、项目审批等活动中更具有主导性话语权[26]。因此，政府的行为作用对于企业的创新发展来说，是毋庸置疑的。

综上所述，中小企业在我国经济社会发展中具有举足轻重的地位和作用，近年来国家对于中小企业的创新发展高度重视。当前我国的中小企业在取得快速发展的同时，也面临着各种严峻的挑战。除了企业需要提升自身的核心竞争力以外，政府机构对于中小企业创新的影响也变得愈加显著，那么政府究竟需要出台哪些政策手段来促进中小企业创新绩效的提升？尽管实践表明，政府每年通过大量财政拨款、税收优惠减免、项目扶持等一系列方式支持中小企业的研发创新，但是政府这些支持手段是否真正促进了中小企业创新绩效的提升？这些不同的支持方式是如何影响中小企业创新的？影响中小企业创新绩效的政府支持行为究竟有哪些？在这些问题背后，仍然隐藏着一个个未被打开的“黑箱”。显然，只有厘清上述问题才能从本质上理顺政府与中小企业主体之间的关系，才能领会“如何让市场主体起决定作用，让政府更好地发挥作用”，才能明确政府究竟应该为促进中小企业创新做哪些“有用功”，这对当前和今后一段时期推进国家创新驱动发展战略的实施进程、营造良好的创新生态环境，以及促进市场体系的健全等无疑具有重要的现实意义。

1.1.2 理论背景

在创新管理研究领域中，创新绩效议题是许多社会科学领域所关注的重要问题，如经济学、管理学、教育学、社会学等。通过对中国知网（China National Knowledge Infrastructure，CNKI）2005～2018年相关文献的检索可以发现（图1-1），创新绩效的研究近14年来（2005～2018年）处于持续升温状态，由2005年的

83 篇快速增长到 2018 年的 1298 篇，并且创新绩效影响因素及创新绩效评价研究的文献数量也分别由 2005 年的 17 篇、33 篇快速增长到 2018 年的 221 篇、166 篇，由此可见，创新绩效方面的研究是当前学界所关注的热点，正处于炽热化的发展阶段。

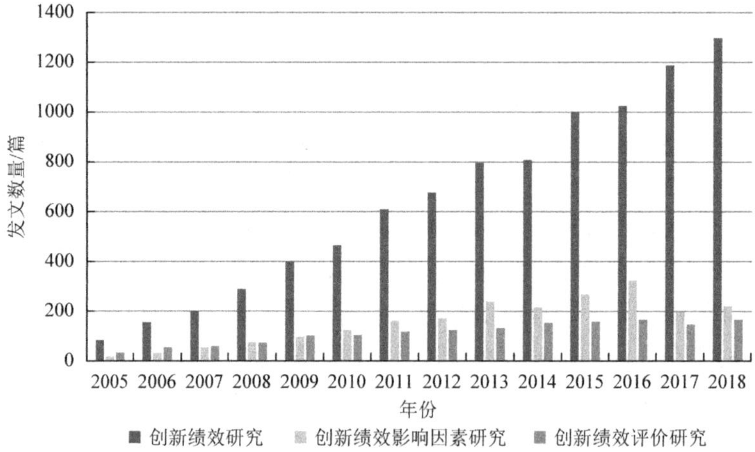

图 1-1　2005～2018 年国内创新绩效研究的学术关注度

从现有的国内外创新绩效研究文献来看，国内外学者对创新绩效的影响因素展开了一系列深入的探讨。概括起来，创新绩效的影响因素主要包括产业市场环境、组织因素和个体因素等几大方面。根据被引频次和下载次数梳理现有文献，较具代表性的观点主要有：Tsai 在管理学类顶级期刊《美国管理学会杂志》（*Academy of Management Journal*）上发表的文章目前被引频次最高（903 次）①，他较早地提出了组织内部网络中的技术转移，并且发现网络位置和吸收能力对企业创新绩效具有显著影响[27]。Laursen 和 Salter 研究了开放搜索战略与创新绩效之间的关系，结果发现开放搜索的宽度、深度与企业创新绩效之间呈现显著的倒“U”形关系[28]。Zeng 等探索了与企业组织合作、中介机构合作及研发组织合作等不同的合作网络对中小企业技术创新绩效的影响，并指出企业间的合作对中小企业创新绩效的影响最为显著[29]。Jiménez-Jiménez 和 Sanz-Valle 强调组织学习与创新性是创新绩效的重要影响因素，并且企业规模与成立年限、产业与环境的波动性调节了三者之间的关系[30]。Lin 等提出市场需求对绿色产品创新与企业创新绩效均有显著影响，并且绿色产品创新的三种类型对市场需求和企业创新绩效也有着不同程度的影响[31]。张方华从企业社会资本与技术创新的关系研究入手，提出了企

① 此处的被引频次是从 Web of Science（WOS）数据库上得到的数据，并非 Google Scholar 上的数据。

业创新绩效的影响因素包括信息获取、知识获取和资金获取三个方面，并且上述资源的获取主要通过企业社会资本来实现[32]。沈灏和李垣基于联盟关系理论的视角，验证了联盟成员间的依赖关系与企业创新绩效存在倒“U”形的关系，联盟成员间的冲突关系与企业创新绩效之间显著负相关，并且联盟依赖关系与联盟冲突关系间的交互作用与企业创新绩效显著负相关，此外，环境动态性负向调节联盟成员间依赖、冲突与企业创新绩效间的关系[33]。综观上述研究，当前学界主要是从企业组织视角出发，探索企业内外部影响创新绩效的关键要素，并对影响机理进行实证检验，而较少看到从政府与企业关系的视角，探讨创新绩效影响因素这一问题。

另外，国内外学者围绕创新绩效的评价议题也展开了一些研究，其核心问题是“创新绩效是什么？”、“评价谁的创新绩效？”及“创新绩效怎么评？”。在现有的研究中，国内外学者围绕区域创新绩效、不同类型产业创新绩效、产学研合作创新绩效及科研机构创新绩效的评价等议题展开了丰富的研究，主要采用了（technique for order preference by similarity to ideal solution）TOPSIS 综合评价法、随机前沿分析（stochastic frontier analysis，SFA）法、数据包络分析（data envelopment analysis，DEA）法、层次分析法（analytic hierarchy process，AHP）、模糊综合评价（fuzzy comprehensive evaluation，FCE）法及因子分析法和主成分分析法等研究方法。比如，Ghazinoory 等首先提出发展中国家创新系统的主要作用包括：通过知识的扩散、模仿、学习等减少与发达国家在技术领域的差距，并且根据伊朗各省的发展状况，构建了一套含有 25 项指标的区域创新绩效评价体系，通过对模型的运用提出不同省份发展所遵循的历史路径和区位特征[34]。Huang 等从重要性、自我表达和竞争对手绩效三个方面指出管理创新的重要影响因素，并通过决策试验等方法确立了 14 项管理创新绩效指标，进行了两阶段的试验，最终提出管理创新的策略[35]。Edison 等通过在线问卷调查及对软件业从业人员和相关学者的访谈，构建了包含七大类 28 项的软件行业创新绩效评价的指标框架，并且对创新绩效的影响因素，绩效评价指标的投入、产出和效果等进行了汇总和分类[36]。刘顺忠和官建成利用数据包络分析法（data envelopment analysis，DEA），以中国各区域 R&D 支出经费、R&D 科学家与工程师数量为创新投入指标，以发明专利授权量、国外三大系统收录的科技论文数量、新产品产值率、亿元投资新增 GDP 和万元 GDP 综合能耗为区域创新产出的衡量指标，系统测算了 1998 年国内区域创新绩效[37]。陈劲和陈钰芬设计了一套以工艺创新为主的企业技术创新绩效评价框架，具体包括了创新 R&D 绩效、生产制造绩效、营销绩效、创新过程绩效及创新产出绩效等 28 项指标[38]。范德成和唐小旭基于投入-产出视角，构建了国内产学研合作技术创新绩效评价指标体系（包含 14 项指标），利用因子分析法和聚类分析法对各省的产学研合作创新绩效进行了评价，并对得出的排名进行了详细分析[39]。总之，尽管现有的创新绩效评价方面的研究文献从不同视角对创新绩效评价展开了探讨，但是很少有文献厘清创新绩效本质和内涵的问题，而且所提出的创新绩效评价指标也是纷繁复杂，尚未达成共识。

尽管现有大量研究对创新绩效的影响因素进行了探讨，但是围绕政府行为与创新绩效间关系的研究却很稀少，由此可见，国内外学者围绕政府行为与创新绩效的研究仍需深思钻研。基于 CNKI 与 WOS 数据库（SSCI、SCIE）①的检索，以"政府 + 创新绩效"为主题词进行搜索，分析统计近 14 年来（2005～2018 年）政府行为与创新绩效间关系的研究文献的数量，形成学界对该研究领域关注度的趋势分析图，结果如图 1-2 所示。

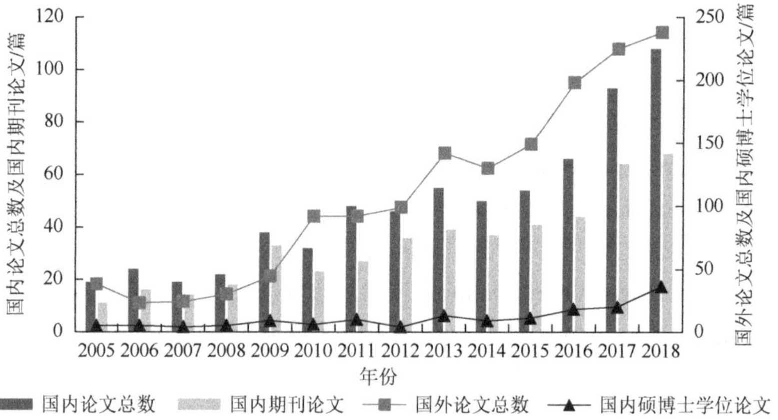

图 1-2 国内外政府行为与创新绩效关系研究的学术关注度

从图 1-2 中可以清晰地看出，国内外学者围绕政府行为与创新绩效的研究文献相对还比较少，2012 年以后的年度研究文献数量才保持在 50 篇以上，近 14 年来其研究文献总数量仅仅占到创新绩效研究文献总量的 8%左右，而国内期刊论文及硕博士学位论文对这一研究主题的关注也主要是在 2014～2018 年。这说明了学界逐渐意识到政府对创新绩效的影响作用很大，开始将研究视角聚焦到政府与企业间的关系，以此来探讨政府行为对创新绩效的影响机理。总体来说，尽管目前已经出现了一些探讨政府行为与创新绩效间关系的理论和实证研究，但是学界对影响创新绩效的政府行为要素分析框架的构建较少，大多研究对政府行为与创新绩效间关系的论证，仅仅是从政府支持的某一方面，如 R&D 补贴、税收优惠、项目与计划扶持、产权保护等，来探讨政府的行为方式如何影响企业创新绩效。

① CNKI 是中国国家知识基础设施；WOS 是目前全球最大、覆盖学科最多的综合性学术信息资源；SSCI（social sciences citation index）是由美国科学信息研究所创建的社会科学引文索引；SCIE（science citation index expanded）是由美国科学信息研究所创建的科学引文索引的扩展版。

然而现实中政府支持企业创新的行为方式往往是多种手段的“组合拳”，而这一“组合拳”究竟包括哪些内容，哪些行为有效，哪些行为无效等，这些问题都是目前和将来一段时间学界亟须解决的重要议题。因此，本书聚焦政府支持行为与企业创新绩效间的关系，尤其深入探讨和分析政府支持行为与中小企业创新绩效间的关系，并且在当前我国实施创新驱动发展战略的背景下，对这一研究展开论证，能够对现有的理论文献和研究领域进行拓展和深化，具有重要的理论意义。

1.2 政府支持中小企业创新的实践与理论意义

1.2.1 实践意义

第一，本书提出的政府支持行为对中小企业创新绩效的影响机理的研究框架，将从整体上系统地识别哪些政府支持行为对中小企业创新绩效的影响非常显著或者不显著，为今后政府支持科技创新活动提供理论依据，并有助于相关政府部门明确应该从哪些方面支持中小企业的创新发展、制定出台哪些相关的政策举措。这在一定程度上可以改善政府的支持效果，同时也能让中小企业排查当前创新状况，找出问题和症结，与政府部门保持良好正确的合作关系。

第二，本书分析财税政策引导、创新能力、创新动力与创新绩效间的关系和作用机理，认为财税政策引导可以促进中小企业的创新能力和创新动力，进而提升中小企业的创新绩效，尤其是在简政放权的背景下，财税政策引导对中小企业创新绩效的正向影响更显著。本书的结果将有助于财政、科技、税务等政府机构和工作人员明确哪些财税政策工具会明显提升创新绩效，尤其是针对中小企业最关注的税收优惠政策，哪些税种的优惠减免会促进企业创新，并且适时考虑推进简政放权，降低企业办理相关政策的门槛，减少企业办理相关政策的审批流程，激发企业创新的动力，帮助提升企业创新的能力。此外，通过本书中小企业也可以清楚地认识到内部的创新动力、创新能力、创新绩效状况的评价维度及影响因素，并进行及时的调整和改进。

第三，本书通过分析创新环境营造、创新能力、创新动力与创新绩效间的关系和作用机理，认为政府对中小企业知识产权的保护及对企业社会责任的监督可以增强企业的创新动力、提高企业的创新能力，进而提升企业的创新绩效，尤其是在环境波动的情境下，政府对企业知识产权的保护及对企业社会责任的监督更能促进企业创新绩效的提升。本书的结果将有助于相关政府机构及其工作人员从知识产权保护、市场秩序维持及企业社会责任履行等方面营造正当、公平、安全的创新环境，明确如何有效监管好企业创新过程，提升区域企业的创新绩效。与此同时，中小企业也可以明晰创新动力和创新能力的前因后果，明确提升创新绩效的途径，判断企业创新状况的好坏，及时对发现的问题进行有效调整和改进。

第四，本书通过对财税政策引导和创新环境营造对中小企业创新绩效影响机理的分析比较，认为不同的政府支持行为对中小企业创新及其创新绩效的影响路径存在明显的差异。本书的结果将有助于相关政府机构和部门工作人员考虑在支持企业创新过程中尽可能根据不同的政府支持行为对企业创新绩效影响程度的高低，采取有针对性的、差异化的支持策略，而不是采取“一刀切”的支持模式，也可以考虑将财税政策引导和创新环境营造两种政策支持方式结合起来使用，在给中小企业提供政策服务的同时，也要营造好区域企业的创新环境，这样对促进企业创新绩效的提升可能会起到锦上添花的作用。

1.2.2 理论意义

第一，本书有助于从理论上进一步识别支持中小企业创新的政府支持行为要素包含哪些内容，以及构建政府支持中小企业创新的整合要素框架。以往研究从不同的理论视角为政府支持行为与企业创新之间的关系提供理论解释，这尽管有着合理的一面，但仅仅是从局部解释了二者间的关系，目前还未出现任何一种理论能够全面系统地揭示政府支持行为影响企业创新的过程及内在作用机理，以致难以为中小企业创新实践提供更为科学合理的理论依据。本书基于国内外经典文献，首先从理论层面提炼出政府支持企业创新的六种行为角色，然后通过对国内不同地区、不同类型的中小企业进行深度访谈调研，借鉴扎根理论的方法凝练和提取政府支持中小企业创新的关键行为要素，并从企业的现实需求出发，明确财税政策引导与创新环境营造两类行为是当前中小企业迫切需要政府提供的支持行为。本书构建的理论框架不仅符合现实需求，具有一定的适用性，而且也能拓展政府与企业关系的研究领域。

第二，本书的研究有助于在理论上进一步明晰财税政策引导对中小企业创新绩效的影响机制。以往研究大多是从财政补贴、税收优惠的具体数额利用面板数据、档案数据对政府资助与企业创新绩效间的关系进行分析，考察政府的财税政策引导对企业创新的影响效果，但是这并不能反映出不同的财税政策引导方式对企业创新绩效的影响作用。本书则是从直接性政策引导（即资金支持）和间接性政策引导（即税收激励）两个维度出发，将具体的资金支持途径及税收种类和优惠方式等进行细化，用实证研究方法验证财税政策引导及其具体的引导方式对中小企业创新绩效的影响，以及财税政策引导与中小企业创新动力、创新能力等之间的关系机理。与此同时，考察在当前国家提出简政放权的背景下，简政放权对财税政策引导与企业创新绩效间关系的调节作用，旨在丰富和完善促进科技创新的政府财税政策引导理论方面的研究。

第三，本书的研究有助于在理论上进一步厘清创新环境营造对中小企业创新绩效的影响机理。以往研究主要是从理论方面论证了政府在创新环境营造方面的作用机理，集中讨论了在企业知识产权保护方面的现状和政策建议等。而本书主要是基于实证角度，从政府对中小企业知识产权的保护和对中小企业社会责任的监督两个方面论证创新环境营造能否及如何促进中小企业创新绩效，拓展了相关研究。与此同时，还探讨了中小企业创新动力、企业创新能力等与创新环境营造行为及与企业创新绩效间的关系。研究结论从前因后果方面丰富了现有企业创新动力和创新能力的相关研究内容。此外，本书在探索政府的创新环境营造行为对中小企业创新绩效影响路径的同时，也验证了环境波动对创新环境营造与企业创新绩效间关系的调节作用，这在拓展创新环境营造与企业创新绩效间关系模型的深度方面也起到了重要作用。

第四，本书的研究有助于从理论视角明确不同类型的政府支持行为对中小企业创新及其绩效影响路径的差异，明确哪些政府支持行为对中小企业创新及创新绩效的影响作用更显著。本书在分析论证财税政策引导和创新环境营造分别对中小企业创新动力、创新能力及创新绩效影响作用的基础上，通过对政策引导和环境营造对企业创新绩效影响机制的比较，明确不同的政府支持行为对企业创新及其创新绩效影响的不同路径及作用程度，可以在为政府支持中小企业创新实践提出科学建议的同时，丰富现有的政府支持企业创新理论方面的研究。

1.3　本书的研究问题与研究方法

1.3.1　本书的研究问题与研究内容

从上述实践和理论背景中，我们可以发现政府行为影响企业创新绩效的研究近年来已经开始得到学界的关注。通过对现有的相关理论研究和实证研究的分析，可以发现一些规律和特点。首先，从研究内容来看，关注企业创新绩效影响因素的研究大多是从企业组织所处的产业和市场环境、企业的外部社会网络、企业组织内部因素和个体因素等视角出发展开分析论证的，而忽略了在中国情境下政府是影响企业创新的最重要的外部利益相关主体。尽管现有极少数研究是在关注政府行为与企业创新之间的关系，但是大多学者将政府行为局限在财政补贴、研发资助、税收优惠等方面，缺乏对政府行为要素框架的系统梳理和论证，研究结论自然具有一定的片面性和局限性。其次，从理论框架来看，现有研究大多是运用企业管理的有关理论，如组织学习理论、技术创新理论、资源观理论等来阐释企业创新的过程及机理，而较少看到运用公共管理理论，从“政府-企业”的“双元视角”来构建政府行为对企业创新影响的分析框架，尤其是在党的十八届三中全会提出“使市场在资源配置中起决定性作用和更好发挥政府作用”[①]的理论论断之后，国内学者围绕政府与市场关系展开的实证研究少之又少。因此，在结合上文提出的现实背景和理论背景分析的基础上，本书欲从以下几方面提出研究问题并展开相关的论证和探讨。

（1）影响中小企业创新绩效的政府支持行为有哪些？这些不同的支持行为是否及分别如何影响中小企业创新绩效？并且，不同的政府支持行为对中小企业创新绩效的影响程度如何？

（2）具体而言，政府的财税政策引导、企业创新能力、企业创新动力如何影响中小企业创新绩效？中小企业创新绩效在多大程度上受到财税政策引导的影响？财税政策引导行为能否通过激发企业创新动力、提升企业创新能力进而影响中小企业创新绩效？在简政放权的情境下，财税政策引导行为与中小企业创新绩效之间的关系又会如何？

（3）具体而言，政府的创新环境营造、企业创新能力、企业创新动力如何影响中小企业创新绩效？中小企业创新绩效在多大程度上受到创新环境营造的影响？创新环境营造行为能否通过激发企业创新动力、提升企业创新能力进而影响中小企业创新绩效？在环境波动的情境下，创新环境营造行为与中小企业创新绩效之间的关系又会如何？

（4）比较而言，创新环境营造与财税政策引导对中小企业创新动力、创新能力，以及创新绩效的影响有何差异？中小企业创新能力、中小企业创新动力在不同类型的政府支持行为与企业创新绩效的关系间如何发挥出不同的作用？

与上述研究问题相对应，本书的研究内容主要包括以下几个方面。首先，在对政府与市场关系理论、政府规制理论、资源基础观理论及对政府支持企业创新、企业创新绩效影响因素等相关文献进行回顾和分析的基础上，通过对不同类型中小企业的多案例扎根研究，识别政府支持行为与企业创新的主范畴要素（核心研究变量），结合现有理论文献提出的变量间关系的研究假设构建研究变量间关系的理论模型。其次，围绕政府支持行为与中小企业创新绩效关系的理论模型进行实证分析，采用特定的数据统计分析方法验证提出的理论假设，分别深入分析探讨财税政策引导行为、创新环境营造行为对中小企业创新绩效的直接影响效应，以及通过对中小企业创新动力、创新能力的影响，进而影响中小企业创新绩效的间接效应，在此基础上，进一步验证中小企业创新动力和创新能力的中介作用，以及简政放权与环境波动的调节作用。最后，在总结梳理本书研究结论的基础上，

① 引自 2013 年 11 月 16 日《人民日报》中的文章：《中共中央关于全面深化改革若干重大问题的决定》。

拟针对政府支持行为影响中小企业创新绩效的机制和路径进行深入探讨，并总结本书的创新点、理论贡献和实践启示，指出研究不足及未来进一步的研究方向等。

1.3.2 本书的研究方法

在研究方法上，本书采用了归纳与演绎推理、田野调查与案例分析、理论与实证研究、定性与定量分析相结合的研究方法，具体研究方法的运用如下。

第一，归纳与演绎推理相结合的研究方法。通过国内外数据库查阅相关资料，对众多相关文献进行全面的筛选与归纳整理，去粗存精，系统分析当前研究取得的重要成果及研究不足，并联系国内地方政府支持中小企业创新的实践情况，创建本书的研究框架。为了使实证研究更具针对性，有的放矢，本书参照相关研究成果与我国政府支持中小企业创新的具体措施，提出两大类政府支持行为与中小企业创新绩效的关系假设，为实证检验设问。

第二，田野调查与案例分析相结合的研究方法。本书研究框架的构建及访谈提纲和调查问卷的设计，主要是建立在对政府和企业实地走访及深度访谈的基础上。通过对不同地区的相关政府部门进行实地访谈，了解该区域的科技创新执行状况，以及政府的作用和定位；同时对不同区域、不同类型、不同规模的企业进行实地考察，深入了解企业创新的现状、运营状况，在创新中面临的各种问题和障碍等，对中小企业创新有深入的感性认识，以便细化和修订访谈提纲、完善研究变量等。在对政府部门和企业进行实地调研的基础上，深入分析梳理访谈记录及其他相关政策文本等，通过进行多案例比较研究，凝练、提取研究变量。

第三，理论与实证研究相结合的研究方法。本书选题、研究框架的构建、研究假设、相关变量间的关系基础等，都是基于现有理论研究与政府支持企业创新的当前实践确立的。在实证研究方面，通过收集中小企业特征和企业高管个人特征的客观数据，以及创新环境营造、财税政策引导、简政放权、环境波动、企业创新动力、企业创新能力和企业创新绩效等主观数据，采用结构方程模型方法和层次回归分析方法对研究假设予以检验。

第四，定性与定量分析相结合的研究方法。定性分析：从本书研究的主要问题出发，基于现有理论研究成果和访谈资料等，进行多案例研究，构建初步研究框架，同时基于研究框架中各变量间的关系构建理论模型，并提出相关的研究假设。定量分析：全面收集检验研究假设所需的相关数据，采用验证性因子分析、探索性因子分析、中介效应分析、层次回归分析、调节效应分析等方法对本书提出的模型、假设及研究结果等进行分析论证，使研究结论更具科学性和准确性。

1.4 本书的相关概念界定

1.4.1 政府支持行为

目前国内外学者对政府支持行为的概念并没有形成统一的界定，但是学界当前普遍认同的政府支持企业创新的理论可以追溯到以凯恩斯（Keynes）等为代表的政府干预理论和以熊彼特（J.A.Schumpeter）等为代表的技术创新理论，而对这两种理论的认识也可以深化对“政府为什么支持企业创新”，以及“政府如何支持企业创新”等问题的理解。

在凯恩斯的经济理论提出之前，学界普遍尊崇古典经济学创始人亚当·斯密（Adam Smith）在《国富论》中提出的观点，即市场机制［“看不见的手”（invisible hand）］可以促使资源配置达到最优效率，经济发展应该由市场来引导，提倡自由竞争，反对政府干预。然而，1929～1933年爆发的世界经济大危机深刻反映了该理论存在的缺陷，即市场也会出现失灵的状况，若要单纯依靠市场这只“无形之手”很难促使资源实现最优化配置，并且大量的相关研究也表明了，单纯依靠市场经济体制很难促使私人企业的技术创新水平达到社会的期望水平。也就是说，在市场经济条件下，市场结构存在的内在缺陷及研发活动本身具有的溢出性使得整个社会的研发活动投资水平仍然是低下的，因此社会最优化水平的创新活动必须依靠政府来修正市场机制对研发活动的刺激失灵。为了弥补古典经济学理论的缺陷，凯恩斯在1936年出版的《就业、利息和货币通论》一书中，指出了亚当·斯密的自由模型只是在充分就业时适用的一个“特例”，并强调现实的竞争是不完全的、就业也是不充分的，政府［“看得见的手”（visible hand）］必须对货币和财政领域进行干预，面对经济衰退萧条，政府应该主动扩大投资和增加支出，扩大需求，重建信心，甚至保持必要的赤字[40]。凯恩斯经济学认为，市场这只“看不见的手”并不是万能的，市场机制失灵现象时有发生，因而政府这只“看得见的手”应该在国民经济和社会发展也包括企业创新活动之中发挥更为积极的作用[41]。

技术创新理论的奠基人熊彼特指出，技术创新所具备的高投入和高风险性，使得只有大企业才有能力承担相应的投入和风险，而中小企业由于自身的资金和资源不足，难以实现技术创新[42]。而对于政府来说，就需要在技术创新活动中尽可能帮助平衡大中小企业的利益，促使企业能够健康持续地发展。随后，Arrow进一步强调了技术创新的溢出效应要求政府在创新过程中发挥出积极的作用[43]。具体而言，技术创新本身具备公共产品的特性，其往往会诱发“价格溢出”和“知识溢出”两种正向的溢出效应。其中价格溢出是指创新产品或服务所带来的价值增加并没有完全体现在价格差异上；知识溢出是指技术创新所产生的新知识可能通过专利、交叉许可协议、研发人员流动等形式溢出到竞争企业而没有给原创新主体提供足够的补偿。现有研究表明，溢出效应的存在极大地降低了企业开展创新活动的主动性和积极性、抑制了企业创新的动力和热情、造成了企业创新投入的不足。在这种情形下，需要政府支持来补偿企业创新活动的外部性溢出效应，帮助增加企业的创新收益，提高企业的创新动力[41]。

针对政府支持企业创新的行为方式，国内外学者也展开了一系列的探讨和论证。在现有的国内外研究成果中，Un、Montoro-Sanchez、Kang 和 Park 将政府支持行为理解为对企业创新活动的政府研发资金和财政补贴；Link 和 Scott 认为政府主要需要支持小企业创新研究（small business innovation research，SBIR）的计划；Parisi 和 Sembenelli 认为政府支持税收抵减对企业增加研发支出具有显著影响[44-47]。Shu 等指出政府支持创新活动的行为主要包括：①执行有益的政策与项目；②提供技术支持；③提供资金支持；④帮助企业获取各种许可[48]。Flynn 等的研究结果表明政府采购促进了中小企业的发展，尤其是挽救了在 2008 年金融危机发生之后的一批企业，并且企业的规模对政府采购具有显著的影响作用[49]。Vásquez-Urriago 等认为建设科技创新园区，并且提供一系列的项目、设备、人力等服务，能够促进企业创新和产学研的合作[50]。

国内学者近年来也从不同视角针对政府支持企业创新的行为展开了研究。戚文海认为转型时期政府对技术创新的支持包括：研发活动直接拨款、促进高技术发展的各类科技计划、各种财政金融手段（贷款、补贴、税收减免等）、对研发活动的协调以减少市场不确定性、鼓励创新活动的各种奖金和奖励举措等[51]。杨震宁和李东红认为政府需要做好知识产权方面的监管工作，促进企业创新绩效的提升[52]。龙静和刘海建认为政府支持行为包括宏观经济导向政策、针对特定产业行为的财税扶持政策、针对人才引进的户籍优惠政策等[53]。在综合相关理论及当前国内外学者对于政府支持行为表现方式等的理解的基础之上，本书认为政府支持行为是指政府为了促进或支持企业创新，而采取的一系列政策、工具的组合，具体包括：资金支持、税收优惠、科技项目规划、知识产权保护、政府采购、市场管制及公共服务供给等。

1.4.2 中小企业

关于中小企业的相关界定，在早期的研究文献中，我国著名经济学家吴敬琏教授将中小企业概括为：在市场经济中，处于弱势地位的企业就是中小企业。中小企业的弱势地位直接表现为其经济行为对市场的影响程度较小，资源开发、获取和利用能力与其他企业相比明显较弱[54]。舒萍也认为，企业竞争力的强弱基本上能决定其从业人员数量和企业规模，因此用企业竞争力作为划分企业的标准，用从业人员数量和资本额等指标作为划分企业的标准是科学合理的[55]。通过对现有的文献资料进行梳理，从中发现，随着经济社会发展阶段的变迁，我国的国民经济体制也进行了数次变化，而在此进程中，有关中小企业的界定标准也存在明显差异。表 1-1 整理了新中国成立以来到 21 世纪初期，我国中小企业界定标准的演进历程。

表 1-1　我国中小企业界定标准的演进历程（新中国成立至 21 世纪初）

时间	划分来源	界定标准		
		从业人员数量	资本额	销售额
新中国成立初期	中央政府	3000 人以下		
1962～1977 年	中央政府	由按企业职工人数划分改为按固定资产价值划分，非大即小的界定方法		
1978～1983 年	《关于基本建设项目和大中型企业划分标准的规定》	由以固定资产价值为标准改为以综合生产能力为标准		
1984～1987 年	《国营企业第二步利改税试行办法》	按照企业的固定资产原值和生产经营能力创立了划分标准		
1988～1992 年	《大中小型工业企业划分标准》	按不同行业的不同特点分别做了划分		
1993～1998 年	《大中小型工业企业划分标准》	生产能力、固定资产作为划分的依据		
1999～2002 年	国家经济贸易委员会		5 亿元以下	5 亿元以下

注：1962～1998 年我国中小企业界定标准未按照从业人员数量、资本额及销售额指标划定

从表 1-1 中可以看出，自新中国成立以来，国家有关部委对中小企业的界定标准进行了数次调整和更正，对中小企业的界定标准也越来越明确，采用可以量化的指标来界定中小企业。2003 年国家经济贸易委员会、国家发展计划委员会、财政部、国家统计局等多部委联合出台制定了《中小企业标准暂行规定》，指出中小型企业必须符合以下条件：职工人数 2000 人以下，或销售额 30 000 万元以下，或资产总额为 40 000 万元以下。其中，中型企业须同时满足职工人数 300 人及以上，销售额 3000 万元及以上，资产总额 4000 万元及以上的条件，其余为小型企业[56]。随着经济产业结构的调整，为了进一步促进中小企业的发展，工信部联合国家发展和改革委员会、财政部和国家统计局等部委于 2011 年共同发布了《中小企业划型标准规定》（工信部联企业〔2011〕300 号），这是在 2003 年对中小企业标准进行划型的基础上，根据不同行业的资本规模、营业收入和从业人员数量三个指标来界定中小企业[57]①。

① 《关于印发中小企业划型标准规定的通知》，http://www.gov.cn/zwgk/2011-07/04/content_1898747.htm，2011 年 7 月 4 日。

尽管国内现有研究对中小企业的界定并未形成共识，但是通常采用从业人员数量、营业收入和资本额等几个指标中的一个或者几个进行使用，对于不同的产业和行业而言，中小企业的划分标准也不尽相同。而国外现有研究表明由于大多数中小企业都具有创新研发活动，因此应该根据科技投入、科技人员数量等指标来界定中小企业。在结合当前各种研究文献对中小企业界定标准的基础上，本书拟从企业从业人员数量、研发人员占比、研发经费支出占年度销售额的比、年度销售总收入等四个方面对中小企业进行界定。考虑到实践中不同行业类型所对应的划分标准存在差异，根据《中小企业划型标准规定》中的具体指标，同时结合本书实证部分对企业的选取主要集中在工业、信息传输业、软件和信息技术服务业等三大领域，在此综合不同行业领域的中小企业划分标准，本书对中小企业的界定具体包括：企业从业人员数量（100～2000 人）、研发人员占比（10%及以上）、研发经费支出占年度销售额的比（3%及以上）、年度销售总收入（300 万～3 亿元）等四个方面，后续研究将采用此界定标准。

1.4.3 企业创新绩效

绩效（performance）在日常生活中是一个非常普遍的概念，通俗地讲即某特定对象在一段时间内的行为表现。在《汉语大词典》中，绩效解释为功绩，它是用来描述某一系统在运行一段时间后的结果表现，是成绩与效果之和。英文中将 performance 解释为执行、履行、表现、成绩，是特定对象的行为表现，包括个人、组织等各类系统。在国外的经典研究文献中，学者通常将绩效理解为：一种行为、一种结果抑或是行为与结果的综合。“绩效行为说”的代表 Murphy 等将绩效定义为：与一个人在其中工作的组织或组织单元的目标有关的一组行为[58]。Campbell 指出，绩效是行为，应该与结果区分开，因为结果会受系统因素的影响[59]。“绩效结果说”的代表 Richard 认为，绩效是工作的结果，因为这些工作与组织的战略目标、顾客满意度及所投资金的关系最为密切[60]。而 Brumbrach 则是将绩效理解为“行为与结果的综合”，指出行为由从事工作的人表现出来，将工作任务付诸实施，行为不仅仅是结果的工具，行为本身也是结果，是为完成工作任务所付出的脑力和体力的结果，并且能与结果分开进行判断[60, 61]。在对国外有关绩效经典概念理解的基础上，吴建南教授从四个维度来理解绩效，具体包括经济性（economy）、效率性（efficiency）、效果性（effectiveness）和公平性（equity）[62]。

学界对绩效界定的视角不一，加之创新的内涵丰富，因而长期以来，学者对创新绩效（innovation performance）的测量并未达成共识。组织管理学派的观点认为，组织创新绩效分为狭义和广义视角，狭义的创新绩效强调组织的创新水平及创新的结果；广义的创新绩效则是强调创新过程中的结果绩效，包括企业的实际产出和服务[63]。现有研究大多数将创新绩效理解为“技术创新绩效”或“研发创新绩效”，因而将创新绩效的维度概括为两方面：产品创新和过程创新。Prajogo和 Ahmed 根据创新绩效在技术创新过程中的作用及功能，将创新绩效划分为三个维度：产品创新应用成果、产品和服务创新种类、成本及变革的速度[64]。Alegre和 Chiva 从新市场的开拓程度、市场份额、产品替代性等方面对创新绩效进行测量[65]。Klassen 和 Menor 从产品获利能力、产品对客户需求的响应、产品的品牌知名度、产品的市场竞争力四个方面来衡量产品创新的市场绩效[66]。

以往的创新研究通常把 R&D 作为企业创新的重要途径，甚至是唯一途径，但是这在实践上忽视了许多中小企业所进行的并非基于研发的其他创新活动，如市场创新、管理创新、制度创新等[67]。Kirner 等提出非研发创新包括团队工作、外部知识搜索、人力资源管理等创新管理工具[68]。Hervas-Oliver 等认为技术预测、设计、先进制造技术的利用和员工培训等都是非研发创新[69]。Jiao 等提出企业的创新绩效应该包括产品、技术、流程和管理等一系列研发与非研发创新活动[70]。根据上述分析，本书将企业创新绩效界定为包括产品创新、技术创新、过程创新、市场创新和管理创新等一系列企业研发创新和非研发创新活动的结果表现。

1.5　本书的总体框架与内容安排

本书从提出问题、文献回顾、理论构建、实证研究等几大方面展开，全文共分十章，具体结构安排如下。

第 1 章，导论。简要描述了本书的理论与现实背景、实践及理论价值、研究问题、研究方法与研究思路、相关概念的界定等。从实践和理论背景角度分析当前我国中小企业创新存在的问题；分析政府对中小企业创新的扶持现状；通过对现有研究的分析梳理，明确当前研究中存在的不足；界定本书涉及的研究概念；提出有待研究的问题及主要研究内容、研究方法，进而形成总体分析框架。

第 2 章，政府支持企业创新的理论基础。对研究涉及的政府与市场关系、技术创新、资源基础、政府规制等相关理论进行系统性介绍和回顾性分析，为政府支持行为对中小企业创新绩效影响的分析框架提供了理论依据。

第 3 章，政府支持企业创新的国内外理论研究现状。对政府支持企业创新研究的知识基础、热点主题等进行了详细梳理，形成政府支持创新不同表现类型的要素框架，并对政府支持企业创新议题的现有研究及该章撰写中的现存不足进行了总结归纳。

第 4 章，企业创新绩效的国内外理论研究现状。从企业创新绩效研究的知识基础、热点主题、测量方式及影响企业创新绩效的因素等角度进行了论证和综述。

第 5 章，政府支持行为与企业创新绩效关系的国内外理论研究现状。该章对某一种政府支持行为对企业创新绩效的影响及不同政府支持行为组合对企业创新绩效的影响、政府支持行为与企业创新绩效关系间的中介效应、调节效应的国内外现有研究状况进行了分析梳理，进一步地，对当前国内外政府支持行为影响企业创新绩效的研究现状及存在的不足和未来研究方向等内容进行述评，以明确本书研究方向。

第 6 章，政府支持行为影响中小企业创新绩效的多案例研究。该章首先从实践层面出发，采用基于扎根理论的多案例研究的方法，对整理的 13 家国内中小企业创新状况的访谈记录进行编码分析，提炼出影响企业创新的政府支持行为，以及对反映企业创新状况的分类编码进行阐释。其次，借助访谈资料的原始信息，分析论证了政府支持行为对中小企业创新绩效的主要影响机理，并构建初步的研究框架。

第 7 章，政府支持行为影响中小企业创新绩效的研究假设与理论模型。基于前文借鉴扎根理论提出的研究框架，在阐释研究变量之间关系的同时，提出本书的 14 个基本研究假设，最终形成政府支持行为影响中小企业创新绩效的理论模型。

第 8 章，政府支持行为影响中小企业创新绩效的实证研究设计。介绍研究对象的选取、数据收集过程，以及描述性分析数据样本的特征；然后对本书涉及的研究变量的测量等进行了介绍，并对研究采用的实证研究方法等进行了论述。

第 9 章，政府支持行为影响中小企业创新绩效的实证结果分析。利用结构方程模型、探索性和验证性因子分析、层次回归分析法对调查问卷获得的样本数据进行统计分析，对政府支持行为与企业创新绩效关系的理论模型中提出的 14 个研究假设进行实证检验；分别对自变量的主效应、自变量与中介变量的非线性关系、自变量的分解效应，以及中介变量的中介效应、调节变量的调节效应等进行实证检验，进而得出研究假设的验证结果，并对结果进行详细分析。最后，根据实证研究结论，从理论与实践两个方面展开讨论，提出相应的对策。

第 10 章，政府支持行为影响中小企业创新绩效的主要结论与展望。总结研究成果、指出本书的主要创新之处，对可能存在的理论贡献及其对未来实践能够产生哪些启示进行了讨论；对本书存在的不足之处及未来研究方向、有待进一步研究的问题进行说明。

本书具体研究框架和技术路线，见图 1-3。

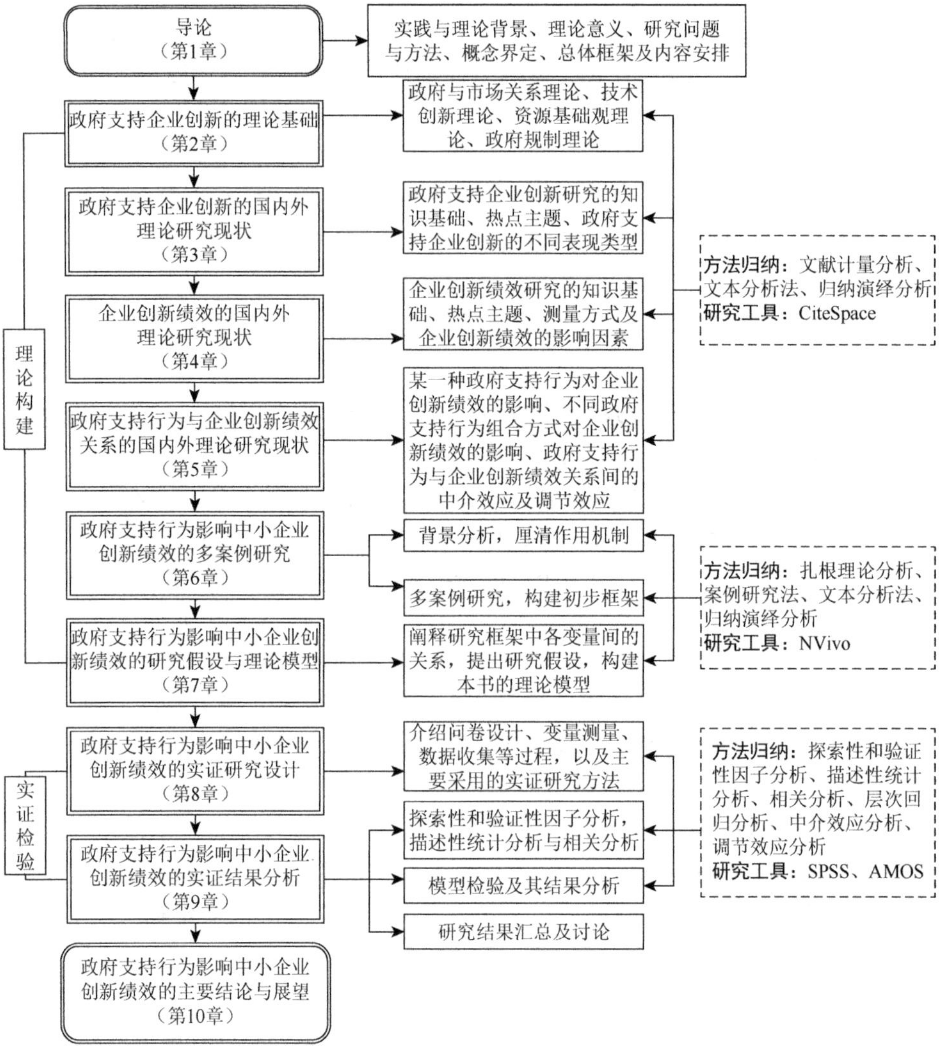

图 1-3　本书的结构安排及技术路线

第一篇　理论基础与研究现状篇

第 2 章　政府支持企业创新的理论基础

2.1　基于政府与市场关系理论的诠释

长期以来，政府与市场的关系是学术界所关注的热点问题，政府与市场通常被认为是在经济活动中对资源进行配置的两种重要机制，如何界定政府与市场的关系一直是经济学说史上争论不休的核心话题。有人认为政府与市场的关系既是矛盾的又是相互联系的，既是此消彼长的又是相辅相成、相互促进的，实现资源配置的最优化状态，就是寻找政府与市场二者之间的最佳均衡点。经过国内外学者对于政府与市场关系的长期研究和探索，大部分学者认为政府与市场关系的发展过程就是一个彼此促进、相互作用，并且动态发展的过程。厘清政府与市场之间的关系，对于当前中国政府改革和政府职能转变而言，具有重要的意义。

政府与市场关系的理论演进大致经历了三个阶段：从自由放任主义到政府干预理论再到新自由主义，这个演进的过程是随着时代背景的变化而不断深化的。1776 年，亚当・斯密出版《国富论》主张自由放任主义，他认为市场是一只“看不见的手”，在每个人追求自身利益时通过自由竞争和价格机制实现公共利益，政府只需要扮演好“守夜人”的角色。以亚当・斯密为代表的古典经济学和以马歇尔为代表的新古典经济学均主张对经济实行自由放任政策来发挥市场机制的自我作用，反对政府干预[71]。随后，1929 年全球经济大危机，为凯恩斯提出政府干预理论提供了契机。凯恩斯认为危机的根源在于市场在宏观经济领域失灵导致有效需求不足，因此需要政府干预，主要采取财政政策并配套货币政策来扩大需求[72]。凯恩斯主义继承者形成了新剑桥学派和新古典综合派，二者虽在主张的政府具体的经济职能上不同，但基本方向仍是主张政府干预。然而，20 世纪 70 年代出现的滞胀危机使得主张自由市场的新自由主义兴起，政府干预理论受到了质疑。新自由主义流派包括货币学派、供给学派、伦敦学派、公共选择学派等。其中，货币学派认为市场经济具有内在稳定性，政府需要做的是为经济正常运行提供良好的环境，政府干预只会加剧经济的不稳定；供给学派认为经济衰退的原因不是有效需求不足而是供给不足，政府应该通过降低企业税、紧缩的货币政策等增加供给而不是过分强调需求；伦敦学派的自由主义比较极端，认为市场经济是完美的，出现的经济问题不是市场失灵导致的而是政府干预的结果，因此反对任何形式的政府干预；公共选择学派认为政府具有的自利性等缺陷会使政府干预下的资源配置效率低于市场机制下的配置效率，但是一些公共物品和服务还是政府提供比较合适[71]。通过以上政府与市场关系的演进过程可以看出，在不同的发展时期和历史背景下，政府与市场关系理论的纷争一直处于一种此消彼长的状态。

政府与市场关系理论的实质内容是探讨在资源配置中谁起决定性作用[72]。供求机制、价格机制、竞争机制三者共同构成了市场资源配置机制，调节着资源配置的流向和流量进而实现资源的合理配置。但是，只有在一定的条件下市场才能发挥其合理配置资源、优化资源的作用，如市场中的经济主体追求自身利益最大化、存在自由竞争市场、存在统一开放市场等。当某些条件不满足时，则会出现信息不对称、外部性、垄断性等市场失灵问题，这时就需要政府使用一些法律、经济、行政手段进行行政调节来弥补市场失灵的缺陷。但是，实践过程中，政府在调节经济活动时会出现公共利益与自身利益的双向选择问题，这样就很可能会造成决策效率及执行效率的低下、信息失真，从而导致政府失灵。那么，市场与政府的作用应该怎样结合起来才能避免双重失灵现象？2013 年 11 月召开的党的十八届三中全会提出的“使市场在资源配置中起决定性作用和更好发挥政府作用”①的论断，就很好地回答了政府与市场二者之间的关系和作用的问题。

目前学者围绕政府与市场在资源配置中的关系的理论主张主要可以分为分层次分领域论、双重调节论、效率和公平分属论[73]、政府市场双元机制论[74]等几个层面。首先，在分层次分领域论的观点中，有学者认为微观层次的资源配置应该是市场决定的，而宏观的及涉及国家安全等层次的资源配置则需要政府进行[75]。张明澍也提出在微观经济层面政府应使用法律进行消极管理，而在宏观经济层面则应采用公共政策进行积极管理[76]。具体来看，消极管理并不是不管，而是使经济个体在追求自身利益时也要遵守法律不得侵犯他人及社会利益，并最大程度发挥经济个体的积极性；积极管理并不是全部都管，而是政府要通过政策引导经济发展方向，如促进产业结构升级，以及促进社会的公正公平等。其次，持有双重调节论观点的学者认为虽然市场在资源配置中起决定性作用，但国家的宏观调控也是需要强化的。政府与市场的双重调节与我国的经济体制相适应，在初次分配中市场的作用较强，再分配中则政府的作用较强[77]。最后，效率和公平分属论以洪银兴教授为代表，他认为资源分为市场资源与公共资源，并分别由市场根据效率原则及政府根据公平原则进行分配[78]。市场在资源配置中的作用是提高资源配置效率，而政府则是维护市场秩序、提供公共物品与服务、促进社会公平。

Li 等将中国情境下同时发挥市场和政府配置资源作用的现象称为双元机制，这一机制下政府与市场都是强势存在的[79]。Smith 和 Lewis 认为政府与市场是矛

① 引自 2013 年 11 月 16 日《人民日报》中的文章：《中共中央关于全面深化改革若干重大问题的决定》。

盾的两股力量[80]，政府和市场不再处于天平的两端，不再是非此即彼、此消彼长的关系[81]。在这种情况下，来自政府方面的制度因素与来自行业竞争的市场因素都可能影响企业的绩效[82]，政府与市场的双元性使得企业在政治市场与产品市场的形成、冲突和发展的过程中获得新的资源配置。通常来看，高效的市场可以通过配置机制、竞争机制、合作机制使资源流向更有能力的企业，使企业在竞争中提高创新能力、使企业在创新网络中实现双元创新。高效的政府也可以通过配置机制、体制设置、平台创建使资源分配到合理的行业，创造公平的环境、提供更好的服务[74]。但是在我国经济转型时期，市场和政府在资源配置中均存在缺陷，还无法发挥二者的高效作用。社会主义市场经济体制的完善离不开政府的推动，在中国情境下有力的政府和有力的市场同时存在，需要考虑的是怎样让二者在各自资源配置效率高于对方的领域发挥作用，让二者可以弥补缺陷而不是拉大劣势。目前缺乏能够区分市场影响和政府影响的明确界限，因此政府与市场应该在什么时候、什么领域发挥作用，相关研究的重要性不言而喻。

中国市场竞争日趋激烈，企业进行战略决策时要更加关注市场带来的变化[83]。但是政府过度干预的现象依旧存在，企业也同时面临着政府带来的不确定性等问题[84]。虽然多年来我国一直强调用创新促进产业结构转型、促进经济持续发展、明确企业在创新中的作用，但效果一直不明显。自党的十八届三中全会提出正确处理好政府与市场关系以来，有些学者认为目前中国经济面临的一系列问题中最突出的就是政府干预过多[85]，因此相关研究认为政府的行政改革是重要突破口，而政府改革的主要途径就是“简政放权”“政府职能转变”。综上所述，明确政府与市场的关系内涵和作用，为研究政府支持中小企业创新提供了坚实的理论基础，尤其是在中国情境下，政府和市场二者同等重要，都在资源配置过程中起到了积极的作用。本书借鉴政府与市场关系理论，将“政府行为”视为影响中小企业开展创新的最重要的外部利益相关主体，从政府支持行为视角出发，构建政府支持中小企业创新的概念框架，在识别关键性的政府支持行为的同时，揭示政府支持行为影响中小企业创新的作用机制。这不仅在一定程度上对政府与市场关系理论做出了积极回应，同时也回答了在当前中国情境下，如何让政府与市场更好地发挥出应尽之责，以及如何更好地发挥政府在支持中小企业创新中的有效作用。

2.2　基于技术创新理论的诠释

技术创新理论产生于对新古典经济学理论无视技术创新和变革在经济发展中的作用的批判[86]。尽管当时亚当·斯密和卡尔·马克思等重要经济学家都认识到了创新的重要性，但都没有对其进行系统论述，技术创新理论的奠基人熊彼特（J.A. Schumpeter）于1912年提出了“创新理论”，这标志着技术创新理论的发端。

其在 1911 年出版的《经济发展理论》一书中明确指出，创新是经济发展的动力。但同时他也强调，技术创新所具备的高投入和高风险性，使得只有大企业才有能力承担相应的投入和风险，而中小企业由于自身的资金和资源不足，难以实现技术创新[42]。技术创新这一概念关乎企业的长远利益，而在短期内企业却更加关注管理和金融等活动上的创新，加之同时期的凯恩斯经济学兴盛一时，占据鳌头，因此在相当长的时期中，创新经济学理论一直受到西方国家的冷遇，未能引起理论界的关注[87]。20 世纪 50 年代以后，许多国家的经济出现了近 20 年的高速增长“黄金期”，此时经济发展的根源与动力已不能用传统经济学理论中的资本、劳动力等要素加以简单解释。西方学者对技术进步与经济增长的关系产生了兴趣并展开了广泛的研究，从而使技术创新理论得到了长足的发展。

纵观技术创新理论的发展，可以将学者对技术创新理论的研究分成新古典学派、新熊彼特学派、制度创新学派和国家创新系统学派等四个学派。首先，技术创新的新古典学派以索洛（Solow）等为代表，他们认为技术创新是经济增长的内生变量，是经济增长的基本因素；技术与其他商品一样存在公共商品、创新收益的非独占性、外部性等市场失灵问题，适当的政府干预将极大地促进技术创新的进行[88]。其次，新熊彼特学派则是秉承了经济分析的思想，代表人物有埃德温 • 曼斯菲尔德（Edwin Mansfield）、莫尔顿 • 卡曼（Morton Kamien）、南希 • 施瓦茨（Nancy L. Schwartz）、肯尼斯 • 约瑟夫 • 阿罗（Kenneth Joseph Arrow）等，他们强调技术创新和技术进步在经济增长中的核心作用，主要是将技术创新视为一个相互作用的复杂过程，重视对“黑箱”内部运作机制的揭示，并在分析这样一个过程的基础上先后提出了许多著名的技术创新模型。再次，技术创新的制度创新学派起源于兰斯 • 戴维斯（Lance E. Davis）和道格拉斯 • 诺斯（Douglass C. North）在 1971 年出版的《制度变革与美国经济增长》一书，该学派的代表观点认为经济增长的关键是设定一种能对个人提供有效刺激的制度。以戴维斯和诺斯等为代表的新制度经济学家把熊彼特的创新理论与制度学派的制度理论结合起来，充分肯定了制度创新对技术创新的决定性作用，发展了熊彼特的制度创新思想。最后，技术创新的国家创新系统学派以英国学者克里斯托夫 • 弗里曼（Christopher Freeman）、美国学者理查德 • 纳尔逊（Richard R. Nelson）等为代表，该学派通过对日本、美国等国家和地区创新活动特征的实证分析，认为技术创新不仅仅是企业家的功劳，也不是企业的孤立行为，而是由国家创新系统推动的[89]。

纵观技术创新理论的思想，其理论内核既强调了技术创新在经济发展中的积极作用，同时，也指出了技术创新的高风险性及溢出效应的存在而导致的企业创新投资不足的现象。例如，新古典理论的新熊彼特学派的代表人物 Arrow 指出技术创新溢出性特征的存在要求政府在创新中发挥积极的作用[43]。进一步地，制度创新学派的 Nelson 以美国为例，指出了国家的制度技术安排在技术进步方面的重要作用，并提出了国家创新体系的一般性制度结构。正如技术创新学派之父熊彼特的阐释：创新者不但为自己赢得利润，而且为其他企业起了示范作用并开辟了道路。因为创新一旦出现，往往会引起其他企业的模仿。普遍的模仿会引发更大的创新浪潮，于是经济走向高涨。当较多的企业模仿同一创新后，创新浪潮便消逝、经济增长出现停滞。如果要经济再度增长，就必须有新一轮的创新。只有不断创新，才能保证经济持续增长。但对中小企业来说，创新的高风险性往往使其难以承担，因此政府就需要在技术创新活动中尽可能帮助平衡大中小企业的利益，促使经济能够健康持续地发展[42]。具体而言，技术创新本身具备公共产品的特性，往往会诱发价格溢出和知识溢出两种正向的溢出效应。即使创新成功能为创新者带来超出完全竞争状态的收益，但由于市场本身的缺陷，创新者无法回收创新的全部好处，其差额包括消费者剩余、使用创新产品的产业生产力的增加量和技术扩散的收益。一方面，溢出效应减少了企业创新主体的应有回报，降低了企业创新主体的私人收益率，促使企业不愿增加创新投入；另一方面，溢出效应诱发了一系列的“搭便车”行为，由于技术成果的易传播性和易扩散性，在资讯业高度发达的今天，创新者要完全排除他人“搭便车”的行为几乎是不可能的。创新成果的外溢将使其他人从中受益，相关技术的研究费用将大大降低，并且“搭便车”者还可能成为创新者的潜在对手。但创新者却无法享受外溢的好处，有时还反受其害。

在当前我国处于经济转型时期的背景下，一方面中小企业由于自身禀赋、创新能力和管理水平，以及能够获取和运用外部资源的能力较弱等原因，发展仍面临困境[90]；另一方面我国现阶段市场经济机制仍不健全，在技术创新方面单纯依靠市场调节难以保护创新者的利益，因为技术创新溢出效应的存在极大地降低了中小企业开展创新活动的主动性和积极性，抑制了企业创新的动力和热情，造成了企业创新投入的不足[41]。综上，本书借鉴技术创新理论的思想，认为当前我国政府有必要通过财税政策引导与创新环境营造的方式给予技术创新必要的补偿，主动补偿中小企业创新活动的外部性溢出效应，帮助增加其创新收益，提高中小企业的创新动力和创新能力，弥补市场机制的不足。

2.3　基于资源基础观理论的诠释

通常认为，企业获取的资源对于企业保持持续竞争优势具有重要的作用。为了更好地理解企业如何获取资源并维持竞争优势，20 世纪 80 年代中期以沃纳菲尔特为代表的企业资源基础观（resource-based view，RBV）理论标志着资源基础观理论的诞生，而早期有关战略管理的研究文献也从关注竞争环境和产业发展的外部分析转向关注企业独特资源和能力的内部分析[91]。资源基础观理论学派的基本观点是，将企业看成一个资源集合，并且认为企业内部所独具的资源是企业竞争优势的来源[92, 93]。资源基础观理论认为企业获得并维持利润的重要条件是获取资源并且将资源很好地隔离为企业所独占，并且进一步分析了哪些类型和特征的资源能够让企业保持持续的竞争优势，其中 Barney 和 Peteraf 的观点比较具有代表性。Barney 认为企业获取的保持持续竞争优势的资源应该具有价值性、稀缺性、难以模仿性和不可替代性[94]。Peteraf 总结了企业可以保持持续竞争优势的资源所具备的四个基本条件：①资源异质性是获取租金的前提；②以低于租金的价格来获取资源；③将资源和租金留在企业内部；④维持好这些资源和租金。资源的概念与分类是企业资源基础观理论的重要研究内容[95]。在过去的研究中，学者集中探讨了资源的定义与构成、能力的定义与构成，以及资源与能力的关系。首先，对于资源的概念界定和分类，比较具有代表性的观点，如 Wernerfelt 指出任何可以被看作特定企业优势或者劣势的有形与无形要素都可以视为资源，如机器设备、企业资本、高效的流程、技能员工的拥有量、内部技术知识等[96]。Barney 认为资源是能够帮助企业提升效率和效果的、战略性的一系列能力、资产、流程、企业属性、信息及知识等，可以划分为人力、实物和组织资源三大类[94]。Hafeez 等对资源的定义是企业所具有的或者购买的任何有形、无形的东西，既可以在企业内部也可以在企业外部，包括企业的实体资产、智力资产和文化资产等[97]。其次，资源和能力是既相互区别又相互联系的一对概念，在经典的文献中学者一般都会对资源与能力的关系进行探讨。Helfat 和 Peteraf 认为资源是企业拥有的、能够控制和使用的各种有形的、无形的资产或生产要素，而能力则是在使用资源的基础上完成某些工作或活动的技能，并植根于流程和惯例，从这个角度来看，资产等有形资源可以视为狭义资源，而企业所具备的能力可以看成广义的资源[98]。尽管能力和核心能力都是联系资源（投入）与竞争优势（产出）的中间变量，但是二者的本质却有很大差异。能力可以看作是使用资源完成工作或者活动的技能或才能；而核心能力更强调在保持竞争优势中比较独特的并能体现组织特征的关键性能力，具有动态性和战略灵活性的特点。因此核心能力比能力的级别更高，它是公司的整体战略的体现，强调了跨部门的组织与协作、纵向作业流程能力，以及横纵交替运作的能力，更加重视使用资源后对新价值的创造性。

早期的资源基础观理论为企业战略管理和组织创新等奠定了重要的理论基础，但是随着战略管理学派的研究者对企业资源基础观理论研究的不断深入拓展，传统的资源基础观理论也受到了一些批判和质疑，于是随后出现了企业能力论（competence-based theory of the firm）、企业知识理论（knowledge-based theory，KBT）、企业动态能力理论（dynamic capability theory，DCT）等作为对传统的资源基础观理论的继承与发扬。具体而言，企业能力论是建立在传统资源基础观理论观点之上的，以 Prahalad 和 Hamel 为代表的研究使得企业资源基础观理论研究受到广泛的关注和认可[99]。企业能力论的核心观点认为，企业成功的关键不在于资源本身，而在于企业对资源的使用方式。企业能力论的主要研究问题包括能力与核心能力的内涵、特征、区别，以及企业能力与竞争优势之间的关系等[100]。随后出现的企业知识理论虽然从资源基础观理论发展而来，但主要是在探讨知识基础如何决定企业的核心能力，其基本观点包括：①企业掌握的知识是决定企业持久竞争优势的重要因素；②知识的异质性决定了企业的异质性；③企业是整合知识的组织形态，知识的异质性和使用效率决定了企业的边界[101, 102]。总之，知识也是企业所拥有的重要资源并且决定了企业的竞争优势。在此之后，以 Teece 等为代表提出的动态能力理论打破了传统资源理论的企业内部组织边界，该理论认为企业整合、建立和再分配内部与外部资源的能力及适应快速变化的环境的能力是企业获取持续竞争优势的关键所在[103]。但是也有学者指出动态能力本身并不能决定企业的持续竞争优势，而动态能力所配置的资源和对资源结构的调整才是持久竞争优势的来源[104]。尽管动态能力理论是在市场竞争环境下对资源基础观理论、能力理论和知识基础理论的发展和创新，但是目前的研究还缺乏一定的实践指导性，这对于动态能力理论的发展起到了限制作用。

在全球化和信息化的时代背景下，企业能否有效地获取并整合利用内外部资源成为决定企业能否获取持续竞争优势的重要因素。从传统的资源基础观发展到动态能力理论，这个过程不难看出，企业的资源获取不仅局限在企业的内部，企业可以通过各种关系网络获取对企业竞争优势起着重要作用的资源[104]。而且，企业除了拥有和获取资源以外，还需要掌握对资源的整合、利用和再分配等能力，进而实现企业生产率的提高和竞争优势的保持[105]。综上所述，基于资源基础观理论的核心思想，本书认为对于当前中小企业的创新发展而言，资源获取对于企业来说意义重大，资源获取是企业顺利进行生产经营活动及提升核心竞争力的关键所在。因此，中小企业可以通过各种渠道充分整合企业内部资源和外部资源，且在整合外部资源的过程中，政府作为公共服务的供给者，可以通过提供资金支持、财政补贴、贷款贴息、税收优惠等各种创新政策，帮助大多数中小企业获取有用资源，这会给企业的创新能力及创新绩效的提升奠定重要的物质基础。

2.4　基于政府规制理论的诠释

政府规制（government regulation）的概念起源于 19 世纪三四十年代的西方经济学。1848 年穆勒（Mill）的著作《政治经济学原理》问世，完成了经济学的第一次大综合，该著作对自然垄断和经济规制等政治经济学领域的重大问题进行了阐述，同时还指出，在微观经济领域，政府也可以采取必要的措施进行适当规制[106]。马歇尔（Marshall）在其著作《经济学原理》中论述了自然垄断、外部性等市场失灵现象，这被认为是政府规制及其相关理论的一个逻辑起点[107]。

当前，对于政府规制的概念界定，学者的理解不一。斯蒂格勒（Stigler）将政府规制界定为一种法规，因产业需要而产生，并为保护产业利益而服务[108]。皮尔斯（Pierce）和盖尔霍恩（Gellhorn）认为政府规制是政府控制众多私人力量的法律形式之一，是政府判断对市场判断的决然取代[109]。而梅尔（Meier）跳出经济领域看待政府规制，从公众选择角度进行理解，认为政府规制是政府对于其所管理的成员进行行为控制的一种尝试，是对全社会范围内公民选择的一种限制[110]。史普博（Spulber）强调了规制的方式，认为政府规制是国家行政组织对市场机制的干预，其干预行为既包括直接的市场政策、法规等调控措施，也包括间接的规制，如促成消费者、企业经营者决策变化的规则与行为等[111]。维斯卡西（Viscusi）等从决策角度入手，将政府规制界定为国家政府机构以强制性的手段，对参与市场的主体（包括组织、个人）自有决策的一种制裁[112]。国内学者于立和肖兴志将政府规制视为政府对私人经济活动所进行的规定和限制[113]。而曾国安认为政府规制是政府基于公共利益或其他合理目的，依据已有的规则，对被管治者的行动进行限制[114]。总的看来，学者对于政府规制的概念界定都有一个共同点，即政府规制是政府制定限制性规则或做出限制性行为。

纵观政府规制理论的发展演进，主要经历了：公共利益理论→规制俘虏理论→放松规制理论→激励性规制理论的发展脉络，到如今形成了现代规制理论[115]。首先，早期的政府规制理论也被称为公共利益理论，其基本观点认为规制是政府为了弥补市场失灵、提高资源配置效率而对公共需求所做出的反应，以达到实现社会福利最大化的目标[106, 116]。但也有学者对其提出了质疑，如阿弗奇（Averch）和约翰逊（Johnson）对该理论“完全理性”和“规制有效”的前提假设发出质疑，两人根据有限理性理论，对政府能够制定“最优”政策这一命题进行分析，并得出否定的结果[117]。其次，随着对公共利益理论的质疑越来越多，在 20 世纪 30 年代至 70 年代之间出现了规制俘虏理论。斯蒂格勒（Stigler）认为政府的规制行为被利益集团所操控，实质上是利益集团实现其自身收益最大化的产物，而一个产业并不会因为受到规制而拥有更高的效率及更低的价格，并通过大量的实证研究验证他的想法[118]。贝克尔（Becker）从利益集团之间的竞争切入进行研究，认为利益集团的相对影响决定了政府规制的倾向性，而利益集团的相互竞争最终会达到政治均衡的结果[119]。规制俘虏理论在发展的过程中也开始遭到质疑，并被 20 世纪 70 年代至 90 年代开始流行的放松规制理论所替代。这一理论比较有代表性的观点，如卡恩（Kahn）指出，政府规制行为会对技术创新产生压制，并会容忍效率低下或无效率，进而引起工资和价格的持续上升，导致严重的资源配置无效率，推动无益竞争扩大，因此为了保证有序的市场竞争政府应该放松管制，然而，放松规制理论强调的放松不等于取消[120]。在随后的发展中，出于对传统规制理论制度改革的需要，激励规制理论应运而生。目前学界将“激励规制”界定为：在不改变原有规制结构与规制条件的情况下，通过提高竞争压力对受规制组织进行刺激以促使其提高自身效率，主要有特许投标规制、区域竞争理论、价格上限规制。这些理论提出的初衷就是加强市场竞争，避免“寻租”发生（特许投标规制）；奖优惩劣，对企业施加竞争压力（区域竞争理论）；解决信息不对称，提高社会配置效率（价格上限规制）。随着信息经济学的发展，信息约束等问题也被放置于政府规制中讨论，形成了“现代规制理论”。拉丰（Laffont）和梯若尔（Tirole）对于该理论的要点的阐述最为完整：由于信息不对称现象的存在，效率和信息租金之间存在共生关系，即在追求效率的同时，需要为企业留出信息租金，而信息租金会引起社会成本的增加[121]。

一般而言，政府规制的产生就是为了矫正市场失灵并解决由此产生的不公平或无效率现象，其中暗含着人们对于长期经济绩效的追求。国内学者刘小兵认为政府规制的存在是由于市场机制存在缺陷，但这些缺陷的存在只是产生政府规制的必要条件而非充分条件，是否进行政府规制需要比较进行与不进行规制所产生的预期效果后才能确定[122]。张丽娜指出西方国家的规制的产生大多由于市场失灵的存在，而中国的政府规制更具强制性，尤其是计划经济时期，政府规制“无处不在”，此时市场机制较弱[123]。但是，目前的研究观点中，大多学者还是认同政府的规制是为了解决市场失灵的问题，主要对象是企业。

具体来看，如国内学者黎友焕和龚成威在研究国外企业的环境保护责任时，指出在社会环境方面国外政府对企业社会责任进行规制的做法值得我国借鉴[124]。强调企业的社会责任，其目的是实现社会总效率和公平，但是企业自身的盈利动机往往导致现实中企业社会责任缺失，为了解决这一问题，政府就有必要介入其中进行规制，以维护社会最大化利益[125]。另外，在市场竞争中经常会出现不当竞争，如侵权、剽窃等现象时有发生，政府对知识产权进行规制也是为了保证企业的创新动力、维持良好的市场竞争环境。王中美在研究跨国公司的在华知识产权时，发现了其中存在知识产权被侵犯现象及其危害性，并提出了可行的解决途径，即政府进行合理规制[126]。综上所述，政府规制理论强调了政府对市场失灵现象的合理、正当干预，尤其是对当前处于经济转型期的中国而言。一方面许多中小企业由于缺乏有效的知识产权法律保护，从而其生存环境面临着严峻的挑战；另一方面个别中小企业在生产经营过程中，只顾自身眼前利益，而违背了行业道德规范，严重破坏了市场竞争秩序。对于上述事件来说，政府规制就显得尤为重要。本书借鉴政府规制理论的思想，认为政府部门在实践中需要出台相关的制度规定，利用法律手段合理规制中小企业的生产经营活动，营造良好的创新环境，在保证大多数企业和人民群众的合法利益的同时，扭转由市场失灵造成的各种紊乱和危机现象。

2.5　本 章 小 结

有学者指出，目前学界还未出现任何一种理论能够全面、合理地解释政府支持企业创新的过程与内在机理。因此，政府支持企业创新的理论基础可以看成众多经典理论的一个“集合体”。通过对国内外研究文献的梳理，本书发现政府支持企业创新的理论基础主要包括政府与市场关系理论、技术创新理论、资源基础观理论和政府规制理论，这些理论可以用于解释政府“为何”及“如何”支持企业创新这一现实议题。

本章内容从理论角度出发，对政府支持企业创新的理论基础进行了阐述。同时需要指出的是，政府支持中小企业创新的各理论之间并不是彼此孤立的，而是相互联系的（图 2-1），它们共同指导和推动政府支持中小企业创新的实践发展。从图 2-1 中可以看出，政府与市场关系理论、技术创新理论、资源基础观理论及政府规制理论的共性特征都是为企业的创新发展提供资源，并且当出现市场失灵现象时，政府这只“看得见的手”则进行有效干预。政府与市场关系理论强调政府与市场的双元机制，政府与市场在资源配置过程中发挥出同等重要的作用，政府可以通过配置机制、体制设置、平台创新使资源分配到合理的行业，创造公平的

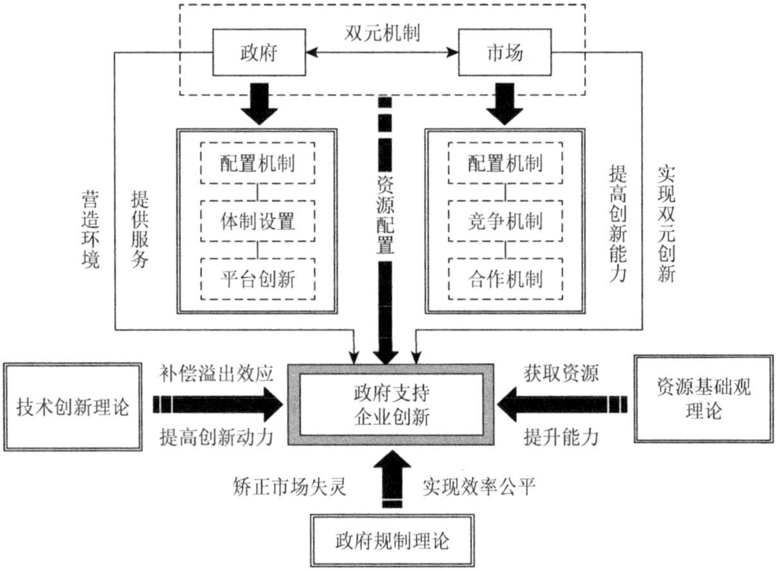

图 2-1　政府支持企业创新的各理论间的内在联系

环境、提供更好的服务，而市场可以通过配置机制、竞争机制、合作机制使资源流向更有能力的企业，使企业在竞争中提高创新能力，在创新网络中实现双元创新。总之，政府与市场的双元性促使企业在政治市场与产品市场形成、冲突和发展的过程中获得新的资源配置。技术创新理论和资源基础观理论可以被理解为从中小企业内部出发，政府通过对技术创新溢出效应的补偿，以及为企业创新提供各种政策、服务等有形和无形的资源，激发企业的创新动力、提升企业的创新能力。政府规制理论从中小企业所面临的外部市场环境出发，目的是通过矫正市场失灵和规避道德风险，来保证大多数企业的合法利益，实现效率公平。

第 3 章　政府支持企业创新的国内外理论研究现状

3.1　政府支持企业创新研究的知识基础

本章所使用的数据来源于美国科学情报研究所的 WOS 数据库，该数据库以 ISI 数据库中著名的三大引文索引为核心，共包含 8000 多种世界范围内最有影响力、经过同行专家评审的高质量文献，该数据库更新及时，每周更新[127]。本书以"government support and firm innovation"为主题词进行检索，来源数据库设定为 SCI expanded（以下简称 SCIE）、SSCI，检索年限为 1980～2000 年，经过数据清洗和筛选后最终得到 869 篇文献，将其作为本章的数据来源。

知识基础能够反映一个学科领域前沿的本质，它是科学文献中的引文和共引轨迹，具有相对的稳定性，有助于明确和预测研究前沿及动态趋势[128]。本书借助科学计量分析软件 CiteSpaceIII①对政府支持行为研究的知识基础与研究热点主题进行可视化分析，具体操作是，首先将检索到的 869 条文献导入 CiteSpaceIII中，将 time slicing 设为 1980～2000 年，years perslice 设为 1，按年进行时间切片，term source 选择 title、abstract、descriptors、identifiers 4 个选项，node type 设为 cite reference，将阈值选择为出现频次最高的 50 个字，最后绘制出政府支持行为研究的知识图谱②，如图 3-1 所示。

图 3-1 显示出了本章检索到的 869 篇研究文献中，共同引用的参考文献数量最多的前 10 篇文献（也被称作高共被引文献）。该高共被引文献网络含有 183 个节点，586 条连线，网络密度为 0.0352，图中圆形节点表示研究文献的聚类，字体越大表明该篇文献被引用的次数越多。根据这 10 篇文献共被引频次的高低，进一步整理和归纳出这些文献的基本信息，具体包括被引频次、中心度、年份等，如表 3-1 所示。

---

① CiteSpaceIII软件是美国德雷塞尔大学（Drexel University）信息科学与技术学院的陈超美博士开发研制的一种科学计量分析的可视化工具，用来挖掘和探索某领域研究的现状、热点及未来趋势。

② 知识图谱（mapping knowledge domain）也被称为科学知识图谱，在图书情报界称为知识域可视化或知识领域映射地图，是显示知识发展进程与结构关系的一系列各种不同的图形，用可视化技术描述知识资源及其载体，挖掘、分析、构建、绘制和显示知识及它们之间的相互联系。

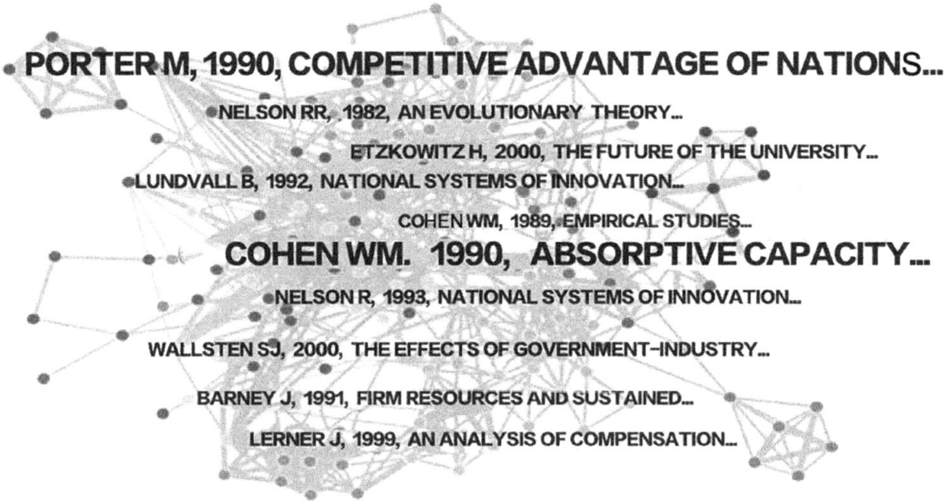

图 3-1　政府支持行为研究的知识图谱（1980～2000 年）

表 3-1　政府支持行为研究的高共被引文献（前 10 篇）统计

排名	篇名	频次	中心度	作者[1)]	年份
1	Absorptive capacity：a new perspective on learning and innovation	28	0.30	Cohen W M	1990
2	Competitive Advantage of Nations	23	0.35	Porter M	1990
3	An evolutionary theory of economic change	15	0.09	Nelson R R	1982
4	National systems of innovation：a comparative study	15	0.09	Nelson R	1993
5	Firm resources and sustained competitive advantage	15	0.03	Barney J	1991
6	National systems of innovation：towards a theory of interactive learning	15	0.20	Lundvall B	1992
7	An analysis of compensation in the U.S. venture capital partnership	15	0.13	Lerner J	1999
8	The future of the university and the university of the future：evolution of ivory tower to entrepreneurial paradigm	14	0.16	Etzkowitz H	2000
9	The effects of government-industry R&D programs on private R&D：the case of the small business innovation research program	14	0.14	Wallsten S J	2000
10	Empirical studies of innovation and market structure	14	0.10	Cohen W M	1989

1）此处展示的作者为文献的第一作者

尽管政府支持行为并不是一个单独的理论，而是若干个理论的集合，但是表 3-1 的高共被引文献反映了针对政府支持企业创新研究的经典理论和研究演进的特点。从被引频次角度来看，首先，美国卡耐基梅隆大学的 Cohen 教授，于 1990 年在《管理科学季刊》上发表的文章“Absorptive capacity：a new perspective on learning and innovation”（《吸收能力：学习和创新的新视角》），以及美国哈佛大学 Porter 教授 1990 年出版的经典著作 *Competitive Advantage of Nations*（《国家竞争优势》），这两篇文献的被引频次最高，较早地提出了吸收能力理论和竞争优势理论，并指出了企业有效吸收外部信息、企业与外部组织间构成的网络关系是影响企业创新的重要因素，也强调了政府在创新过程中的作用。其次，Nelson、Barney、Lundvall、Lerner 等学者分别从经济演化理论、资源理论等视角出发，强调了企业通过扩大自身优势和所占市场份额，完善技术创新体系，不断进行组织学习和知识创新，从而在竞争中立于不败之地，而其中政府的主要作用就是出台政策和提供资金。从共被引文献网络的中心度来看，Porter、Cohen、Lundvall、Etzkowitz 和 Wallsten 等所发表的 5 篇文献所占的中心度值较大，这也体现了这几篇文献在整个研究中的影响力，同时也反映了研究视角从微观到中宏观的演化，以及政府在支持企业创新中的角色变得多元化，即发挥资金提供、政策扶持、关系协调等主要职能[129-137, 94]。总之，政府支持企业创新研究的上述经典文献，不仅从理论层面而且也从实践层面阐释了企业创新的重要性及对区域发展的影响，并且也从不同角度明确了政府在支持创新中应发挥的作用。

3.2 政府支持企业创新研究的热点主题

在对政府支持行为研究的知识基础进行分析的基础上，进一步对国内外政府支持行为研究的热点主题展开深入探讨。本章采用的英文文献还是来源于 WOS 数据库中 SSCI、SCIE 库中的 869 篇文献，而中文文献则是来源于 CNKI、CSSCI 中 1980～2000 年的 590 篇文献，运用 CiteSpaceIII软件挖掘中外政府支持行为研究的热点主题。现有研究表明，文献中的高频关键词是对文章主题的高度概括和集中，出现频次较高的关键词可以用来确定政府支持企业创新研究领域中的热点主题和重要信息[128]，具体如图 3-2 及图 3-3 所示。

图 3-2 及图 3-3 中圆环的大小代表关键词出现频次的多少，圆环越大越能反映出该领域的研究热点所在。根据软件的分析结果，可以看出，国外政府支持企业创新的研究领域中，对政府支持行为的研究更多关注政府对企业创新绩效（performance）（48 次）的影响，政府对企业的 R&D（research-and-development）（36 次）投入，政府对产业发展（industry）（36 次）的影响，政府对区域创新体系（systems）（19 次）、创业（entrepreneurship）（20 次）的影响，政府创新政策（policy）（22 次）的实施等方面。与国外研究有所不同，国内政府支持企业创新的研究文献中，大多是在关注政府行为对企业技术创新（57 次）与创新绩效（34 次）的影响，以及在自主创新（35 次）、产业集群（20 次）中政府行为的作用。近几

图 3-2　国外政府支持行为研究热点主题知识图谱（1980～2000 年）

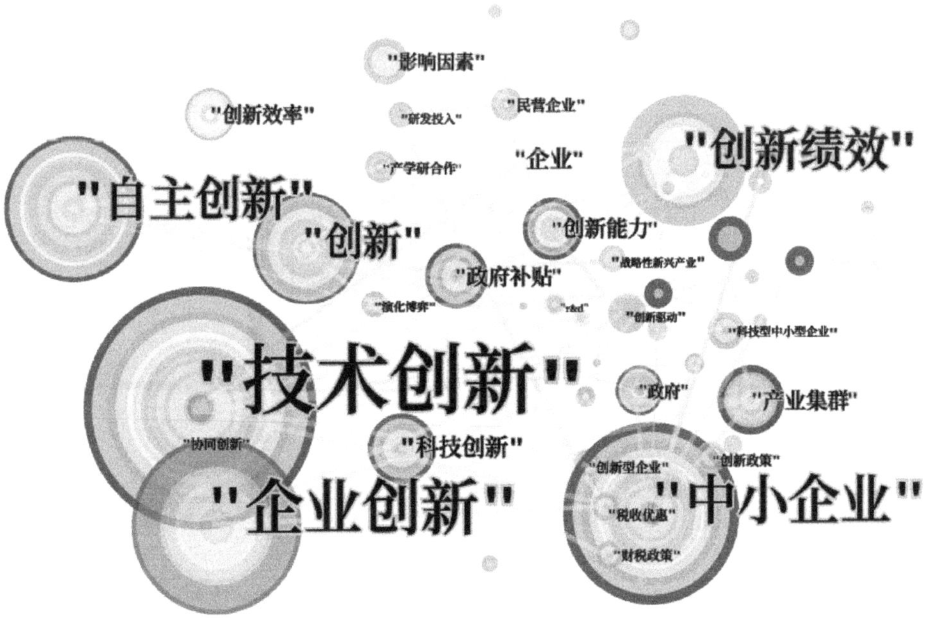

图 3-3　国内政府支持行为研究热点主题知识图谱（1980～2000 年）

注：图中内容为软件自动生成，不区分英文大小写

年来国内研究对中小企业（41 次）的关注开始增多，而支持中小企业创新的政府行为主要包括：政府补贴（15 次）、税收优惠（10 次）、创新政策（9 次）等，而政府补贴与税收优惠是国内当前关注的热点。总之，在创新绩效、技术创新、产业创新、创新投入等方面国内外对政府支持企业创新的研究是当前的热点议题。

3.3　政府支持企业创新的不同表现类型

政府是为国家或团体制定管理法律、政策和法规的机构，作为一个强大的机构，它对企业等组织的实践活动将产生重要影响[138]。吴建南等根据美国部分城市实施创新驱动模式的多维度、多案例分析，总结出政府主要通过发挥政策引导、搭建平台、公共服务等职能，充当区域战略的规划者、资源评估者、网络构建者、指标优化者等角色，广泛激发市场主体的积极作用[139]。通过梳理现有的国内外研究成果，本书在此得出政府从应然层面支持企业创新过程中表现出的六种支持行为，分别是：政策企业家（policy entrepreneur）、政策设计（policy designing）、资金支持（financial supporting）、网络搭建（network construction）、服务供给（service providing）和环境规制（environment regulating）。政府在发挥这六种支持行为的作用的过程中，对企业创新活动也采用了不同的引导方式，据此梳理出现有政府支持行为不同表现的框架，具体如图 3-4 所示。

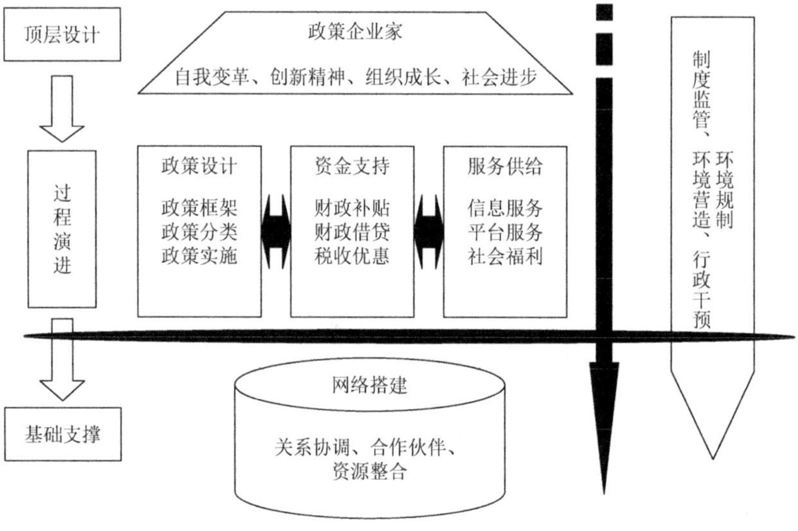

图 3-4　政府支持行为的不同表现类型框架

首先，政府在支持企业和区域创新活动过程中，扮演着政策企业家的角色。

根据 Lewis 等的界定，“所谓政策企业家，就是那些通过组织、运用集体力量来改变现有公共资源分配方式的人”[140]。作为政策企业家的政府，在支持企业创新活动中至少具备以下四大特征：①愿意支持企业创新，并可以承担因创新带来的各类风险和各种责任；②能够认清当前政治运行逻辑，并合理利用，而且善于运用知识和技能促成重大政策转变；③具有自我变革和批判精神的思考者；④具有坚持不懈的精神，成功推广和维持新政策方案[141-146]。政策企业家精神被视为一种地方集中、群体决策的过程，参与者之间的协商合作是成功创新的关键，为政府提供了一种在开放式、参与式且不会危害民主理想的环境中处理创新的方法[147, 148]。在中国现有国情下，在公共政策施行过程中那些专业化程度越来越高的行政组织主要控制着政府政策资源和权力，并在较大程度上影响着政策的创制，因而政府部门充分发挥好政策企业家的角色，需要通过政府内部的组织创新和变革来促进区域中包括企业在内的各类组织的成长，推动社会的进步与发展。总之，现有研究中所表述的政策企业家，是通过对自身组织的创新变革来正向、积极地影响其他的利益相关主体的。

其次，政府通过一系列的政策设计来促进企业的创新[149-151]。政府出台政策一方面是为了与社会保持多方面的互动；另一方面，根据新古典主义的观点，政府政策实施是为了改善劳动力、金融和技术市场的机构发展，应对市场失灵[152]。通常的国际经验表明，中央政府制定出宏观的政策框架，具体实施由各级地方政府负责完成，但是地方政府也可以根据中央和上级政府的号召，因地制宜地制定地方政策。比如，中国的太阳能热水普及政策就是由地方政府发起并实施的，并得到了相关上级部门的支持[153]。政府通过一系列创新政策的制定来支撑区域企业和产业的发展，现有研究较多是在关注政策分类、政策实施等对创新的影响，研究中涉及的具体政策主要包括以能力为导向的技术创新政策、需求拉动型政策、支持性政策等[154-157]。

再次，政府促进企业创新的行为主要表现在资金支持和服务供给两大方面，尤其是在资金支持行为方面，这也是目前学界研究最多的。当前，政府资金支持方式的研究成果主要包括直接性支持和间接性支持两个方面。直接性支持的表现方式主要有财政补贴、研发补助、贷款贴息、项目扶持等；间接性支持方式主要是指税收抵减，既包括研发方面的税收抵减，也包括非研发方面的所得税减免等。总之，不同的资金支持方式对企业创新的影响效果也不尽相同[158-167]。作为服务供给者的政府，其支持企业创新的行为主要表现为，一方面为企业提供社会性基础服务；另一方面为企业提供良好的科技基础设施以促进企业竞争力的提升[168-172]。在开放式创新（open innovation）的背景下，政府通过提供一系列公共服务来促进企业对信息、知识等资源的有效获取，帮助企业提升了创新能力，同时也实现了资源在政府及企业等不同组织间的流动。

最后，政府对创新环境的监管及在创新过程中表现出的网络搭建的行为，在一定程度上也支持了区域企业的创新。作为网络搭建者的政府，一方面主动联系各创新主体，促进区域产学研之间的合作关系；另一方面通过联系区域中的不同创新主体，经过洽谈与协调构建跨组织的研发联盟[173, 174]。与此同时，通过整合区域间不同创新主体的信息流，进而平衡外部专业技能、知识资源等向不同组织的流动[174]。作为一种间接性的支持方式，政府对创新环境的规制和监管促进了区域企业创新，监管的主要内容包括引导和建立合法的市场秩序、保护企业的知识产权、打击假冒伪劣商品等，同时对政府采购过程也进行严格监督[175]。此外，政府通过行政干预手段调节市场失灵状况，并且从总体上营造良好的区域创新环境，保证宏观经济稳定[176]。

综上所述，本章根据国内外现有研究文献成果从应然层面构建的政府支持行为理论框架包含了六大类具体的政府支持行为，而这些支持行为在实践中可能存在称谓上的差异，并且在现实情境中，政府可能只会重点实施部分支持举措，因此本书根据现有文献构建出的政府支持行为理论框架势必会存在一些不足和缺陷，需要今后进一步结合研究文献和实践状况来加以完善。

3.4　本 章 小 结

本章内容以 SSCI、SCIE、CSSCI 在 1980～2000 年刊载的文献为样本来源，采用文献计量分析和比较研究法，对现有国内外政府支持企业创新的研究文献进行分析梳理，以把握国内外研究现状，厘清政府支持企业创新研究的理论源流与内涵，描绘研究的知识基础与热点主题图谱，最终结合现有文献，构建政府支持企业创新的理论框架。本章研究的具体工作包括：首先，基于国内外研究文献并结合政府支持行为研究文献的知识图谱及政府支持行为研究的高共被引文献，初步把握了政府支持企业创新研究的知识基础；其次，在对政府支持行为研究知识基础进行分析的基础上，借助政府支持行为研究热点主题的知识图谱，进一步对国内外政府支持行为研究的热点主题展开深入探讨；最后，基于国内外现有研究文献，梳理出现有政府支持行为不同表现的框架，提炼出六种政府支持行为，分别是政策企业家、政策设计、资金支持、网络搭建、服务供给和环境规制。

第 4 章　企业创新绩效的国内外理论研究现状

4.1　企业创新绩效研究的知识基础

以“firm innovation performance”“corporate innovation performance”“company innovation performance”“enterprise innovation performance”为主题词进行检索，检索年限为 1930～2005 年，经过数据筛选和清洗，共得到 WOS 数据库下的 SSCI、SCIE 中刊载的 216 篇研究文献，以此来分析企业创新绩效研究的知识基础和热点主题。利用 CiteSpaceIII软件绘制企业创新绩效研究的知识图谱，结果如图 4-1 所示。

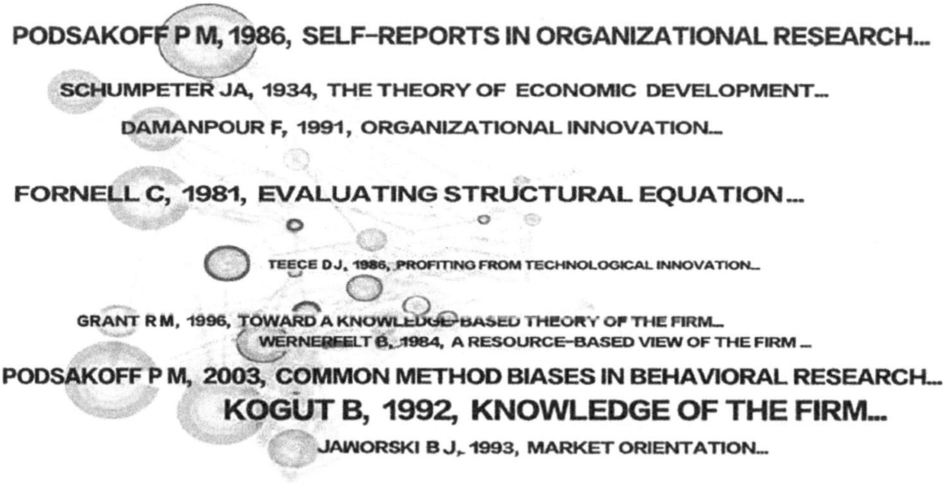

图 4-1　企业创新绩效研究的知识图谱（1930～2005 年）

图 4-1 显示了在企业创新绩效研究领域检索到的 216 篇研究文献中共被引最高的前 10 篇文献，这 10 篇文献的具体信息如表 4-1 所示。创新绩效研究的高共被引文献网络共含有 50 个节点，163 条连线，网络密度为 0.1331，图中的圆圈代表该领域研究的某篇高共被引文献节点，圆圈越大，表明文献被引用的次数越多。根据高共被引文献被引次数的降序排列，进一步筛选和整理出排名前 10 的文献的基本信息，具体包括文献的被引频次、中心度、文献篇名、作者及发表年份等信息，如表 4-1 所示。

表 4-1 企业创新绩效研究的高共被引文献（前 10 篇）统计[177-184, 96, 102]

排名	篇名	频次	中心度	作者 1)	年份
1	Common method biases in behavioral research：a critical review of the literature and recommended remedies	28	0.06	Podsakoff P M	2003
2	Knowledge of the firm，combinative capabilities，and the replication of technology	26	0.07	Kogut B	1992
3	Self-reports in organizational research: problems and prospects	25	0.19	Podsakoff P M	1986
4	Evaluating structural equation models with unobservable variables and measurement error	23	0.02	Fornell C	1981
5	The Theory of Economic Development	18	0.04	Schumpeter J A	1934
6	Toward a knowledge-based theory of the firm	17	0.03	Grant R M	1996
7	A resource-based view of the firm	15	0.01	Wernerfelt B	1984
8	Profiting from technological innovation：implications for integration，collaboration，licensing and public policy	14	0.10	Teece D J	1986
9	Market orientation：antecedents and consequences	14	0.13	Jaworski B J	1993
10	Organizational innovation：a meta-analysis of effects of determinants and moderators	11	0.37	Damanpour F	1991

1）此处展示的作者为文献的第一作者

表 4-1 可以反映出，从与企业创新绩效相关的高共被引文献的发表年份来看，美籍奥地利经济学家 Schumpeter（熊彼特）教授，于 1934 年出版（以 1912 年德文修订本为依据的英译本，由美国哈佛大学出版社出版）的 *The Theory of Economic Development*（《经济发展理论》）一书开启了“创新理论”研究的大门，他的观点强调生产技术的革新和生产方法的变革，并突出变动和发展的观点，还非常注重企业家的作用。随后从 20 世纪 80 年代开始，一批学者开始关注对企业资源和能力的研究。资源基础观理论认为，企业拥有的稀缺的、有价值的、不可替代的和不可模仿的资源，能够为其获取持续的竞争优势，因为能获得超额报酬。能力理论则认为，企业仅仅获取资源是远远不够的，因为资源本身具有静态性，无法适应日益变化的市场需求，因此企业需要开发动态性能力来对市场的波动性做出回应。Kogut 和 Zander 将组织中的能力视为组织的知识，将其理解为组织中个人的专长和职能间协调的原理和规则，并且组织中的知识与企业创新之间存在着密切的关系，企业是知识创造和转移的社会化团体（social communities）。从 20 世纪 90 年代开始，以 Damanpour 为代表的一批学者系统地探讨了组织创新及创新绩效的影响因素。Damanpour 提出了组织创新应包含技术创新与管理创新两个层面，这两类创新与组织绩效之间的关系也被许多学者验证过。另外，在前 10 篇高共被引文献中，Jaworski 基于以往企业竞争的相关

理论研究，从产业竞争激烈程度、是否有价格战特征、竞争对手强弱等方面提出了企业竞争导向的衡量指标，并且探讨了其对创新绩效的影响作用。总之，企业创新绩效研究领域的研究文献所共同引用的文献反映出的知识基础是以资源基础观和能力为代表的战略管理理论，这是企业创新绩效领域的重要和主流理论，也是企业创新绩效的前因变量，为当前学者研究企业创新绩效的相关议题奠定了重要的基础。

4.2　企业创新绩效研究的热点主题

通过对企业创新绩效研究领域的高共被引文献进行分析，我们了解了该领域研究的知识基础，并进一步对国内外企业创新绩效研究的热点主题展开了深入探讨，以明确创新绩效研究的重点和热点内容。本节采用的英文文献仍然是 WOS 数据库中 SSCI、SCIE 中的 216 篇文献，而中文文献则是来源于 CNKI、CSSCI 中 1930～2005 年的 191 篇文献，运用 CiteSpaceIII软件挖掘中外企业创新绩效研究的热点主题，具体如图 4-2 及图 4-3 所示。

根据图 4-2 及图 4-3 中关键词节点的词频数量，同时结合软件分析的结果，从中可以看出，近些年来，国外研究企业创新绩效的视角主要是围绕产业（industry）

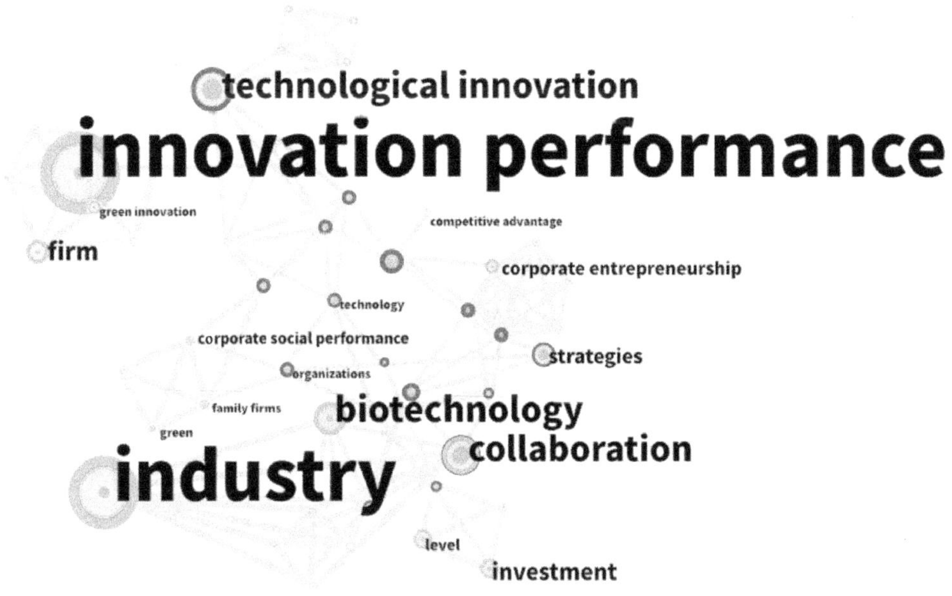

图 4-2　国外企业创新绩效研究的热点主题知识图谱（1930～2005 年）

图 4-3　国内企业创新绩效研究的热点主题知识图谱（1930～2005 年）

创新（25 次）、技术创新（technological innovation）（12 次）、合作（collaboration）创新（12 次）、绿色创新（green innovation）（6 次）绩效等展开的；企业创新绩效的前因变量主要包括了创新投资（investment）（7 次）、创新战略（strategies）（5 次）、公司创业（corporate entrepreneurship）（5 次）等方面；研究对象主要包括生物技术（biotechnology）企业（11 次）等。而国内企业创新绩效研究的热点主题主要是围绕吸收能力（15 次）、网络结构（7 次）、组织学习（5 次）等视角展开的，并且对企业创新绩效的研究更多是侧重技术创新绩效（5 次）层面；研究方法主要是采用结构方程模型（5 次）探索创新绩效的影响因素，而对集群企业（8 次）和产业集群（6 次）的研究是当前关注的热点。从整体上看，国内文献围绕企业创新绩效前因变量的研究主要是基于创新网络的相关理论，具体包括网络结构（7 次）、网络能力（5 次）、关系嵌入（4 次）、联盟网络（2 次）等维度，此外，对 R&D 投入（4 次）、企业家团队（3 次）等与企业创新绩效间关系的研究，也是当前国内研究的热点。总之，当前国内外学者围绕企业创新绩效研究的热点主题主要是基于技术创新绩效，从不同视角，探索创新绩效的一系列前因变量（影响因素），并展开丰富的论证。

4.3　企业创新绩效研究的测量方式

学界对绩效界定的视角不一，加之创新的内涵丰富，因而长期以来，学者对创新绩效的测量莫衷一是。组织管理学派认为，组织创新绩效分为狭义和广义视角，狭义的创新绩效强调组织的创新水平及创新的结果；广义的创新绩效则强调创新过程中的结果绩效，其中包括企业的实际产出和服务。通过对目前国内外企业创新绩效的高共被引研究文献进行分析梳理，了解到学者对企业创新绩效的具体测量方式及采用的测量指标等内容，具体如表4-2所示[185-203, 68]。

表4-2　国内外企业创新绩效测量指标归纳（各取前10）

作者	年份	被引频次	样本类型	创新绩效的测量指标
Hitt等	1997	738	295家制造业企业	资产收益率（return on assets，ROA）、销售收益率（return on sales，ROS）、股权收益率（return on equity，ROE）
Ahuja和Katila	2001	480	1980～1991年的专利面板数据	公司在指定年份成功申请到的专利数量
Calantone等	2002	442	技术企业名录库中的187家企业	资产收益率、销售收益率、股权收益率、整体盈利能力
Sampson	2007	230	463家有合作联盟的电信企业	编译的专利数据
Adner和Kapoor	2010	147	半导体光刻设备企业一手、二手数据	销售增长率、指定年份的公司市场份额
Verhees和Meulenberg	2004	130	152家玫瑰种植商	创新产品（新产品的投资回报率、新产品的目标实现性）
Thornhill	2006	127	845家加拿大制造业公司	新产品的引入、收入增长
Atuahene-Gima	1996	103	158家制造业和117家服务业公司	新产品/新服务、市场份额、销售量增长和利润目标、新市场开拓
Frishammar和Åke Hörte	2005	75	206家中型制造业公司	新产品/新服务、（产品）生产流程的重大改变
Kirner等	2009	55	1663家德国制造业企业	新产品份额、与服务相关的产品份额、劳动生产率、生产提前期
钱锡红等	2010	230	深圳市121家IC企业	新产品/新服务、新技术、市场反应、技术与工艺、新产品开发成功率
李志刚等	2007	216	合肥市84家高技术企业	产品创新、工艺创新、市场创新、管理创新、信息获取
解学梅	2010	212	188家中小型制造企业	新产品销售收入比、产品创新比例、工艺创新比例

续表

作者	年份	被引频次	样本类型	创新绩效的测量指标
谢凤华等	2008	139	8 个省市的 295 家企业	研发人员与客户交流频率、研发人员与生产部门交流频率、研发人员与专业科研机构交流频率、技术骨干人员数、企业技术活动数、研发费用占销售额比率
刘学元等	2016	132	278 家制造业企业	产品创新、流程创新
陈劲等	2007	90	118 家国有、民营、外资企业	新产品数、专利申请、技术诀窍
张方华	2010	85	长三角地区 270 家高新技术企业	创新产品成功率、年申请专利数、新产品产值占销售额的比重
朱秀梅	2008	82	长春市 121 家软件企业	企业盈利率、企业市场开拓、企业员工成长的贡献程度
王晓娟	2008	81	浙江黄岩模具产业集群的 276 家企业	新产品销售额占总销售额的比重
刘元芳等	2006	81	江浙沪闽 105 家创新企业	改进的新产品或服务的销售额占企业总销售额的百分比

表 4-2 中的高共被引研究文献的获取渠道主要包括两方面：国外的高共被引文献是从 WOS 数据库的 SSCI、SCIE 中根据相关文献的被引频次降序排列得到的，在此选取了排名前 10 的高共被引文献；国内的高共被引文献是从 CSSCI 中根据相关文献的被引频次降序排列得到的，在此也选取了排名前 10 的高共被引文献。之所以选择这些高共被引文献，主要是为了保证研究文献的代表性，并且高共被引文献说明其在学界的认可度较高，在研究方法和研究结论方面也比较可靠。

通过表 4-2 可以看出，目前国外学者对于企业创新绩效的测量既有采用一手数据的，也有采用二手数据（如专利面板数据、行业通讯录数据库）进行测量的，目前对企业创新绩效的测量指标主要包括结果类指标（专利申请数量、资产/销售/股权收益率、新产品/新服务、市场份额等）、强调过程的结果类指标（生产流程的重大变革、整体盈利能力、劳动生产率等）两类，大多数学者的测量指标选取第一类。与国外学者的研究有所不同，国内对于企业创新绩效研究的高共被引文献主要集中在 2008～2010 年，但是对于创新绩效指标的选取也主要包括结果类指标（新产品、新服务、新技术、专利数、市场份额等）和强调过程的结果类指标（管理创新、信息获取、流程创新等）。综合国内外研究文献可以看出，现有的大多数研究将创新绩效理解为研发创新绩效或技术创新绩效，忽视了对企业的非研发活动创新绩效的考察。然而，企业创新绩效应该包括技术/研发创新绩效和非研发创新绩效两个部分。另外，国内外企业创新文化和影响因素等存在一些差异，所以不能完全照搬国外的研究结果，应结合国内现实情况对企业创新绩效的测量指标进行选取。钱锡红等提出的企业创新绩效的测量方式，指出了采用专利测量创新绩效存在的问题，提出了对创新绩效进行测量的客观依据等，在目前国内文献中被引频次最高，认可度也较高，因此本书后续对企业创新绩效的测量也将借鉴其研究成果。

4.4　企业创新绩效的影响因素

目前国内外学者对企业创新绩效的影响因素进行了系统探讨，主要是从组织内部和组织外部两方面对创新绩效的影响因素展开的一系列研究，通过对现有研究文献的梳理，可以发现，当前企业创新绩效的影响因素可以概括为：从组织外部角度出发的结构层面因素与环境层面因素，以及从组织内部角度出发的组织层面因素和个体层面因素。企业创新绩效影响因素的各个层面所包含的内容如图 4-4 所示。

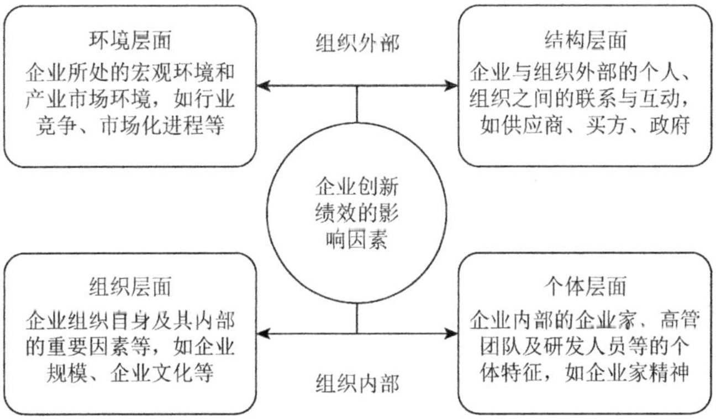

图 4-4　企业创新绩效影响因素框架

1. 企业创新绩效的环境层面影响因素

企业所面临的环境因素主要是指企业所处的宏观环境和产业市场环境，具体表现为行业的竞争和垄断程度、进出口贸易、市场化进程，以及政府政策等会对企业创新绩效产生影响。在这些因素中，政府政策对企业创新绩效的影响是目前研究的热点主题。比如，Zúñiga-Vicente 等的研究表明政府支持形式的公共政策工具（财政补贴）与企业创新绩效紧密相关[204]。张玉臣和吕宪鹏的研究表明，对于不同类型的企业而言，政府政策对企业创新绩效的作用不同。对于初创企业来说，政府的税收与补贴政策对企业创新绩效起到积极的促进作用，但当企业规模达到一定程度后，政策的促进作用开始减弱[205]。还有一些学者研究了中国情境下政府支持对企业创新绩效的影响，结果发现直接的研发补贴和区域创新政策均会对企业创新绩效产生影响。

2. 企业创新绩效的结构层面影响因素

企业创新绩效结构层面的影响因素主要是指，企业与组织外部的个人或组织之间的联系与互动，这里的外部组织或个人主要强调与企业相关的利益相关主体，包括供应商、客户、竞争对手、买方、政府机构、中介机构、高校科研院所等。从研究热度来看，结构层面影响因素的研究是近些年来的研究热点，而这方面的研究主要与社会资本理论密切相关，具体的表现形式包括企业社会网络、政治关联、创新联盟/网络等对企业创新绩效的影响。具体来看，如 Yamakawa 和 Yang 的研究发现企业参加的探索型合作联盟的数量显著影响企业创新绩效。解学梅和左蕾蕾的研究结论发现，协同创新网络的特征，即“企业—企业”“企业—中介”“企业—研发机构”的协同网络的网络规模、网络强度、网络同质性与企业创新绩效之间存在显著的正相关关系。钱锡红等的研究也表明了企业越处于合作网络的中心位置，以及含有的结构洞数量越多，越有利于促进企业创新绩效的提升。此外，在企业政治关联研究方面，学者发现了一个非常有趣的现象就是，政治关联与企业创新绩效之间可能是显著正相关，也可能是显著负相关，也可能存在着倒“U”形关系[206]。

3. 企业创新绩效的组织层面影响因素

组织层面的影响因素强调企业组织自身及其内部的重要因素对企业创新绩效的影响，这些因素主要包括了企业规模、组织文化、组织学习、组织能力、战略管理等。以上这些企业组织内部的影响因素是目前探讨企业创新绩效影响因素的重要研究领域，尤其是组织学习、组织能力和战略管理等方面的研究。另外，在现有文献中，组织学习、组织能力、组织文化等彼此之间也存在相互影响。比如，陈劲等的研究表明了组织学习的五方面要素——学习源、学习内容、学习主体、学习层次和学习环境等均会直接或通过影响技术能力间接地影响企业创新绩效，其中学习源对创新绩效不具备间接影响作用，学习环境对创新绩效不具备直接影响作用，而对于创新绩效影响最为显著的要素依次是学习内容、学习层次和学习源[199]。李雪灵等运用“战略构念-市场行为-企业绩效”的理论范式，提出并验证了新企业积极型市场导向的市场行为在创业导向作用与创新绩效过程中的中介作用。研究结果表明，创新性维度和先动性维度不同程度地对新企业创新绩效产生正向影响，而风险承担性维度则对创新绩效的影响不显著[207]。

4. 企业创新绩效的个体层面影响因素

个体层面的影响因素主要是指企业内部的企业家、高管团队及研发人员等的个体特征对企业创新绩效的影响。在企业家与高管团队对企业创新绩效的影响方面，于海云等认为企业家信心在创新战略、资源和能力与创新绩效的关系中起调节作用，企业家信心能够显著削弱资源匮乏和技术能力低下给创新绩效带来的消极影响[208]。王雪莉等通过对高管团队职能背景与创新绩效之间的关系进行研究，结果发现以“生产型职能背景”为主的高管团队对创新绩效有显著的且是最大的影响，但是以“多职能背景”为主的高管团队对企业创新绩效有显著的负向影响。从职业经历角度来看，具有海外背景的高管对企业创新绩效有显著的正向影响，而外部空降的高管对企业创新发展有严重的阻碍作用[209]。另外，对于研发人员与创新绩效关系的研究，有学者的研究结果指出，工作嵌入对高新技术企业研发人员的创新绩效有显著的正向影响，而且创新能力在工作联结与工作牺牲中间起到了重要的中介作用。

4.5 本章小结

本章内容以WOS和CSSCI刊载的文献为研究对象，采用文献计量法，对国内外企业创新绩效研究的知识基础与热点、内涵与测量方式、影响因素等进行深入探讨。本章研究的具体工作包括：首先，基于国内外研究文献，结合企业创新绩效研究的知识图谱及高共被引文献分析，初步把握了企业创新绩效研究的知识基础；其次，基于前一步对国内外企业创新绩效研究的热点主题展开深入探讨，明确创新绩效研究的重点和热点内容；再次，通过对国内外企业创新绩效的高共被引研究文献进行分析梳理，概括出企业创新绩效研究的测量方式及测量指标等内容；最后，基于现有文献，概括了企业创新绩效的影响因素，即从组织外部角度出发的结构层面因素与环境层面因素，以及从组织内部角度出发的组织层面因素和个体层面因素。本章研究的结果表明：①当前，学界对于企业创新绩效的研究持续升温，其知识基础是以资源基础观和能力为代表的战略管理理论，以及企业竞争的相关理论，研究热点主要是基于技术创新理论，从不同视角探索创新绩效的一系列前因变量，并展开丰富的理论和实证研究；②现有企业创新绩效测量主要包括结果类指标和强调过程的结果类指标两大类，而大多忽视了企业非研发创新过程指标；③企业创新绩效影响因素划分为环境、结构、组织和个体四个层面，前两者是基于组织外部，后两者是基于组织内部，这也是当前探讨影响因素的重要视角。

第 5 章　政府支持行为与企业创新绩效关系的国内外理论研究现状

5.1　某一种政府支持行为对企业创新绩效的影响

目前学界对某一种政府支持行为的研究，较多是从财政补贴、税收优惠等资金支持方面来加以探讨，也有少部分研究是从知识产权保护、政府采购、科技项目扶持等方面对政府支持企业创新展开一些理论和实证研究。现有的研究结论对某一种政府支持行为与企业创新绩效间的关系并未形成共识，综合来看，学者认为政府支持行为既可能促进企业创新绩效，也可能抑制企业创新绩效，也可能对企业创新绩效没有显著影响，具体内容如表 5-1 所示。

表 5-1　某一种政府支持行为与企业创新绩效的关系

效应类型	作者	样本来源	测量方式	研究结论要点
促进作用	Garcia 和 Mohnen[210]	社区创新调查第三版数据（1998～2000 年）	用 R&D 投入数量衡量政府支持行为	中央政府支持能提高新创企业的研发强度、创新销售额、市场份额等
	Clausen[211]	2002 年面向创新型企业的 R&D 状况调查	用 R&D 投入数量衡量政府支持行为	科技计划项目（财政补贴）能有效刺激企业进行更多的研发活动
	Maseko 等[212]	定性访谈＋面向200家中小企业的调查	用财政补贴具体金额衡量政府支持行为	政府对中小企业的财政补贴对于实现企业创新绩效的提升有显著帮助
	Doh 和 Kim[213]	大部分企业来源于档案数据，个别省份企业数据通过调查收集	用技术开发援助资金衡量政府支持行为	政府财政援助能促进区域中小企业建立合作网络、提升企业专利产出
	邵传林[214]	中国工业企业数据库（2005～2011 年）、中国市场化指数（2011 年）	用财政补贴数额在企业利润总额中的占比来衡量政府支持行为	制度环境能显著促进企业创新绩效的提升；获得资助的企业比没有获得资助的企业的创新绩效要高
	杨洋等[215]	中国工业企业数据库（2003～2007 年）	用政府补贴数量衡量政府支持行为	相比国有企业，政府补贴对民营企业创新绩效的促进作用更大；要素市场扭曲程度低的地区，政府补贴对企业创新绩效的促进作用更大
	王丛虎[216]	理论辨析，无数据	用政府采购来衡量政府支持行为	政府采购能显著促进企业自主创新绩效的提升，任何其他方式都不能替代

续表

效应类型	作者	样本来源	测量方式	研究结论要点
促进作用	尹志锋等[217]	世界银行企业调查数据（2002～2006 年）	用知识产权保护衡量政府支持行为	知识产权保护能够通过增加企业研发投入和外资进入来提升创新产出
抑制作用	Link 和 Scott[46]	美国国家科学研究委员会（National Research Council，NRC）2005 年的调查数据	用科技计划项目资助数额衡量政府支持行为	政府支持小企业创新研究（small business innovative research，SBIR）计划的研发商品转化率非常低
	Wallsten[136]	受到小企业创新研究计划资助的 367 家企业	用科技计划项目资助数额衡量政府支持行为	政府每增加一单位的 R&D 补贴将导致企业相应减少自身研发投入
	Shu 等[48]	中国 270 家创新型企业抽样调查数据	用 R&D 投入衡量政府支持行为	政府支持抑制了专利行为对产品创新的积极影响，是一把“双刃剑”
	林洲钰等[218]	中国工业企业数据库（2007～2009 年）	用政府补贴衡量政府支持行为	当超过临界值时，政府补贴对企业专利产出的抑制效应开始出现
	冯海红等[219]	我国 28 个制造行业大中型工业企业面板数据（2000～2012 年）	用各级政府减免税占企业 R&D 经费支出比例衡量政府支持行为	当政府税收优惠政策大于第二门限值时，则会抑制企业研发投资
作用不显著或者不确定	王俊[220]	我国 28 个行业大中型企业的面板数据	用 R&D 投入衡量政府支持行为	在专利决定方程中，政府 R&D 补贴对企业自主创新的正面影响存在不确定性；政府 R&D 补贴的激励效应也不显著
	吴剑峰和杨震宁[221]	北京大学中国经济研究中心 SINOFIN 数据库	用企业所获得政府补贴金额衡量政府支持行为	企业是否存在技术创新与是否获得政府补贴之间没有显著的正相关关系
	陈林和朱卫平[222]	自行构建静态古诺模型	用创新补贴衡量政府支持行为	我国创新补贴政策却不一定有效，其政策效果具有一定的不确定性
	孔淑红[223]	我国 30 个省区市的面板数据（2000～2007 年）	用企业所得税税负衡量政府支持行为	政府的税收优惠政策对企业技术创新并未起到显著的促进作用
	Kim 和 Lee[224]	来自 2005 年韩国创新调查数据	用 R&D 投入值衡量政府支持行为	当涉及创新水平时，政府的财政支持对实现高创新性有积极但却无统计学意义的影响
	巫强和刘蓓[225]	我国战略性新兴产业上市公司的动态面板数据（2009～2013 年）	用定额补贴、比率补贴作为政府补贴方式衡量政府支持行为	上市公司接受的定额研发补贴对其创新产出没有显著影响

（1）政府支持行为的“促进论”。大多数学者比较认同政府支持行为能够促进企业创新绩效的提升。具体而言，Garcia 和 Mohnen 基于社区创新调查（the third of community innovation survey，CIS3）1998～2000 年的数据的研究结果显示，来自中央政府的财政支持使得奥地利企业研发创新强度增加了 2.3%，产品创新销售

占比增加了 2.5%，市场产品创新销售占比增加了 3.4%[210]。Clausen 通过对创新型企业的调查，发现了政府的财政补贴用于基础研究时可以有效促进企业的研发创新活动和提高企业的研发质量。并且 Maseko 等基于对 200 家中小企业的调研，其结果也进一步表明政府补贴行为支持了中小企业的创新绩效，尤其体现在年度营业额和人力资源管理水平方面[211, 212]。Doh 和 Kim 的研究证实了政府直接为中小企业提供技术援助，或间接帮助中小企业与科研院所合作，有利于企业的专利产出[213]。邵传林利用中国工业企业数据库的微观数据，得到政府补贴的企业的创新绩效要比没有得到政府补贴的企业的创新绩效高出 1.48%[214]。杨洋等主要关注了政府财政补贴这一政府支持行为，研究发现政府补贴对民企创新绩效的促进作用比国企更大，而且政府补贴在要素市场扭曲程度较低的地区对企业创新绩效的促进作用更大[215]。王丛虎和尹志锋等分别从政府采购和知识产权保护视角对政府支持行为进行衡量，其研究结果表明，政府采购和知识产权保护都能增加企业创新产出，而且政府采购对企业创新的影响是其他方式所不能替代的[216, 217]。

（2）政府支持行为的“抑制论”。虽然目前大部分学者认为政府支持行为对企业创新绩效会起到促进作用，但也有部分学者认为政府支持不仅不会促进企业创新，相反，在一定条件下还会起到抑制作用。有些学者从信息不对称理论和代理理论视角出发，认为政府与企业之间经常存在信息不对称和委托代理错位的问题，政府在为企业提供支持之前，并没有对企业自身情况和相关信息进行充分了解，缺乏科学合理的评判标准，这往往导致政府为企业提供的创新资源和服务等没有得到最优化配置，有时反而会成为一种浪费[226]。Link 和 Scott 基于美国国家科学研究委员会 2005 年的调查数据，用科技计划项目资助数额来衡量政府支持行为，结果发现，政府支持 SBIR 计划的研发商品转化率非常低[46]。Wallsten 的研究发现与 Link 和 Scott 的相类似，他认为政府每增加一单位的 R&D 补贴，将导致企业相应减少自身的研发投入，从而影响创新产出[136]。在已有研究结论的基础上，Shu 等的研究结果表明，政府支持确实是一把“双刃剑”，既可以通过专利系统促进科技进步，也可以阻碍企业将专利知识转化为新产品[48]。林洲钰等对企业的专利数据进行分析，结果发现政府补贴与企业产出的专利数量之间呈现倒“U”形关系，政府补贴在某一临界值之下时会对企业专利产出起到促进作用，而高于某一临界值时则会起到抑制作用[218]。冯海红等通过分析面板数据发现税收优惠对企业研发投资的促进作用有一个最优区间［3.93%, 12.00%］，当优惠力度低于这个区间时促进作用较小，在这一区间时促进作用加强，但是超过最高临界值时则会对企业的研发投资起到反作用[219]。此外，余泳泽、肖文、林高榜的研究结论也都证实了无论是政府的直接支持行为还是政府的间接支持行为，从长久看对企业技术创新效率都具有负面的影响。

（3）政府支持行为的“无效论”。除了促进论和抑制论以外，还有个别学者认为政府支持对企业创新并没有起到明显的作用，即政府支持行为对企业创新活动影响不显著，或者结果不确定，即称之为无效论。比如，吴剑峰和杨震宁运用随机效应负二项回归模型对2008～2011年上海、深圳两地上市的信息、制药、电子企业的相关数据进行了分析，研究发现政府补贴与企业技术创新绩效之间没有显著的正相关关系[221]。王俊、孔淑红、陈修德、熊维勤、吴剑峰和杨震宁等的研究发现表明了政府的研发资助、财政补贴、税收优惠等对企业专利产出，或者研发效率，抑或自主创新效率、技术创新效率等都没有显著的影响。Kim和Lee认为政府资助行为的效果是有条件的，政府支持行为对于实现更高层次的企业创新而言没有统计学上的意义[224]。此外，巫强和刘蓓的研究结果表明定额补贴对战略性新兴产业上市公司的创新产出并没有显著的影响，而且定额补贴没有比率补贴效果好[225]。

总之，通过对现有研究文献的梳理可以发现，尽管当前学界围绕某一种特定的政府支持行为与企业创新绩效间关系开展了丰富的实证研究，但研究结论可谓千差万别。这主要是因为，一方面现有研究文献对政府支持行为缺乏系统性的梳理和概念界定，并未明确指出政府支持行为是什么，以及包括哪些要素；另一方面现有的实证研究样本来源广泛，既有来自政府部门、企业内部及第三方评估机构的档案数据，也有来自不同国家或区域的一手调查数据，并且，对政府支持行为的测量方式也不统一，这些都可能导致最终对某一种政府支持行为与企业创新绩效间关系结论认知的差异性。此外，现有研究文献中，虽然大多数学者对政府支持行为的理解和测量聚焦在财政补贴和税收优惠方面，但是现有研究基本上都是采用政府对企业创新补贴的具体数额或者税收优惠数额来测量政府支持行为，而忽视了不同类型的政府补贴或不同类型的税种优惠对企业创新绩效的影响效果，这方面的研究结论可能更具有实践意义，更能为政府部门提供针对性较强的政策建议。

5.2　不同的政府支持行为组合方式对企业创新绩效的影响

将政府支持行为的内容分开，考察某一种政府支持行为对企业创新绩效的影响，学界并未形成一致性的研究结论。在这样的背景下，有学者指出，单一的政府支持行为本身会存在一些缺陷而无法给企业创新带来满意的效果，只有将不同的政府支持行为组合起来，才能够更有效地刺激企业创新。表5-2梳理了现有研究文献中政府支持行为的组合对企业创新绩效的影响。

表 5-2　政府支持行为的组合与企业创新绩效的关系

作者与年份	组合方式	组合种类	样本来源	研究结论要点
朱平芳和徐伟民[227]	政府研发补贴＋税收减免	两种行为组合	《上海科技统计年鉴》中的 32 个行业（1994～2001 年）	政府研发补贴和税收减免这两个政策工具互为补充，而且提高税收减免的强度会增强研发补贴的效果
张新和任强[228]	研发补贴＋税收政策	两种行为组合	《中国科技统计年鉴》与《中国税务年鉴》2004～2010 年面板数据	政府对企业 R&D 直接补贴带来的增长效应最为显著；税收结构调整有助于实现税收制度对企业创新激励的最大化
李蕊和周平[229]	研发补贴＋政府采购	两种行为组合	《中国统计年鉴》与《中国政府采购年鉴》2004～2008 年面板数据	政府直接财政科技投入和政府采购的结合对于企业自主创新绩效的提升有显著的促进作用
杨向阳等[230]	税收政策＋公共服务＋法制环境＋贷款优惠	四种行为组合	江苏地区 378 家软件和信息服务类企业调查数据	政府支持显著影响知识密集型商业服务（knowledge intensive business service，KIBS）企业创新类型选择，以及企业创新频次，不同类型的政府支持行为对企业创新效果的影响不同
Wei 和 Liu[231]	垂直支持＋水平支持	两种行为组合，细化为四种支持行为	选取 343 家中国创新型企业进行问卷调查	以直接研发补贴为形式的垂直支持和以区域创新政策为形式的水平支持都对企业的创新绩效产生积极影响
周海涛和张振刚[232]	经费补助直接方式＋税收优惠间接方式	两种行为组合	广东省 1002 家高新技术企业的档案数据	直接资助和间接资助方式对企业创新绩效均具有激励作用，但直接资助方式对企业创新绩效的影响效应更大
Xu 等[233]	研发补贴＋科技服务	两种行为组合	对中国 270 家科技型企业进行问卷调查	政府的研发补贴和科技服务均能促进企业新产品的开发
曾萍等[234]	财税政策支持＋创新环境建设	两种行为组合	对广东省珠三角地区 173 家企业进行问卷调查	政府财税政策支持对企业管理创新有显著的正向影响，但其对企业技术创新的正向影响不显著；政府对创新环境的建设能够显著影响企业的技术创新，但其对企业的管理创新没有显著影响

从表 5-2 中可以看出，当前研究文献对于政府支持行为的组合方式的研究，更多是从两种行为的组合来进行考察，极少数文献是从多种行为组合视角来展开相关的分析论证。在两种行为的组合方式的研究中，学者大多是从政府研发补贴和税收优惠两个方面来探讨其对企业创新绩效的影响效果。具体而言，朱平芳和徐伟民基于 1994～2001 年《上海科技统计年鉴》中的有关数据，对 32 个行业所包含的企业创新绩效进行了探讨，结果表明政府研发补贴和税收减免两项政策工具应该互相补充，而且实证结果验证了提高税收减免的强度会显著增强研发补贴

的效果[227]。张新和任强基于 2004～2010 年《中国税务年鉴》与《中国科技统计年鉴》的档案数据，利用三阶段最小二乘法对国内公共研发支出与税收结构对企业研发投入的影响进行了研究，结果发现政府对企业 R&D 直接补贴带来的增长效应最为显著，同时，“减中央、增地方”的税收结构调整有助于实现税收制度对企业创新激励的最大化，并且建议将两种政策工具相互搭配使用，以便于强化财税政策对企业创新的推动作用[228]。周海涛和张振刚通过对广东省 1002 家高新技术企业相关数据的分析，证实研发经费补贴和税收优惠都会对企业创新绩效起到促进作用，但经费补贴的促进作用更大，经费补贴对初创企业创新绩效的促进作用较大，而税收优惠对大型企业的促进作用更大[232]。

还有一些学者将政府财政补贴与政府采购、创新政策支持、科技服务、创新环境建设等支持方式结合起来探讨了政府支持行为组合对企业创新绩效的影响。比如，李蕊和周平利用《中国统计年鉴》和《中国政府采购年鉴》2004～2008 年的发明专利授权量、政府财政科技投入和政府采购数量等面板数据，从供给和需求政策的视角实证检验了政府直接财政科技投入和政府采购的结合对于企业自主创新绩效有显著的促进作用[229]。Wei 和 Liu 对 343 家中国创新企业进行分析，将政府支持分为垂直支持和水平支持，研究发现不论是以直接研发补贴为形式的垂直支持还是以区域创新政策为形式的水平支持都会对企业绩效产生积极的影响，此外，直接的研发补贴比税收减免政策更能促进企业创新绩效的提升[231]。Xu 等对中国的 270 家科技型企业进行问卷调查，结果发现政府的研发补贴和科技服务两种支持行为均能促进企业新产品的开发[233]。曾萍等对广东省珠三角地区的 173 家企业进行了问卷调查，实证研究发现政府财税政策支持对企业管理创新有显著的正向影响，但其对企业技术创新正向影响不显著；政府对创新环境的建设能够显著影响企业的技术创新，但其对企业的管理创新没有显著影响[234]。

在政府支持行为的四种行为的组合方式的研究中，杨向阳等通过对江苏省 378 家软件类和信息服务类企业的实证调研，获取到企业对各类政府支持行为实施的满意度的调查数据，结果发现政府支持显著影响 KIBS 企业创新类型的选择，以及企业创新频次，不同类型的政府支持行为对企业创新效果的影响不同。具体地，中央与地方法律法规服务、政府机构的税收优惠政策、银行提供的相关政策性贷款及行业系统内部技术标准服务等对 KIBS 企业营销创新、流程创新和客户定制创新的影响最为显著；而行业技术标准服务、法律法规服务、行业技术研发公共平台建设、税收优惠政策对不同类型的 KIBS 企业创新频次的影响最为显著[230]。

总之，当前学界围绕某两种政府支持行为的组合方式对企业创新绩效的影响展开了探讨，但是目前的研究成果依然比较缺乏，并且存在较大的探索空间。虽然有少数学者在财政补贴、税收优惠、政府采购、环境建设等政府支持行为的组合方式与企业创新绩效的关系方面取得了一定的研究成果，但是不同的政府支持行为应该如何组合才能达到最佳效果，多种不同政府支持行为的组合方式是如何影响企业创新绩效的，其具体的影响效果如何，同一种政府支持行为方式内部又应该采取怎样的细分方式组合等，这一研究领域仍然存在诸多未被打开的“黑箱”。

5.3　政府支持行为与企业创新绩效关系间的中介效应

如前文所述，当前国内外有一批学者围绕政府支持行为对企业创新绩效影响的直接效应展开了论证，有些学者认为政府支持行为影响企业创新绩效的路径并非直接的，而是需要通过影响中介变量进而影响企业创新绩效，这也就导致目前政府支持行为与企业创新绩效关系研究结论的“公说公有理，婆说婆有理”。通过进一步梳理现有研究文献，可以发现，一些学者已经开始积极探索政府支持行为与企业创新绩效关系间的中介变量，试图更加深入地阐释政府支持行为影响企业创新绩效的机理。图 5-1 梳理了现有研究中政府支持行为与企业创新绩效关系间的主要中介变量，具体可以归纳为企业战略执行层面、企业组织能力层面和企业外部网络层面。

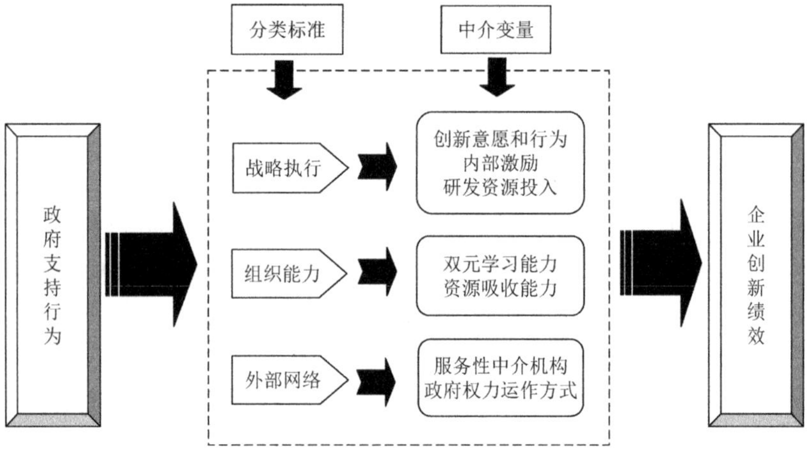

图 5-1　政府支持行为与企业创新绩效关系间的中介变量

首先，从企业内部战略执行的视角出发，有学者认为政府支持行为通过影响企业的创新意愿和行为、内部激励、研发资源投入等进而影响企业创新绩效。洪勇和李英敏基于自主创新意愿和自主创新行为的视角，提出了中国在自主创新实践中所面临的主要问题及其根源，并提出了自主创新政策对自主创新能力提升的作用路径模型，指出了政府自主创新政策能够强化企业自主创新意愿，改善创新行为效率低下的现状，从而提高企业的自主创新效果。也就是说，企业自主创新意愿和创新行为在政府支持行为与企业创新绩效间发挥了重要的中介作用[235]。聂岸羽对杭州、宁波两市的部分企业进行了问卷调查，结果发现政府的财税政策支持影响企业创新绩效的路径主要有两条：一条是财税政策通过影响企业资源投入进而影响企业创新绩效；另一条是财税政策通过影响企业内部激励进而影响企业创新绩效，而且企业资源投入和企业内部激励在财税政策与创新绩效之间扮演着完全中介的角色[236]。尹志锋等的研究结论也证实了企业研发投入和外资进入在政府知识产权保护与企业创新产出之间发挥中介作用，具体而言，名义和实际知识产权保护水平的提高均会对企业研发投入产生影响，进而对企业创新产生正向显著影响，并且实际知识产权保护的影响比名义知识产权保护更大。但名义与实际知识产权保护的提高均不能通过吸引更多外资来间接促进东道国的企业创新[217]。

其次，现有研究表明，从组织能力视角出发的双元学习能力和资源吸收能力也是政府支持行为与企业创新绩效关系间的重要中介变量。薛捷通过对珠三角地区 253 家科技型小微企业的实证分析，探索了区域创新环境、双元学习和创新产品竞争力三者之间的关系。研究结果表明，探索性学习在区域政策环境和创新产品的差异化关系中发挥完全中介效应，而在区域要素环境和文化环境与创新产品的差异化关系中发挥部分中介效应；应用性学习在区域要素环境和政策环境对创新产品顾客满意度的影响过程中发挥完全中介效应[237]。Naqshbandi 通过对在阿拉伯联合酋长国不同企业工作的 259 名中层和高层管理人员进行问卷调查，从微观层面探索了企业的管理联络与资源吸收能力和开放创新三者之间的关系，结果表明，企业与外界的管理联络能够促进企业对各种新信息和资源的模仿与应用，进而能够促进企业实现对内的和对外的开放创新[238]。

最后，还有学者从企业外部网络视角探索了政府支持行为与企业创新绩效关系间的中介变量，如服务性中介机构和政府权力运作方式等。龙静等通过对 244 家中小企业的问卷调查，探索和验证了政府支持行为与服务性中介机构、企业创新绩效间的关系，实证研究发现政府支持行为会通过促进中小企业与服务性中介机构建立紧密关系来搜索知识，进而提升企业创新绩效，中小企业与服务性中介机构的关系可以帮助解释政府支持行为影响企业创新绩效的作用机制[239]。龙静和刘海建还结合组织行为与创新理论，揭示了政府机构不同的权力运作方式影响政府机构与中小企业的关系，并进而影响企业创新绩效的过程。研究结果发现，中小企业与政府之间的关系强度在政府机构权力运作方式和中小企业创新绩效之间发挥中介作用，也就是说，政府机构能够通过运用不同的权力资源积极影响其与中小企业之间的关系强度，并进而影响企业的创新水平[53]。

总之，现有研究成果表明学者主要是从战略执行、组织能力和外部网络视角尝试探讨政府支持行为与企业创新绩效关系间的各种中介效应，但是较少有研究从企业创新的前端和整体过程出发，即从企业创新动力和创新能力两个方面来探讨政府支持行为与企业创新绩效关系之间的中介效应。然而现实中，企业创新能力和创新动力是提升企业创新绩效的重要前因变量，从政府与企业关系视角，探讨“政府支持行为—企业创新能力、创新动力—企业创新绩效”的关系路径，对于揭示政府支持行为与企业创新绩效关系的作用机制更具有理论意义和实践价值。

5.4　政府支持行为与企业创新绩效关系间的调节效应

政府支持行为与企业创新绩效之间的关系，除了受到一些中介变量的影响之外，也会受到一些调节变量的影响。通过对当前研究文献的分析梳理，可以将政府支持行为与企业创新绩效关系之间的调节变量概括为三类，即企业基本特征类变量、企业战略管理类变量和区域环境因素类变量，三类调节变量所包含的具体内容如图 5-2 所示。

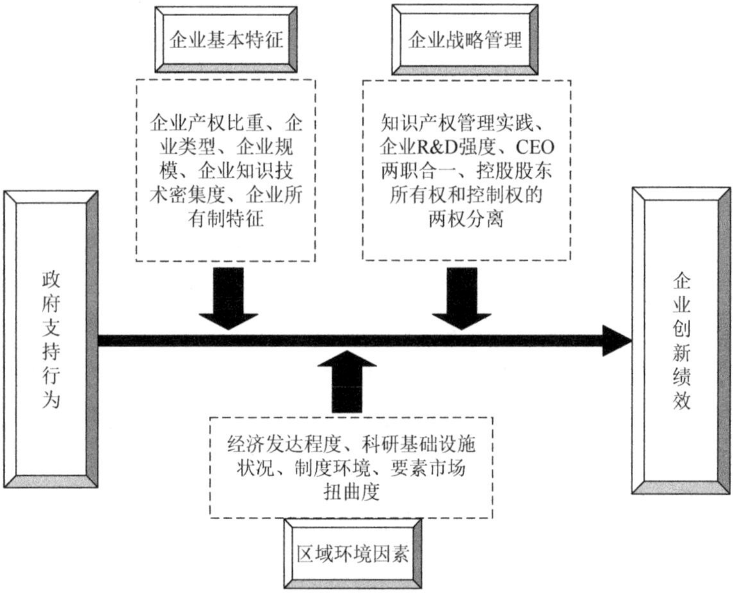

图 5-2　政府支持行为与企业创新绩效关系间的调节变量

一些学者的研究指出，企业基本特征类变量，如企业类型、企业所有制特征、企业产权比重、企业规模、企业知识技术密集度等均会在政府支持行为与企业创新绩效关系间发挥调节作用。丁凯和朱顺林采用国内 2000～2013 年的 17 个三位码高新技术产业的分行业数据对国有产权比重和行业技术水平两个因素在政府研发补贴与企业创新绩效关系中发挥的调节作用进行了验证，结果表明国有产权比重在政府研发补贴对企业创新绩效的影响效果之间呈负向调节作用，而行业技术水平则在政府研发补贴对企业创新绩效的影响效果之间呈现正向调节作用[240]。江静以全国第一次经济普查的 26 326 家规模以上内资企业、2970 家港澳台投资企业及 3625 家外资企业为分析对象，通过实证研究发现，政府对内资企业研发活动的直接补贴政策显著提高了内资企业的研发强度，但是政府直接补贴效应与港澳台投资企业和外资企业的研发强度反而呈现出显著的负相关关系，这一结论体现出企业类型（是否为内资企业）在政府支持行为与企业创新关系之间发挥出重要的调节作用[241]。冯海红等对 2000～2012 年国内 28 个制造业大中型工业企业的面板数据进行回归分析，结果证实了较大的企业规模、较低的国有产权比例和较高的知识技术密集度均有利于政府税收优惠政策引导企业研发投资作用的发挥[219]。

还有一些学者从企业战略管理视角出发，认为企业知识产权管理实践、企业 R&D 强度、CEO 两职合一、控股股东所有权和控制权的两权分离等变量均会影响政府支持行为与企业创新绩效之间的关系。杨震宁和李东红采用中国制造业企业的截面数据，提出并检验了企业知识产权管理实践作为调节变量在政府监管行为与企业创新绩效提升关系中的影响作用，实证结果表明，企业利用知识资源的动机和战略是政策环境的调节因素，企业知识产权拥有者与获取者之间的战略实践会影响知识产权保护并关系到企业创新能力的提升[52]。李左峰和张铭慎通过对国内 95 家创新型企业 2007～2010 年的创新效率的变化及政府科技项目的投入方式进行实证考察，结果发现 R&D 强度不同的企业在政府科技项目投入对企业创新效率的影响程度上存在明显的差异[164]。吴剑峰和杨震宁验证了企业技术创新绩效与政府补贴政策之间并不存在显著的正相关关系，同时还指出控股股东所有权和控制权的两权分离、企业 CEO 两职合一等变量在企业技术创新绩效与政府支持行为关系之间发挥了负向的调节作用[221]。

另外，也有一部分学者从企业所处的外部区域环境视角出发，指出区域的经济发达程度、科研基础设施状况、制度环境及要素市场扭曲度等因素也会调节政府支持行为与企业创新绩效之间的关系。樊琦和韩民春通过对专利产出和高技术产业增加值创新产出指标弹性系数进行实证分析后发现，我国政府创新 R&D 补贴投入对经济相对发达地区和科研基础较好的地区自主创新产出影响的弹性系数整体上明显大于经济相对落后的地区，这说明经济发达程度和科研基础设施状况在创新 R&D 补贴投入与自主创新产出关系间起到了调节作用[242]。孔淑红的研究结论与樊琦和韩民春的研究结论有相似之处，她发现税收优惠政策对技术创新的影响效果受到区域经济发展水平的调节[223]。邵传林的研究结论验证了制度环境会对政府补贴行为与企业创新绩效之间的关系起到正向的调节作用[214]。杨洋等的实证研究结果表明了要素市场扭曲程度和所有制会显著调节政府支持行为与企业创新绩效之间的关系。具体而言，在要素市场扭曲程度低的地区，政府补贴对企业创新绩效的促进作用更大，而所有制对政府补贴和企业创新绩效的调节作用要依赖于要素市场的扭曲程度[215]。

总之，虽然当前有个别研究是在探讨政府支持行为与企业创新绩效关系间的调节效应，但更多研究是基于企业组织内部从企业基本特征和企业战略管理视角挖掘研究变量，也有部分学者的研究是从企业所面临的外部区域、制度、市场环境出发探讨经济发达程度、制度环境等所发挥的调节作用。然而，基于政府与市场关系的视角，挖掘相关调节变量的研究相对较少，尤其是以简政放权作为调节变量对政府支持行为与企业创新绩效间关系进行探讨的研究成果基本没有。但是在党的十八届三中全会提出全面深化改革的背景下，政府部门要努力落实简政放权，为企业减负松绑，因此不论是从理论角度还是从实践角度出发，探索简政放权对政府支持行为与企业创新绩效关系间的影响都具有重要的研究价值。

5.5 本章小结

本章通过对国内外政府支持行为与企业创新绩效关系研究的文献进行深入梳理，在阐释研究的理论基础并对政府支持行为进行界定的基础上，重点从某一种政府支持行为对企业创新绩效的影响、不同的政府支持行为组合方式对企业创新绩效的影响、政府支持行为与企业创新绩效关系间的中介效应和调节效应四个方面展开探讨，尝试揭开政府支持行为影响企业创新绩效过程的“黑箱”。本章研究的具体工作包括：首先，基于国内外现有研究文献，对某一种政府支持行为对企业创新绩效的影响进行了归纳梳理，并深入阐释了政府支持企业创新的三种理论主张，即促进论、抑制论和无效论；其次，梳理了现有研究文献中政府支持行为的组合方式对企业创新绩效的影响；再次，通过进一步梳理现有研究文献，归纳了现有研究中政府支持行为与企业创新绩效关系间的主要中介变量，具体可以总结为企业战略执行层面、企业组织能力层面和企业外部网络层面；最后，通过对研究文献的进一步分析梳理发现，政府支持行为与企业创新绩效之间的关系，除了受一些中介变量影响之外，也会受一些调节变量的影响，本章研究中将政府支持行为与企业创新绩效关系之间的调节变量概括为三类，即企业基本特征类变量、企业战略管理类变量和区域环境因素类变量。第 6 章将进入本书的第二篇——案例研究与模型构建部分，本书将基于本篇对于理论基础及研究现状的探讨，从理论层面及实践层面出发，构建政府支持行为影响中小企业创新绩效的研究假设与理论模型。

第二篇　案例研究与模型构建篇

第6章　政府支持行为影响中小企业创新绩效的多案例研究

6.1　扎根理论分析法概述

在当前国家实施创新驱动发展战略的背景下，地方政府支持中小企业创新的行为是一个复杂但又亟须解决的议题。在现实情境中，政府支持行为与企业创新需求二者之间可能存在着非匹配现象，即“政府提供的行为，有些企业不需要；而企业需要政府提供的支持，政府却压根没有提供”。政府支持行为对中小企业创新绩效的影响是一个非结构化、随机性强、各种因素交织在一起的过程，传统的统计分析技术方法容易遗漏一些重要的质性数据，难以揭示材料中隐藏的细节信息，而扎根理论研究方法则可以被看作沟通丰富质性数据与主流演绎研究之间的最佳桥梁之一[243]。因此，本书采用扎根理论的方法处理复杂样本之间的情景脉络，通过挖掘文本资料中的证据链，建立起主题要素间的关系，进而提炼影响政府支持行为与中小企业创新绩效之间关系的核心要素，即研究变量。

扎根理论（grounded theory）研究法是由美国哥伦比亚大学的 Glaser 和 Strauss 两位学者在 1967 年首次提出的一种定性研究方法，特别适合对微观层面、以行动为导向的社会互动过程的研究，目前在国内社会科学领域的应用也日渐增多[244]。扎根理论的基本宗旨是在经验资料的基础上建立相关理论，与定量实证研究不同，研究者在进行田野调查之前并不提出理论假设，而是直接从调查资料中进行经验概括，提炼出反映社会现象的概念，进而发展范畴与范畴之间的关联，最终提升为理论。它是一种自下而上的归纳式研究方法，直接扎根于现实资料的理论便是其成果的体现，扎根理论要求有经验证据的支持，但它的主要特点不是经验性，而是它能从经验资料中抽象出新的概念和观点，发现新的互动与组织的模式，总之，扎根理论的研究在国内外学界具有一定的影响力[245]。本书采用的扎根理论的操作步骤借鉴 Charmaz 的思想，关键流程包括开放性编码、主轴性编码、选择性编码及理论饱和度检验等[246]。扎根理论的研究步骤和流程如图 6-1 所示。

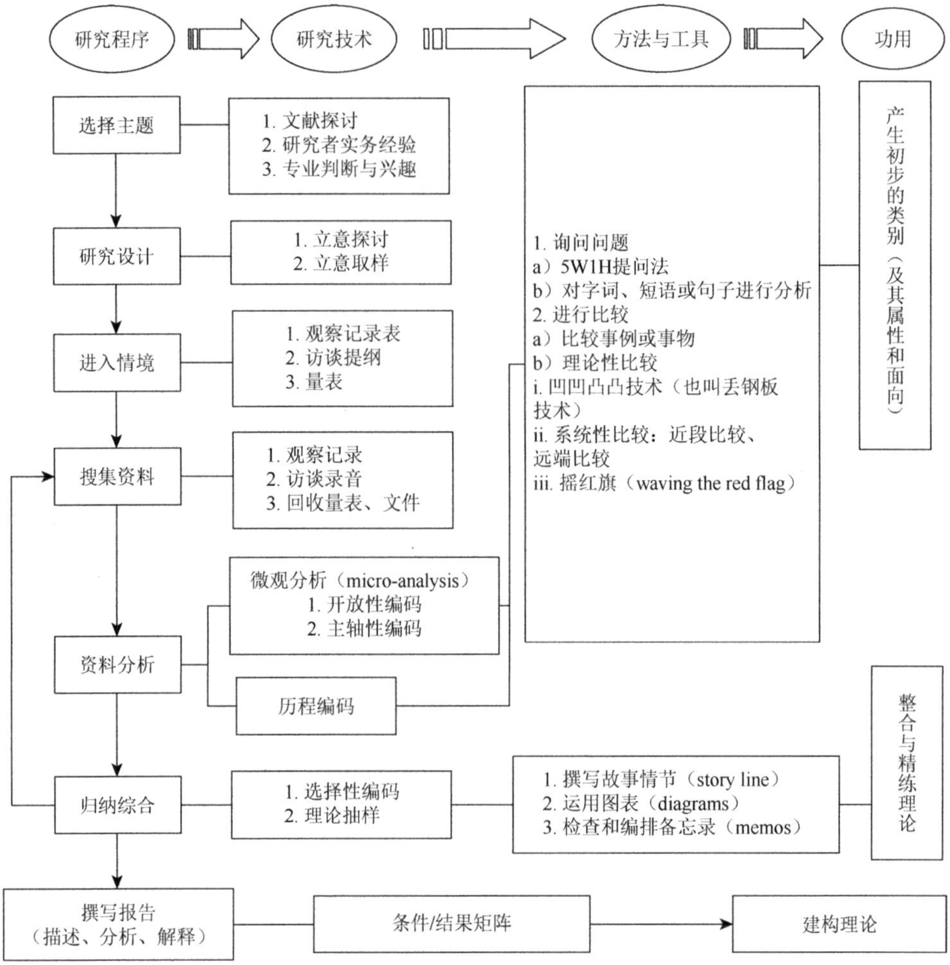

图 6-1　扎根理论研究步骤、流程与细节

6.2　案例的选择及标准

考虑到需要广泛了解不同类型的中小企业的创新状况，以及不同区域政府对不同类型企业创新的支持情况，因而在案例选取方面，我们选择了“两阶段的筛选”程序。首先，对前期访谈调研的 23 家企业的访谈记录进行整理，收集有关备选案例的总体特征的各项量化资料，确定典型案例应该具备的各项标准，这意味着全部案例都能够有力地、正面地反映所要研究的对象；其次，从研究的推广性和深度上考虑，本书采用多案例分析，因为有学者指出，从多个案例推导出的结论更具说服力，更经得起推敲，分析结论具有更好的普遍性，更适合于建构理论[247-249]。

根据 Eisenhardt 的观点，采用多案例研究方法至少需要选择 4 个案例，否则结论不能让人信服[250]。本书从 23 家企业的访谈记录中重点筛选了 13 份访谈记录作为分析文本（其中 3 家企业用于做饱和度检验），具体包括 4 家电子信息类企业、2 家生物制药类企业、3 家软件研发类企业、1 家科技服务类企业、2 家材料研发类企业、1 家机械制造类企业，这些企业主要分布在西安、郑州、濮阳、南京、广州 5 个城市，既有在高新区内的也有在高新区外的。选择这 13 家企业的依据是：首先，这些企业的规模有大有小，在技术创新方面做得都比较成功，其领导者比较乐于创新，能够认识到创新的紧迫性；其次，这些企业的地理分布涵盖了东、中、西部地区，也体现出了经济发展水平等方面的差异性，研究结论比较具有普适性；再次，这几家企业都属于科技创新型企业，平时与政府接触来往比较频繁，对政府和企业的情况都比较了解；最后，这几家企业大多数都得到了高新技术企业的认定，在行业内口碑较好，得到过好几项专利认证和科技奖励。本书所选取的 13 家企业的基本信息如表 6-1 所示。

表 6-1　选取的 13 家企业基本信息概况

编号	企业简称	特色产品或服务	受访对象	成立年份
A	天和防务	军民两用电子信息系统整机及配套设备等	运营总监	2004
B	国芯半导体	大容量存储器、智能芯片	副总经理	2006
C	科统孵化	科技型中小企业孵化等	总经理	2013
D	西诺农化	高效低毒、无残留、无公害农药	总经理	2000
E	奇维科技	固态存储器系列产品和嵌入式计算机产品等	董事会秘书	2004
F	大方软件	电网降损节能计算分析软件等	总经理	1998
G	和鼎医药	提供原料药药品研发以及自有产品的研发与生产	总经理	2011
H	诚迈科技	移动设备及移动互联网行业软件等	研发部主管	2006
I	西部材料	稀有金属材料及深加工品	副总经理、技术部主管	2000
J	中谱检测	农用化学品和食品检测等	总经理	2010
K	无敌科技	随身学习平台、PC 软件及硬件等	总经理	1994
L	智源电气	汽车电子、电力系统在线监测等	副总经理	2008
M	威美科技	常压室温等离子体（atmospheric room temperature plasma，ARTP）技术等	总经理、副总经理	1999

注：天和防务是西安天和防务技术股份有限公司；国芯半导体是西安紫光国芯半导体有限公司；科统孵化是西安科统企业孵化有限公司；西诺农化是西安西诺农化有限责任公司；奇维科技是西安奇维科技有限公司；大方软件是郑州大方软件股份有限公司；和鼎医药是河南和鼎医药有限公司；诚迈科技是诚迈科技（南京）股份有限公司；西部材料是西部金属材料股份有限公司；中谱检测是江苏中谱检测有限公司；无敌科技是无敌科技（西安）有限公司；智源电气是西安智源电气有限公司；威美科技是广州市威美科技开发有限公司

6.3 案例采集过程与信效度检验

6.3.1 案例采集过程

为了提高案例研究的信度和效度，本书根据 Miles 和 Huberman 提出的三角测量法，利用多种数据收集技术采集研究样本[251]。本书收集一手数据的方式如下。①设计了一套包含 25 个开放性问题的访谈提纲，其中针对企业创新状况的问题有 8 道，针对政府支持企业创新行为的问题有 15 道，访谈的对象主要是企业的中高层管理人员，采用半结构化的访谈形式，每项访谈大约 2 小时。具体的访谈问题如：您觉得目前企业的创新能力、动力强不强，有哪些具体表现？绩效高不高，有哪些具体表现？给您印象最深的，政府部门提供了哪些支持？您最希望政府提供哪些支持？党的十八届三中全会前后，政府的简政放权行为变化大不大？政府资金支持和税收减免情况怎么样？资金支持有哪些渠道？哪些方面的税负抵减了？等等。在征得受访对象同意的情况下，访谈记录进行了现场录音，用于后续的整理研究。②实地观察法。在调研过程中，课题小组也受邀参观了一些企业的研发工作室和车间等，作为独立的第三方，全方位冷静地旁观产品的研发过程、研发设备等，并随时做好观察记录。③田野调查法。课题小组参观了部分城市高新区某类产业孵化器内入驻的企业，听取了一些研讨会和分享会，实际参与到了某些企业的创新行为过程中。本书数据收集的时间集中在 2014 年 7～10 月，后续为了增添一些之前未涉及的企业类型，以及考察创新驱动发展战略出台以后在各地方的实施效果等，本书课题组又在 2015 年 10 月前后，实地走访和调研了一些企业。以上 3 种途径共整理文字记录 18 万字左右，其中用于本书分析的 13 家企业的文本材料 12 万字左右。此外，还收集了一些二手资料数据，包括企业内部的刊物、简报、活动方案等，对一手资料的内容进行补充，以确保案例分析的质量。

6.3.2 信效度检验

本次研究主要借助 NVivo 10 软件①对文本材料进行编码，主要由 3 名研究生协助完成。为了保证文本分析结果的客观、严谨，在编码之前首先沟通好对文本内容进行编码的要求，然后每个人选取 3～4 家企业进行首轮编码，在完成对 10 家

① NVivo 10 是一款支持定性研究方法和混合研究方法的软件，它可以收集、整理和分析访谈、焦点小组讨论、问卷调查、音频等内容，是依据扎根理论来处理资料的。

企业①的首轮编码之后，两两交换，由另外一名编码人员重新对上家进行编码的 3～4 家企业的文本记录进行编码，完成之后，用软件计算两人为一组进行编码的结果的一致性。对于一致性系数较低的编码进行讨论并修正，如果讨论之后觉得没有意义的，则进行剔除。对两名独立编码人员一致性系数的判定采用 Cohen's Kappa 系数，最后以 10 家企业作为分析单元计算的一致性系数如表 6-2 所示，一致性系数结果均值在 0.75 以上，表明本次编码的信度较好。

表 6-2　样本企业的编码一致性结果

企业编号	A	B	C	D	E
一致性系数	0.8530	0.8850	0.7300	0.7830	0.6960
企业编号	F	G	H	I	J
一致性系数	0.8480	0.8720	0.6840	0.8260	0.8090

质性研究中的效度概念，是用来评价研究结果与实际研究的相符程度的，而不是像量化研究一样对研究方法本身的评估[252]。因此，为了增强和保证本次研究结果的效度，本书采取的方法是：①将初步研究结果反馈给对研究问题比较熟悉的人，如课题研究团队中的教授、副教授，之前访谈过几次的企业负责人，之前帮助联系企业并且对本课题研究比较熟悉的政府机构工作人员；②将初步研究结果反馈给对本课题研究不太熟悉的人，如之前调研过一次的企业、其他没有参与过本书访谈的企业受访者等。他们对本案例研究结果的判断，总体上与本课题研究得出的结论一致，因此本案例研究的效度较好。

6.4　案例编码过程及结果分析

6.4.1　开放性编码

开放性编码（open coding）是一个不断精炼、缩减的过程，将最初范围比较宽泛的资料揉碎、重新整合，一步步操作下来，直到编码处于饱和状态，这个过程类似漏斗，目的是将语料概念化并发现范畴[253]。开放性编码的过程主要包括以下三步。①现象摘要：找出与研究主题相关的文本资料中的原始语句，逐条梳理出来，分解成若干独立事例。②发展概念：在进行编码的过程中，认真思考这些

① 前文已经明确提到，本次用于扎根分析的企业包括 13 家，其中有 3 家用于后续的饱和度检验，因此在前期编码过程中，只对 10 家样本企业进行编码分析。

事例是关于哪方面的？事例说明了什么？每一个事例归属于哪个理论范畴？发展出来的概念要尽量精简、口语化一些，并能够较容易地进行分析、贴近和契合数据。③提炼范畴：这是进行开放编码过程中最重要的一步，范畴是在概念的基础上进一步地提炼和浓缩，更具有指向性，它能够以某个概念为核心，把其他相关联的概念聚集到一起成为概念群[254]。

在进行开放编码时，为了保证编码效果，要求编码人员尽量以一种开放的心态，搁置个人偏见和理论预设，将所有的资料按其本身所呈现出的原始状态录入。在这一阶段，编码人员需要遵循的一个重要规则是：头脑保持空白，不要有任何预设的概念[255]。利用 NVivo 10 软件对编码进行分析和梳理，经过对原始资料的多次整理和探讨之后，最终提炼出了 169 条原始语句，进而提炼出 117 个概念和 34 个范畴。

接下来，两个独立的编码人员分别对概念的归属性进行检验，通过计算概念化编码的 Cohen’s Kappa 系数判断初始编码分析的一致性情况。经过计算后发现，行政干预的 K 值为 0.835，业务受理的 K 值为 0.874，知识产权的 K 值为 0.859，等等，K 值充分反映出这些概念化编码的信度是比较高的，而信息披露、就业要求、文化娱乐、公共安全、生产信息等 17 个概念的 K 值较低，并且找不到类属，在此予以剔除，而其他编码都是可以接受的。表 6-3 展示了开放编码形成的 34 个范畴，由于篇幅限制，在此仅列举部分范畴及其对应的初始化概念和原始语句。

表 6-3　开放编码形成的范畴（列举）

范畴	概念	原始语句列举
流程优化	业务受理	在报税方面，如果把这个手续程序简化一下就好了
	部门整合	政府要牵头整合有效资源，避免重复投入
权力归还	权力下放	政府权力下放以后，给企业带来了更多的便利
	业务范围	项目该不该上，该不该做，这个主要是企业该做的决策
运营状况	经济效益	公司的经济效益也实现稳定增长
	经营效益	开公司目的在于挣钱，能够运营下去的基本都是盈利的
规模扩张	形成规模	我们公司在 2007 年以后，逐步形成规模
业务拓展	开拓市场	小雷达又是国家立体防空体系不可分割的一部分，但是没有人做
创新环境	创新氛围	伴随着“大众创业、万众创新”的提出，当前的创新氛围还不错
	创业环境	现在缺失营造创业的环境，创业生存的程度也降低了
环境规制	公平环境	政府应该为我们企业建立公平竞争的市场环境
	市场垄断	比如说，电力行业上下游企业全部被控股了，成立了好多子公司

续表

范畴	概念	原始语句列举
产权保护	知识产权	软件的知识产权保护法制还很不健全，“杀敌一千，自损两千”
	专利申请	目前我们申请的专利，经常面临被模仿的风险
环境保护	污染监测	环保部门会定期派人来生产场地监管，包括定期测量企业 $PM_{2.5}$
社会责任	食品安全	我们企业做农药取消高毒，企业要负起社会责任，保证食品安全
技术波动	信息变化	技术肯定要创新，现在的信息社会变化快得很，不创新就淘汰了
客户需求	市场导向	用户要求创新的，要求什么，我们就跟上用户、跟上市场需求做
	行业需求	材料的进步一方面是社会行业的需求来推动，有这个需求就去做
资金支持	资金补贴	直接补助，申请专项资金补贴，每年几百万元，最多的一年 2000 万元
	贷款贴息	市里让财政局下拨孵化经费 1000 万元，作为低息借款，3 年内还清
项目扶持	项目补贴	这些项目对于企业科技创新的支持主要是研究经费
	项目划拨	国企没紧迫感，国家应把重心往民营转，把一些研发项目给民企
税收优惠	税收减免	免税，免的是个人所得税，企业认定还有 15%的减免
	税收返还	我们享受了一部分返的税，我们拿出来上千万科研资金
	税收奖励	如果销售额提升、对园区贡献大的，就可以得到政府税收奖励
产品创新	产品研发	我们非常重视研发新产品，提出产品可行性实施方案
技术创新	技术改进	引进国内前沿技术之后，还会有应用创新，做一些改进再用
	自主研发	老板觉得代理销售并不是长久之计，所以考虑自主研发
流程创新	工艺优化	企业的工艺必须是优化的，技术最终通过工艺来实现批量生产
管理创新	理论学习	我们老板在西安交通大学上管理学博士课程，学习更多管理理论和方法
创新意愿	创新认知	我觉得我们比别人走得好的一点也可能跟我们对创新的认识有关
企业家精神	氛围宽松	总经理接待日，准备水果等，任何员工都可以和老板进行自由沟通
	尊重员工	公司尊重每个员工的思想，愿意采纳每个员工的有创新性的观点
研发能力	产品周期	目前掌握了国内外的核心技术，稍微改进一下，就能很快生产新产品
知识结构	人员层次	目前软件工程师很多，但是应用型的人才比较少，我们公司的研发人员占到总员工数的 90%以上，有 30%以上具备硕博学历
资源配置	研发资源	企业要从内部和外部搜寻和配置各种资源用于投入到研发生产过程中
	整合资源	这个领域内只依靠自己的能力是不行的，更多的是整合各种有用资源

6.4.2　主轴性编码

主轴性编码（axial coding）的主要任务是发现和建构各个范畴之间的关联，

以充分反映原始资料中各个部分之间的有机联系[254]。范畴之间常见的关系有因果关系、先后关系、情景关系、语义关系、过程关系和结构关系等六种。比如，原始资料中市场竞争与产品创新之间属于因果关系；资源分配与资源获取之间属于先后关系；奖励制度与激励措施之间属于情景关系；税收返还、税收减免和税收奖励之间属于过程关系；技术改进与技术创新之间属于结构关系等。主轴性编码通常是运用“因果条件→现象→脉络→中介条件→行动、互动策略→结果”这个典型的范式（paradigm model）来得到主范畴。本书通过对原始资料提炼出的 34 个范畴进一步归并，最终得到 7 个主范畴，分别是：简政放权、创新动力、创新能力、环境营造、环境波动、政策引导、创新绩效，具体见表 6-4①，其中：参考点数指所有访谈材料中含有该节点的出处的数量；材料来源指含有该节点的访谈材料的数量。主范畴的作用是将所有的文本资料信息形成一个完整的证据链，以创新绩效的其中一条证据链为例，因果条件是流程优化、权力归还等范畴；现象是创新驱动发展战略实施背景下企业对政府行为的认知层面；脉络是政府支持和企业创新；中介条件是运营状况、企业文化、创新环境等；行动、互动策略是业务受理、部门整合、权力下放、行政干预等；最终的结果就是创新绩效。在此，需要说明的是，通过主轴性编码构建的主范畴也是本书后续所用到的研究变量，这些研究变量主要是在结合已有理论研究的基础上，基于现实访谈和调研进一步提炼形成的。

表 6-4　主轴性编码形成的主范畴及其范畴内涵（列举）

主范畴	材料来源/份	参考点数/个	对应范畴	范畴的内涵
简政放权	8	18	流程优化	企业在政府部门办理业务的流程精简
			权力归还	企业自主经营活动等基本不受政府行政干预
创新动力	5	13	生存危机	企业在发展过程中面临的各种威胁和压力
			创新意愿	企业在生产和经营过程中是否愿意进行创新
创新能力	5	10	研发能力	在研究和开发新产品和新技术方面的技能
			知识结构	主要指研发人员的数量、学历等
环境营造	8	20	责任监督	政府对企业生产经营过程中涉及环境、消费者利益等方面的正当监管
			产权保护	对企业创造的新产品、技术成果进行法律保护
环境波动	6	7	技术波动	行业内部的技术更新周期和要求变化等
			市场波动	行业内部的市场和顾客等的需求变化情况
政策引导	10	61	资金支持	政府为资助企业发展提供各种形式财政拨款
			税收优惠	为促进企业发展采取的税收抵减、减免等政策

① 由于篇幅限制，与表 6-3 类似，在此仅对主范畴及其范畴内涵列表进行部分列举。

续表

主范畴	材料来源/份	参考点数/个	对应范畴	范畴的内涵
创新绩效	8	11	产品创新	企业创造某种新产品或对产品功能进行创新
			流程创新	企业在技术生产活动中的程序、方法等的创新
			技术创新	企业应用新知识和新技术，开发生产新的产品

6.4.3　选择性编码

选择性编码（selective coding）是指围绕原始资料中提取的核心范畴，系统地与其他范畴之间建立联系，验证彼此之间的关系，同时把概念化尚未发展完备的一些范畴进行完善的过程。本书的核心范畴是围绕“政府支持行为与企业创新绩效”展开提炼和论证的，一方面是搜寻影响企业创新绩效的所有证据链；另一方面围绕政府支持行为构建政府支持行为影响企业创新绩效过程的一系列故事情节，其中政府支持行为的三个主范畴可以抽象概括为放权（decentralization）、营造（creation）和引导（guidance）三个方面，其中，主范畴的关系结构及代表性访谈语句见表 6-5。

表 6-5　主范畴的关系结构及代表性访谈语句（列举）

关系结构	基本描述	访谈语句
政策引导→创新绩效 $P=F1(G)+F1(Ca)+F1(M)+F1(D)\times F1(G)$	政策引导主要强调的是政府对企业创新所提供的财税政策方面的支持；政策引导是在创新驱动背景下影响创新绩效的水平层面的驱动因素：资源内因	企业刚成立的时候，我们缺资金，根本没有能力去做些大项目，成本太高了（资金支持→创新能力），所以我们的创新意愿也不够强（资金支持→创新动力），觉得没钱啥都干不成；去年政府鼓励我们积极申报各类科技项目，积极争取国家和市里的财政科技资金支持，我们公司的创新劲头一下子就起来了，安排我们用这些钱做出了个新产品（项目资金扶持→创新动力→创新绩效）；2012 年以来的科技创业孵化政策帮我们减免了 15%～25%的税收，相当于 1000 多万元，这些钱我们用来引进新技术和人才去创新产品，效益也上去了（税收减免→创新能力→创新绩效）；我觉得这个简政放权的本质，就是把更多的自由赋予市场和个人，市场和个人想干什么，只要不违法就可以去干，简政放权真正落实下去的话，政府给我们提供更多的支持，我们也愿意接受并且投入到创新中。（简政放权的情境作用）
环境营造→创新绩效 $P=F2(C)+F2(Ca)+F2(M)+F2(T)\times F2(C)$	环境营造主要强调的是政府对创新环境的建设和营造；环境营造是在创新驱动背景下影响创新绩效的垂直层面的驱动因素：环境外因	你也知道咱们国家为什么很多创新动力不足呢？实际上和这个国家对新生事物和新产品的保护不足有非常大的关系，动力上去了，绩效自然就上去了（产权保护→创新动力→创新绩效）；政府如果帮助我们保护好知识产权，我们自然愿意增加研发投入，争取创造出更多的新产品和新技术，创新能力自然也会受到影响的（产权保护→创新能力）；要是政府加大打击那些假冒伪劣产品的力度，肯定就逼得那些企业不得不

续表

关系结构	基本描述	访谈语句
环境营造→创新绩效 $P=F2(C)+F2(Ca)+F2(M)+F2(T)\times F2(C)$	环境营造主要强调的是政府对创新环境的建设和营造；环境营造是在创新驱动背景下影响创新绩效的垂直层面的驱动因素：环境外因	提升自己做产品的能力，不然就被淘汰了（竞争规制→创新能力）；像我们这种电子信息类产品更新速度很快，往往研发出来的产品走向市场以后，就会被一些小公司剽窃复制，那我们就更需要政府在知识产权方面加大管理力度，这样我们的创新动力也强了，就会争取研发出更多新产品。（环境波动的情境作用）

表 6-5 中，*D*、*C*、*G* 分别代表简政放权①、环境营造和政策引导；Ca、*M*、*T*、*P* 分别表示创新能力、创新动力、环境波动和创新绩效，大写字母是这些术语英文翻译的首字母。从表 6-5 中的关系结构可以看出，在创新驱动发展战略实施的背景下，政府支持行为具体从两个维度影响中小企业的创新绩效：①财税政策引导通过影响企业的创新能力和创新动力进而影响企业的创新绩效，并且简政放权作为情境变量会调节财税政策引导与企业创新绩效之间的关系；②创新环境营造也会通过影响企业的创新能力和创新动力进而影响企业的创新绩效，并且环境波动作为情境变量会调节创新环境营造与企业创新绩效之间的关系。

在此值得一提的是，借鉴 Wei 和 Liu 的观点，通过选择性编码构建出的政府支持行为的两个主范畴——政策引导和环境营造既包含了政府的水平支持（horizon support）层面，也包含了政府的垂直支持（vertical support）层面。其中，水平支持主要涉及政府政策能给所有企业带来正外部性的效果；垂直支持强调了对某些特定企业、行业或者产业的支持与规制，并不是针对所有的企业和产业部门的。在本书中，水平层面的支持行为强调政府通过给予企业资金资助、政策优惠等促进中小企业的创新发展，因而从资源基础观的视角出发，政府水平层面的财政与税收方面的政策引导行为是由于中小企业自身缺乏资源，需要从外部吸收和寻找创新资源，政府在此发挥了重要的作用，因而水平层面的政府支持行为属于资源内因，即从企业自身出发。而垂直层面的支持行为强调政府通过正面地对一些特定行业和企业的知识产权进行保护，以及对一些导致负外部性的企业社会责任进行监督等营造适合区域良性发展的创新环境，从而为企业的正当创新活动保驾护航，因而垂直层面的政府支持行为可以看成环境外因，即在宏观的创新环境背景下，政府通过对创新环境的营造进而影响中小企业的创新绩效。

---

① 根据相关专家的建议，简政放权是一个比较具有中国特色的提法，其本身更像是一个背景性的概念，而且涉及的内容太多，与政策引导、环境营造等政府支持行为不在同一层面上，因此此处只考虑政策引导和环境营造对创新绩效的影响，暂时不考虑简政放权对创新绩效的影响，后续研究中将具体介绍简政放权的界定及其作为调节变量的影响路径。

6.5　初步研究框架构建

基于以上对现有访谈资料进行的扎根理论的多案例分析，提炼出政府支持行为影响中小企业创新绩效的初步研究框架，如图 6-2 所示。目前从访谈资料文本中总共提取出 7 个主范畴，具体包括政府支持行为的 2 个主范畴——政策引导和环境营造，企业创新过程的 2 个主范畴——创新能力和创新动力，以及创新绩效主范畴；还有 2 个反映情境特征的主范畴——简政放权与环境波动，这 7 个主范畴在后续研究中也会将它们进一步可操作化，变成可以进行测量的研究变量。本书构建出的初步研究框架反映了政府支持行为会对中小企业创新绩效产生直接影响，也会通过影响中小企业创新过程中的创新动力和创新能力进而影响企业创新绩效。基于扎根理论的多案例研究是从实践角度出发，结合现有原始访谈资料，初步揭示了 7 个主范畴之间的内在逻辑关系，但是后续还需要从理论视角出发，结合现有研究文献中的相关理论观点，进一步支撑本书框架。而且，本书后续的实证研究将通过大规模的问卷调查来验证研究框架中各变量之间的相互关系是否成立。

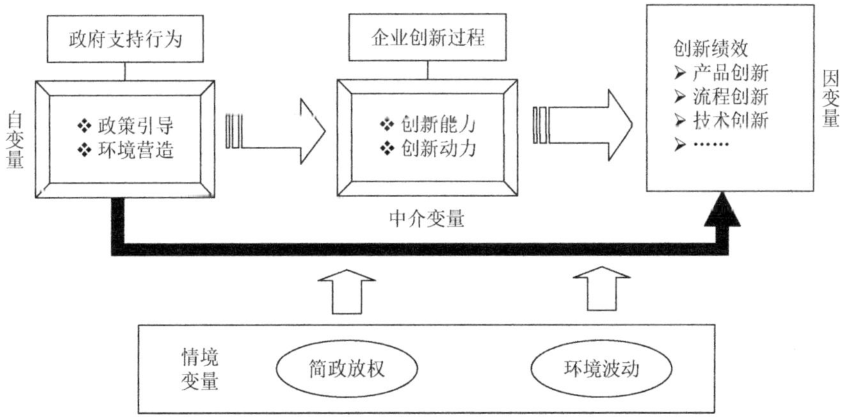

图 6-2　政府支持行为影响中小企业创新绩效的初步研究框架

这里需要指出的是，图 6-2 中提取出的政府支持行为的主范畴要素仅包括政策引导和环境营造两大方面。根据现实访谈调研的文本资料结合实际状况，本书认为这两方面是当前中小企业主体所广泛关注的两类政府支持行为，同时也是政府为推动企业创新所采取的重要实践举措。此外，这两方面的支持行为也来源和参考于本书图 3-4 中政府支持行为的不同表现类型框架，在本章中通过多案例的扎根研究，进一步地将政府支持行为聚焦到了实践中的这两类重要行为。另外，本章所选取的 13 家中小企业在规模、类型、成立年限等方面都各有不同，并且企业“一把手”的人格特征也都存在着明显差异，这些因素都会在后续研究中作为控制变量进行考虑，此处暂不提及这些控制变量。

6.6 本章小结

本章内容在结合在前文理论研究及文献综述的基础上，运用扎根理论研究法对国内 13 家中小企业进行多案例研究，构建了政府支持行为影响中小企业创新绩效的初步研究框架。本章研究的具体工作包括：首先，本章研究中选取了来自西安、郑州、濮阳、南京 4 个城市中位于高新区内外的 13 家科技型创新企业作为研究案例；其次，对分析文本进行了信效度检验，确保本案例研究具有较好的信度及效度；最后，研究文本经过了开放性编码、主轴性编码和选择性编码的过程，最终提炼出政府支持行为和企业创新的 7 个主范畴要素（研究变量），并结合访谈资料中的原始语句初步阐释了各个主范畴要素之间的因果关系链条，构建了政府支持行为影响中小企业创新绩效的初步研究框架。在第 7 章中，将结合国内外现有研究，对本章所构建的初步研究框架给予佐证及理论支持，并构建政府支持行为影响中小企业创新绩效的研究模型。

第7章 政府支持行为影响中小企业创新绩效的研究假设与理论模型

7.1 政府支持行为与中小企业创新绩效关系的研究假设

7.1.1 财税政策引导与企业创新绩效

1. 财税政策引导的内涵及维度

政府在扶持中小企业创新发展的财税政策引导方面，通常可以分为直接性引导和间接性引导两个方面。有学者认为直接性支持企业技术创新及其相关活动的政府资助政策称为直接性引导政策，包括财政拨款、无偿性预付款等，而与之相对的间接性引导政策主要是指税收优惠政策。总之，政府的政策引导工具多种多样。秦雪征等指出，政府对中小企业研发活动的支持方式可以分为直接资助与间接资助两种，直接资助包括财政补贴、研发补贴、利率补贴、贷款、贷款担保等；间接资助主要是税收政策，具体包括税收减让、税收抵扣、特别税率减免、加速折旧等。另外，国家科技计划项目也是一种重要的直接性扶持企业创新的政策[256]。基于以上学者的研究发现，本书也将政府支持中小企业创新的财税政策引导方式分为直接性引导和间接性引导两个维度，直接性引导包括财政补贴、研发补助、贷款贴息、科技计划等，间接性引导主要是指企业平时缴纳的各项税种的税收减免优惠政策。

2. 财税政策引导对企业创新绩效的影响

现有研究表明，政府出台各种各样的创新政策的目的是提高组织的创新能力、提高生产力、增强企业的竞争优势，以及为企业创新营造良好的环境等[257]。从国际视角来看，政府也是将创新摆在所有政策议题的首要位置。目前有大量文献证明了政府出台的科技政策对创新绩效有显著影响。比如说，Jaffe 和 Lerner 的研究表明，政府的创新政策对于企业的创新产出有显著的促进作用，二者之间呈现正相关关系。欧洲委员会的实证研究也证明了在知识经济时代，创新政策对企业创新具有显著影响。Autant 等的研究进一步指出区域创新政策作为制度支持促进了知识和学习生产，提升了企业绩效。李伟铭等利用结构方程模型，以企业资源投入和组织激励为中介变量，实证检验了政府技术创新政策对中小企业创新绩效具有显著影响。

前文已经说明，本书将政府支持中小企业创新的政策引导方式分为直接性引导和间接性引导两方面，而现有研究中，也有一些文献表明了不论是直接性政策引导还是间接性政策引导均会对中小企业创新绩效产生显著的影响。比如说，政府的研发资助对于中小企业创新而言是一种重要的外部资源，通过促进技术的溢出可以起到刺激企业创新绩效提升的作用。黄文锋等的研究表明，政府通过提供融资帮助、财政补贴等政策措施能够改善中小企业的资金状况，促进企业创新。还有学者研究发现，政府的直接引导方式和税收减免政策均可以提高中小企业的研发投入，提高企业创新绩效。基于以上分析，本书在此提出假设 1 和相应的子假设。

H1：政府的财税政策引导对中小企业创新绩效有显著的正向影响。

H1a：政府直接性政策引导对中小企业创新绩效有显著的正向影响。

H1b：政府间接性政策引导对中小企业创新绩效有显著的正向影响。

7.1.2 创新环境营造与企业创新绩效

1. 创新环境营造的内涵及维度

对于创新环境营造的界定和构成维度目前学者并未形成统一认识，较少有人对创新环境营造展开理论和实证研究，因此要理解创新环境营造的构成维度，首先需要明确创新环境的构成维度包括哪些内容。我国著名的区域经济学者王缉慈教授和王可教授认为区域创新环境是企业、高校、科研院所、地方政府等机构及个人之间在长期正式或非正式合作与交流的基础上形成的一个相对稳定的系统[258]。Doloreux 和 Parto 认为制度要素是创新环境的重要组成部分[259]。还有学者将创新环境分为硬件环境和软件环境两大方面，硬件环境包括地理因素、经济基础、财政实力、居民收入和生活质量等；软件环境包括介质环境、机构环境和调控环境三个方面。Chen 和 Guan 认为创新环境是区域创新体系的一个重要构成要素，并且与企业生产过程的创新相互作用和影响[260]。傅晓霞和吴利学从 R&D 资金来源结构、经济规模、市场结构、人力资本水平等方面来度量企业创新环境[261]。孙冰和张为峰认为技术、人文、市场、经济、政法五方面构成了企业创新环境[262]。王郁蓉和师萍从创新基础设施、市场环境、劳动者素质、金融环境和创业水平五个方面来衡量企业的创新环境[263]。总之，现有研究对创新环境的理解是将其视为一个系统体系，是影响企业创新活动的外部要素的集合。在创新环境的构成要素中，市场要素是备受关注的要素之一，也是企业面对的最重要的创新环境，而政府营造创新环境也就是构建一个公平有序竞争的市场环境，具体包括建立良好的知识产权保护机制，以及对企业生产经营过程中的一些不正当行为进行及时矫正[52, 264-266]。这两方面也是当前营造良好创新环境的重要维度。另外，本书在前文进行扎根理论的多案例研究的基础上，发现创新环境营造的主范畴包括企业知识产权保护和企业社会责任监督两个子范畴，因此结合现有理论和文献观点，将创新环境营造解构为这两个方面。

2. 创新环境营造对企业创新绩效的影响

目前已经有一些学者将研究视角聚焦到创新环境营造对中小企业创新绩效的影响方面，并且基于企业层面的实证研究表明政府出台严格的环境规制条例显著促进了企业创新。本书在上文中已经提到，政府对创新环境的营造主要包括对知识产权的保护和对企业社会责任的监督两方面，在此主要从这两个维度来探讨其与企业创新绩效的关系。Helpman 指出，从事新技术开发的中小公司，在开发新产品或者改造现有产品的技术性能等方面，其技术成果都面临被模仿的威胁，在发达的市场经济体制中，商标和版权等专利的申请可以进行产权界定，通过知识产权界定来提高创新绩效。另外，McMeekin 等学者认为知识产权保护和归属问题能否有效地解决会直接影响分布式创新过程中企业创新的意愿和创新资源的投入，同时也会影响企业创新绩效。

企业社会责任对中小企业创新的影响主要体现在组织文化、R&D 投入和人员结构等方面，进而影响企业的技术创新绩效。Majumdar 和 Marcus 认为企业社会责任对于组织的协调和管理有显著影响，有助于管理者发挥较好的管理技能，进而实现组织资源的有效利用，从而提升企业的创新绩效。Mcwilliams 和 Siegel 的研究结果也表明，中小企业的社会责任可以提高企业的声誉，改善企业与供应商、客户、员工、政府等利益相关主体间的关系，增加企业内部的社会资本，促进企业技术创新所需的各项人力、财力、物力、信息、政策等资源的集聚，从而可以实现企业技术创新绩效的提升。基于此，本书提出假设 2 和相应的子假设。

H2：政府的创新环境营造对中小企业创新绩效有显著的正向影响。

H2a：政府对企业知识产权的保护对中小企业创新绩效有显著的正向影响。

H2b：政府对企业社会责任的监督对中小企业创新绩效有显著的正向影响。

7.2　中小企业创新能力中介作用的研究假设

7.2.1　财税政策引导与企业创新能力

1. 企业创新能力的定义及维度

关于企业创新能力的概念，Burns 和 Stalker 较早地提出了相关的界定，他们认为创新能力就是“企业成功采纳或施行新思想、新工艺及产品的能力”。Lall 认为企业创新能力强调了企业有效吸收、掌握和改进现有技术，并创造新技术所需要的技能和知识。Trott 将企业创新能力定义为企业创造创新产出的潜力。Barton 认为企业创新能力的核心是掌握专业知识的人、技术系统、管理系统及企业的价值观，它们之间的相互作用如图 7-1 所示。

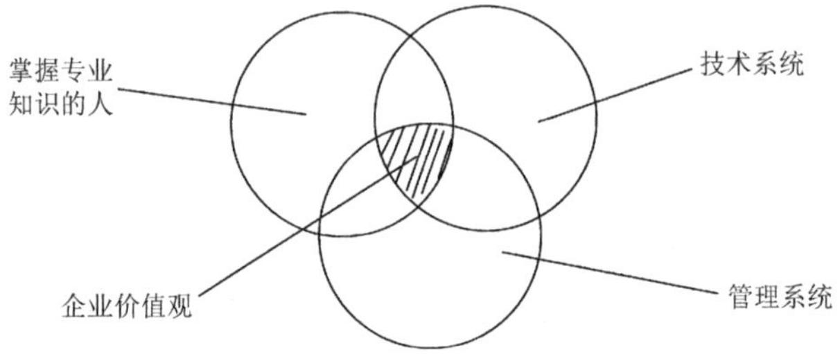

图 7-1 企业创新能力的核心及其相互作用

在随后的研究中，学者对创新能力的定义和内涵的研究逐渐变得丰富起来。比如，Szeto 将创新能力定义为一种持续改进的能力和企业拥有的资源，目的是探索和开发新产品，以满足市场需求[266]。Assink 认为创新能力是产生和探索新想法和新概念，目的是发现目前市场上的空白、找出潜在的解决方案，并将它们转化成适销对路的创新成果，以及充分利用内外部资源的能力[267]。Elmquist 和 Masson 认为创新能力是指产生新想法和新知识去充分利用市场机会的能力[268]。近年来，学者对创新能力的相关研究成果越来越多，但是对创新能力的概念界定并未达成共识，学者从不同的理论视角对其进行了界定，其中部分研究对创新能力的界定如表 7-1 所示。上述关于企业创新能力的界定中大多数研究反映了创新能力的实现与资源整合之间的关系，本书比较认同 Ngo 的观点，认为创新能力是企业运用综合知识、技能及资源来实现技术创新（产品、服务或生产流程）与非技术创新（管理、市场、营销）活动的整合的过程。

表 7-1 国内外学者有关企业创新能力的定义汇总

研究者	年份	对企业创新能力的定义	基础理论
Kroll 和 Schiller[269]	2010	企业为了利用外部的知识来源而需要的联动能力	资源基础观
Forsman[4]	2011	一种现象，由内部资源、能力及通过外部网络输入等组成	网络理论、资源基础观
Xu 等[233]	2014	在企业网络结构特征与参与企业创新能力之间的各种关系	网络理论
Wonglimpiyarat[270]	2010	为了现有技术和创造新技术而做出重大改变和调整的能力	技术创新

关于企业创新能力构成维度的研究，魏江和许庆瑞较早地提出了企业创新能力包含的五个维度，分别是创新决策能力、研发能力、生产能力、市场营销能力和组织能力，这五个方面比较全面地反映了企业创新能力的构成要件[271]。国内外学者对企业创新能力构成维度比较具有代表性的观点有：有学者提出企业创新能力包括新想法产生的能力、用新想法解决事情的能力、运营能力、开拓市场的能力、承担风险的能力等几个方面。Guan 和 Ma 指出企业创新能力包括学习能力、研发能力、制造能力、营销能力、组织能力、资源挖掘能力和战略能力等七个方面。Yam 等的研究发现与 Guan 和 Ma 的极为相似，除了他们认为对资源具有的是一种配置能力以外，其他六个维度都是一样的。Wonglimpiyarat 的研究结论表明了企业创新能力包含五个维度，分别是：接受新事物，为员工提供新知识的能力；在各方面快速调整的能力（生产、库存、物流等）；引进新知识或者技术开发新服务的能力；引进新知识或者技术创新新产品的能力；执行市场营销或者调整产品、过程的能力。Forsman 认为企业创新能力包括知识挖掘能力、企业家能力、承担风险的能力、网络构建能力、开发能力和变革管理能力等六个方面[270, 272, 273, 4]。

总之，目前学者对于企业创新能力的概念界定更多的是将企业创新能力看成企业技术创新能力，因此对创新能力构成维度的划分也是从企业技术创新能力视角出发的，而实际上，企业的创新能力不仅包括技术创新，还包括组织创新、市场创新、管理创新等其他方面，在此本书结合学者对创新能力的界定，将企业创新能力的维度较为全面地概括为战略规划能力、资源配置能力、过程创新能力、项目协调能力、研发能力、组织学习能力和营销能力等七个方面。

2. 财税政策引导对企业创新能力的影响

创新政策对于加速中小企业的创新能力的提高能起到直接性的影响作用。具体来看，有学者指出，政府的财政补贴特别是与科研创新、新产品开发有关的补贴，如专利申请资助经费、新产品补助等，能够直接弥补因正外部性缺失造成的中小企业研发投入不足的问题，有助于提高企业的创新能力[274]。Herrera 和 Minetti 的研究表明银行与企业关系存续期对企业创新能力有显著影响，而现实中中小企业融资借贷往往比较困难，政府可以通过担保来帮助企业建立起与银行的关系[275]。孙莹认为政府通过税收优惠政策可以促进中小企业在资金和人力方面的投入，进而提升企业的创新能力[276]。总之，通过以上分析可以看出政府的财税政策引导能够显著促进中小企业创新能力的提升。

但是从企业生命周期理论视角来看，处于不同发展阶段的企业其创新战略的选择是不同的，对创新资源的需求和配置也是不同的[277]。结合前期的调研发现，对于初创期的中小企业而言，一方面，政府给予的资金资助、财政补贴等直接性引导政策可谓是“雪中送炭”，通过对企业创新资源的投入可以显著提高企业的创新能力；但是随着企业的不断发展和壮大，当企业达到一定规模的时候，政府给予的资金支持等对企业而言可能仅仅是“锦上添花”，不能从根本上解决企业当前所面临的创新难题，如果政府继续给企业提供直接性的资金资助，这些有限的资金，不但不能促进企业创新能力的提升，反而会成为一种浪费。另一方面，政府税收优惠等间接性政策引导的方式对处于初创期的中小企业而言效果可能不够明显，因为初创期的企业受到政府各种“门槛”的限制，达不到申请税收优惠等政策的标准；但是随着企业的不断成长和壮大，当企业达到申请政府相关税收优惠政策的标准时，税收优惠政策对企业创新研发资金的补贴效应也变得显著起来，对企业创新能力的影响也逐渐增强。基于以上分析，本书在此提出假设 3 及相应的子假设。

H3：政府的财税政策引导与中小企业创新能力之间呈现非线性关系。

H3a：政府的直接性政策引导与中小企业创新能力呈显著的倒“U”形关系。

H3b：政府的间接性政策引导与中小企业创新能力呈显著的倒“U”形关系。

7.2.2 创新环境营造与企业创新能力

本书在前文已经表明政府对创新环境的营造，可以从对企业知识产权保护，以及对企业社会责任监督两个方面进行。首先，在对知识产权保护与创新能力关系的研究方面，Horii 和 Iwaisako 的研究结果表明，对中小企业知识产权的保护可以降低企业的新产品被模仿的概率，有效提高企业创新能力，进而促进区域经济增长[278]。李春涛等通过对跨国数据进行实证研究后发现，知识产权保护和企业创新能力之间存在很明显的正相关关系，二者之间也是互为因果的关系。中小企业的知识产权保护尤为重要，主要是因为可以为企业创新提供一个良好的法制环境，有效地加强创新主体的法律意识，促进知识在中小企业组织内部和外部的流通，便于组织学习和识别更多新知识和机遇[279]。政府对中小企业知识产权进行保护，可以有效促进企业创新价值的商业化，知识产权保护作为一种行使权利的重要方式，目的就是明晰产权，降低产权使用的交易成本，促进产权流动，并且伴随着中小企业所创造的技术不断为外部市场所使用，其价值使用率和创新能力都会得到显著的提升[280]。

其次，在对企业社会责任监督与创新能力关系的研究方面，大多数学者的观点认为，政府对企业进行监管主要是因为市场失灵现象时有发生。李红亮认为中小企业要提高创新能力并且增加企业利润、实现可持续发展，就必须承担一定的社会责任[281]。Chadee 和 Roxas 通过对俄罗斯不同地区的中小企业创新行为进行对比研究后发现，政府机构的监管政策（如环境、社会责任等）对促使企业改进生产工艺、提升创新能力具有十分重要的影响[282]。政府对企业社会责任进行监督一方面可以对企业形成一种无形的压力，促使企业主动进行创新；另一方面可以规范企业的创新行为，使得企业的创新走向正途。因此，企业社会责任监督对于企业创新能力的提升是至关重要的，可以说，企业社会责任监督是政府采取“倒逼”的方式来促使企业不断进行研究和改进，以提升自身的创新能力。基于以上分析，本书在此提出假设 4 及相应的子假设。

H4：政府的创新环境营造对中小企业创新能力有显著的正向影响。

H4a：政府对企业知识产权的保护对中小企业创新能力有显著的正向影响。

H4b：政府对企业社会责任的监督对中小企业创新能力有显著的正向影响。

7.2.3　企业创新能力与企业创新绩效

现有研究中关于中小企业创新能力与企业创新绩效关系的文献比较多见。Chen 将创新能力界定为植根于流程、系统和组织架构中的企业能力，能够应用在产品和流程创新之中[283]。企业的竞争优势能够从新产品开发的效率和能力中获取，产品创新绩效的增加主要得益于能力的累积和创新的产出。在大多数情况下，高绩效的中小企业比起低绩效的企业往往拥有较强的能力，提升企业的创新能力能够给企业带来明显的竞争力。官建成和史晓敏通过对 213 家制造业创新型企业的调查分析，结果发现对于不同规模的企业而言，影响其创新绩效的创新能力是不同的，中小企业研发能力与企业创新绩效的线性回归关系显著，而大企业的资源配置能力与创新绩效的线性回归关系显著[284]。从广义上讲，创新能力是企业区别于其他竞争对手的差异化能力，能够使组织获得竞争优势，竞争优势的强弱也是组织绩效的一个重要表现维度[285]，不论是企业依靠自身资源进行创新的行为能力，还是企业与外部机构合作进行创新的能力都会对企业创新绩效产生显著的正向影响。基于以上分析，本书在此提出假设 5。

H5：中小企业创新能力对企业创新绩效有显著的正向影响。

7.2.4　企业创新能力的中介作用

1. 企业创新能力对财税政策引导与企业创新绩效关系的中介作用

在开放式创新的背景下，政府为支持中小企业创新而提供的各类创新政策为企业的资源获取提供了重要渠道，企业将获取到的资源用于企业创新活动的投入，提升了企业的创新能力，进而对企业创新产出产生影响，也就是说，政府的科技创新政策会通过影响企业的研发投入来影响企业的创新能力，进而会显著影响企业的创新绩效[286]。现有的研究文献已经表明了中小企业创新能力会受到来自组织内部、组织外部等诸多因素的影响，其中政府政策就是影响企业创新能力的重要外部因素之一，与此同时，企业创新能力既会对个人绩效产生影响，也会对组织绩效产生影响。前文分析已经明确指出，政府的直接性政策引导和间接性政策引导都会对中小企业的创新能力产生正向影响，而中小企业的创新能力又会对企业创新绩效产生显著的正向影响，由此可见，中小企业创新能力在政府财税政策引导与企业创新绩效之间可能起到中介作用。基于以上分析，并结合财税政策引导的两个维度，本书在此提出假设 6 及相应的子假设。

H6：中小企业创新能力在财税政策引导与企业创新绩效关系中起到中介作用。

H6a：中小企业创新能力在直接性政策引导与企业创新绩效关系中起到中介作用。

H6b：中小企业创新能力在间接性政策引导与企业创新绩效关系中起到中介作用。

2. 企业创新能力对创新环境营造与企业创新绩效关系的中介作用

前文的分析已经表明，创新环境营造对于中小企业创新能力有显著的促进作用，即：知识产权保护对企业创新能力存在显著的正向影响；企业社会责任监督对企业创新能力具有显著的正向影响，由此可以看出，知识产权保护和企业社会责任监督是促进企业创新能力提升的重要前因变量。与此同时，企业创新能力的提升也会显著促进企业创新绩效的提高，也就是说，企业创新绩效是企业创新能力的后果变量。因此，企业创新能力可能在创新环境营造与企业创新绩效之间起到中介作用。结合前文的相关分析，本书在此提出假设 7 及相应的子假设。

H7：中小企业创新能力在创新环境营造与企业创新绩效关系中起到中介作用。

H7a：中小企业创新能力在企业知识产权保护与企业创新绩效关系中起到中介作用。

H7b：中小企业创新能力在企业社会责任监督与企业创新绩效关系中起到中介作用。

7.3 中小企业创新动力中介作用的研究假设

7.3.1 财税政策引导与企业创新动力

1. 企业创新动力的定义及维度

“动力”在《辞海》中被解释为：①使机械做功的各种作用力；②比喻推动工作、事业等前进和发展的力量。“动力”的常见英文翻译有 driver、impetus 和 motivation，根据《牛津词典》的释义，driver 是指影响或者促使某事物取得进步的主要因素之一。impetus 强调推进某事物移动的力量或者能量。motivation 包含两层含义：①某些人做一些事情或者表现出一些特定行为的原因；②想要做某些事情的感觉，尤其是某些事情需要涉及勤奋和努力。由此可见，动力的概念一方面强调了推动某事物发展的力量和驱动力；另一方面也强调了一种想要做某件事情的欲望和心里感觉。根据动力的概念表征，创新动力可以理解为推动或促进创新的力量，以及想要创新的一种感觉和心理。目前学术界对创新动力的概念理解，比较认同 Cooper 的观点，Cooper 在其研究中，将创新动力界定为驱使企业进行创新的某些因素[287]。国内学者在借鉴 Cooper 观点的基础上，提出创新动力是创新主体受到内部和外部各种因素的驱动，进而产生创新的欲望和要求，从而进行创新活动的一系列约束条件的集合[288]。本书对创新动力的概念界定与上述观点一致。

国内外学者关于企业创新动力的研究成果和观点大多是基于技术推动论、市场拉动论、技术-市场双重驱动论的理论视角，对于企业创新动力的构成维度也是见仁见智的。比如：Sheth 提出全球化背景下的竞争压力是衡量企业创新动力的重要指标。Malerba 等学者认为市场需求是衡量创新动力的重要指标[289, 290]。国内学者孙冰的研究在综合国外学者研究的基础上，较为全面地提出了创新动力所包含的具体构成要素，包括外部动力和内部动力两方面，其中：外部动力主要有政府支持、科技成果推动、竞争压力和市场需求等；内部动力主要包括企业家精神、企业利益和激励机制等。向刚和汪应洛、陈忠卫和郝喜玲、李政和陆寅宏等学者认为企业家和企业员工持续创新的意识，以及创新利益驱动和企业持续发展的强大目标等要素共同构成了创新的动力，而企业家精神是所有企业创新的原动力。在最近的研究中，刘振指出创新动力包含创新主动性和创新积极性两个方面，这与曹勇等的观点创新动力其实反映的是创新意愿有相似之处[291, 292]。本书结合现有文献中的观点，将企业家精神、创新意识（创新意愿）视为创新动力的重要构成维度。

2. 财税政策引导对企业创新动力的影响

中小企业的长期发展离不开各种类型的创新资源，现有研究表明，资金不足已经成为制约中小企业创新发展的主要问题，国内的很多中小企业未能持续发展和壮大的根本原因就是缺少充足的资金[293, 294]。有不少处于初创期的中小企业会因为资金匮乏而导致创新动力不足，而政府的资金支持和研发投入无疑会有效激发中小企业创新的动力。具体而言，苟莉佳等的研究结果反映出，政府的资金激励是直接影响企业创新的内源因素，政府的资金激励行为能促进中小企业创新成果的转化，营造创新动力环境[295]。根据 Goh、Patanakul 和 Pinto 的观点，政府的财税政策能够为企业创新意愿的变化提供条件，进而促进创新，也就是说，政府作为一个创新供给者应该为变革企业的创新意愿提供满足企业利益的一系列财税政策从而刺激企业创新[296, 297]。

税收优惠作为政府财税政策引导的重要方式，对于企业创新动力有积极的影响。来自美国白宫的调查研究发现，政府可以通过创新研究与实验方面的税收抵免政策激励来加速创新，这种简化和持久的税收抵免方式激发了美国企业的创新动力，为企业提供了可预见的物质性激励。就我国而言，目前针对企业创新的税收优惠措施以直接性优惠为主，以投资抵免、加速折旧、R&D 费用加计扣除或税收抵免、科技开发准备金提取等间接性优惠措施为辅，这些税收优惠政策在一定程度上降低了中小企业创新的成本，使得它们具有低成本的优势条件，进而有效地提高了企业创新的主动性和积极性，激发了企业创新的动力[298, 299]。还有学者的研究表明，税收优惠金额的增加会直接或间接性地促进中小企业内部研发支出的增长，企业更愿意对现有产品的生产和工艺流程等进行创新。根据前文对财税政策引导的界定，其包含直接性引导（资金支持）和间接性引导（税收优惠）两个维度，本书在此提出假设 8 和相应的子假设。

H8：政府的财税政策引导对中小企业创新动力有显著的正向影响。

H8a：政府的直接性政策引导对中小企业创新动力有显著的正向影响。

H8b：政府的间接性政策引导对中小企业创新动力有显著的正向影响。

7.3.2 创新环境营造与企业创新动力

政府对创新环境的营造会激发中小企业的创新动力，主要体现在：作为一种支持企业发展的行为，政府对企业知识产权的保护可以对企业的技术创新产生驱动作用。Coe 等的研究结果表明，加强对中小企业知识产权的保护可以降低企业研发的外溢效应和被模仿的风险，能够提高企业研发投资的积极性[300]。胡立君、郑玉认为由于资本具有逐利性，较弱的知识产权保护会使得企业技术很容易被模仿并失去商业价值，严重挫伤管理者的创新热情。政府加大对中小企业知识产权的保护力度，能够保障企业技术的独占性，增强企业技术创新的动力，提升创新能力，激发企业技术创新的意愿和行为。现有的国际经验（韩国、日本）明确表明了随着国外技术差距的逐步缩小，加强对知识产权的保护明显促进了本国企业的自主创新意愿。黄文锋和张梦轩的研究也进一步验证了强化对中小企业知识产权的保护与促进产学研合作在企业技术创新能力的部分中介作用下显著地提升了企业的创新意愿[301]。

另外，政府对企业社会责任的监督会倒逼企业遵纪守法、遵守市场竞争秩序、履行社会责任，通过对企业社会责任的规劝来激发企业创新动力。现有关于企业社会责任的研究文献表明，企业会不断地调整经营战略，确保其业务的合法性及满足社会期望。有学者指出通过对中小企业社会责任的政策监管可以促使企业战略的重新定位，让它们致力于对自然环境和社会环境负责，建设良好的企业声誉和口碑。这样一来，企业在面对生存压力、竞争压力、外界舆论压力的情况下，会激发创新动力和意愿，通过创新投入过程的合法性，来提高自己的产品质量和企业信誉等[302]。Mcwilliams 和 Siegel 的研究也表明了，中小企业对于社会责任的长期投资行为，可以激发企业创新研发与产品差异化的动力。基于以上两方面的分析，本书在此提出假设 9 及相应的子假设。

H9：政府的创新环境营造对中小企业创新动力有显著的正向影响。

H9a：政府对企业知识产权的保护对中小企业创新动力有显著的正向影响。

H9b：政府对企业社会责任的监督对中小企业创新动力有显著的正向影响。

7.3.3　企业创新动力与企业创新绩效

创新动力是衡量企业创新绩效的一个重要前因变量。假如企业拥有创新动力，这种动力会促使企业想方设法地去发展自身的竞争优势，并从中获益。企业的创新动力可以被看作一种企业战略方式，通过这种方式，让企业处理来自内部和外部的环境变化，激发创新动力对于提高企业的竞争力和创新绩效是至关重要的[303]。李政和陆寅宏的研究结果也表明了，中小企业的创新动力可以通过各种形式的创新行为来体现，如对创新资源合理协调和配置的创新行为会对企业创新绩效产生正向影响[304]。进一步的研究表明，如果中小企业的创新动力强，企业更倾向于与外界的利益相关者开展交流合作，目的是提高企业的竞争力和创新绩效。基于上述分析，本书在此提出假设 10。

H10：中小企业创新动力对企业创新绩效有显著的正向影响。

7.3.4　企业创新动力的中介作用

1. 企业创新动力对财税政策引导与企业创新绩效关系的中介作用

前文的分析结果表明，政府出台的一系列财税政策大大降低了中小企业创新的成本，为它们提供了大量的资源和资本，拓展了企业获取资金的渠道，提高了企业创新的积极性和主动性，为企业增加了更多的创新动力。在此基础上，企业创新动力的提升也会促进企业创新绩效的显著增长。也就是说，政府实施的针对中小企业创新的财税优惠政策会通过影响企业的研发活动而影响企业的创新动力，进而显著地促进创新绩效的提升。前文的分析也已经论证，政府的直接性政策引导和间接性政策引导都会对企业的创新动力产生促进作用，而企业的创新动力可以显著地促进企业创新绩效的提升。创新动力连接了财税政策引导与企业创新绩效之间的关系，构成了三者之间前因、后果关系的中介条件。由此可见，中小企业创新动力在财税政策引导和企业创新绩效之间起到一定的中介作用。基于以上分析，并结合财税政策引导的两个维度，本书提出假设 11 及相应的子假设。

H11：中小企业创新动力在财税政策引导与企业创新绩效关系中起到中介作用。

H11a：中小企业创新动力在直接性政策引导与企业创新绩效关系中起到中介作用。

H11b：中小企业创新动力在间接性政策引导与企业创新绩效关系中起到中介作用。

2. 企业创新动力对创新环境营造与企业创新绩效关系的中介作用

回顾创新动力以往的相关研究成果可以发现，中小企业创新动力本身既受到一些前置因素的影响，同时也能够影响一些后置因素。而且，中小企业创新动力也能够影响企业的创新绩效、创新能力、企业竞争力、研发合作等，所以说企业创新动力在一系列前因变量和后果变量之间发挥了重要的中介作用。实际上，以本书中政府对创新环境的营造为例，一方面政府对企业知识产权的保护直接激发了企业创新的热情和动力，而企业的创新动力通过各种创新行为的实现，直接促进了企业的创新绩效；另一方面，政府对企业社会责任的监督和约束，直接倒逼了企业的创新意愿和动机，因为企业如果不创新将面临生存危机，但如若通过违法乱纪、扰乱正常市场秩序的行为获取经营利润则会受到政府的严厉制裁，所以企业只能通过正当竞争手段，优化生产流程、提升产品质量，从而获得良好声誉和提高创新绩效。根据以上分析，并结合创新环境营造的两个维度，本书提出假设 12 及相应的子假设。

H12：中小企业创新动力在创新环境营造与企业创新绩效关系中起到中介作用。

H12a：中小企业创新动力在企业知识产权保护与企业创新绩效关系中起到中介作用。

H12b：中小企业创新动力在企业社会责任监督与企业创新绩效关系中起到中介作用。

7.4　简政放权与环境波动调节作用的研究假设

7.4.1　简政放权的调节作用

简政放权的理论意蕴与国外学者提出的繁文缛节（red tape）比较相似，一些学者从组织内部视角对繁文缛节的效果进行了分析研究。有学者的研究发现繁文缛节与组织绩效呈负相关，并且组织内部的繁文缛节越多，其组织创新的能力就会越弱，所以说，减少繁文缛节可以提高组织绩效及组织的创新能力。另外，从政府干预视角出发，就组织外部的利益相关者而言，政府的不当干预会增加企业的经营难度和道德压力，而且外部干预会使得企业的经营环境恶化，诱发不良竞争环境的产生。由此可见，减少繁文缛节对组织绩效的提升具有显著的正向影响。

在企业创新的实践过程中，政府财税政策引导与中小企业创新绩效的关系也会受政府简政放权程度的影响。这是因为，当简政放权的力度比较大、程度比较高的时候，企业会更加便利地享受到财税政策的优惠和支持，这些优惠和支持可以帮助企业提高创新绩效；而当简政放权的力度比较小的时候，企业参与政策活动受到的限制就比较多，约束也比较大，这自然会挫伤企业创新的激情和意愿，对创新绩效也会带来负面影响。简政放权的提出也是当前对厘清政府与市场关系的具体回应，简政放权的深入推进，有利于消除政府部门“门难进、脸难看、话难听、事难办”的现象，有利于政府更好地服务于中小企业。以往学者的研究也表明，政府通过简政放权可以给予市场主体更加自由的空间，进而通过政策红利给市场增添信心，这些也更加有利于企业进行创新活动。基于上述分析，并结合政府财税政策引导的两个维度，本书提出假设 13 及相应的子假设。

H13：简政放权正向调节财税政策引导与中小企业创新绩效间的关系。

H13a：简政放权正向调节直接性政策引导与中小企业创新绩效间的关系。

H13b：简政放权正向调节间接性政策引导与中小企业创新绩效间的关系。

7.4.2　环境波动的界定与效应

环境波动是目前研究组织创新过程中的一个重要的调节变量，环境波动这一概念，也经常被称为环境波动性、环境动态性和环境动荡性。对于环境波动概念的理解，学者从多个视角对其进行了界定。Meyer 认为环境波动是一种对组织具有破坏性的、临时性的扰乱，而且这种扰乱通常难以预测[305]。Sine 和 David 认为环境波动可以为管理者、顾客、政府部门、企业组织等带来危机，并且往往会产生与预期完全相反的结果[306]。Dess 和 Beard 将环境波动描述为企业外部环境变化的不可预测性与变化率[307]。陈国权和王晓辉从比较综合的视角界定了环境波动，认为它是组织的竞争对手、合作伙伴、客户、政府等利益相关主体的行为或者需求的变化程度，以及法律规章、行业趋势、服务类型等的变化程度[308]。

对于环境波动的构成维度，Miller 从环境中增长机会的变化、所处行业的技术变化、产品或服务创新的变化及研发活动的变化等四个方面进行了定义[309]。Teece 提出环境波动包含技术波动和市场波动两个维度，前者强调计划变化率及不可预测性使得企业现有技术变得陈旧，后者强调顾客偏好和需求变化使得企业现有的产品和信息等变得陈旧[310]。Jansen 等指出技术变化、客户需求变化、产品需求和原材料供给波动等构成了环境波动的四个重要维度[311]。当前，学者认为环境波动因素是组织考虑创新过程中必不可少的一个重要的情境变量，所以通常将其作为调节变量，如调节创新能力与组织绩效间的关系、产品创新与创新绩效间的关系、组织学习与吸收能力间的关系、企业联盟与创新绩效间的关系等。但是也有少数研究将其视为影响组织创新的前因变量，如环境波动影响企业动态能力进而影响企业的连续创新等。在以往研究的基础上，本书将环境波动视为调节政府创新环境营造与企业创新绩效关系间的调节变量。

7.4.3 环境波动的调节作用

目前还没有发现直接探讨环境波动对知识产权保护和企业社会责任监督与企业创新绩效关系间的调节作用的研究。中小企业能否适应动态环境的变化是企业能否持续发展创新的关键之所在。中小企业的知识产权保护和企业社会责任监督与企业创新绩效间的关系会受到环境波动的影响主要是因为，当外部环境波动性较低的时候，企业为了盈利可以比较轻松地获取各种资源；但是随着外部环境波动性的提高，行业竞争的加剧，以往用于企业创新的关键资源表现出的价值不再高，环境的动态性促使企业创新战略及所需的关键资源发生了变化，企业要想继续轻松地获取各项资源进行创新活动变得比较困难[312]。这时候有些企业，为了获取利润继续保证企业的竞争优势，可能会通过模仿、复制、窃取竞争对手的知识产权等违背正常市场竞争的行为来提高企业效益，而另一些企业很可能违背经营道德，为了降低成本，可能会提供“以次充好、以假乱真”的产品和服务，以破坏正常的经营环境和危及顾客健康等手段来获取经营利润，这样做会严重扰乱市场竞争环境，危害竞争对手、客户及其他利益相关者的利益[265]。在环境波动性较高的情景下，很容易出现市场失灵的现象，这就要求政府利用行政干预手段，一方面加强对企业知识产权的保护，另一方面强化对企业社会责任的严厉管束，从而营造正常有序的市场竞争环境，保护大多数企业及利益相关主体的合法权益，保障企业的创新成果。基于上述分析，本书在此提出假设 14 及相应的子假设。

H14：环境波动正向调节创新环境营造与中小企业创新绩效间的关系。

H14a：环境波动正向调节企业知识产权保护与中小企业创新绩效间的关系。

H14b：环境波动正向调节企业社会责任监督与中小企业创新绩效间的关系。

7.5　政府支持行为影响中小企业创新绩效的理论模型

基于第 6 章政府支持行为影响中小企业创新绩效的多案例研究中从实践层面出发所构建的政府支持行为影响中小企业创新绩效的初步研究框架，以及本章从理论层面出发所提出的相关理论假设，本书构建出的政府支持行为影响中小企业创新绩效的理论模型如图 7-2 所示，反映理论模型中各条路径关系的研究假设见表 7-2。

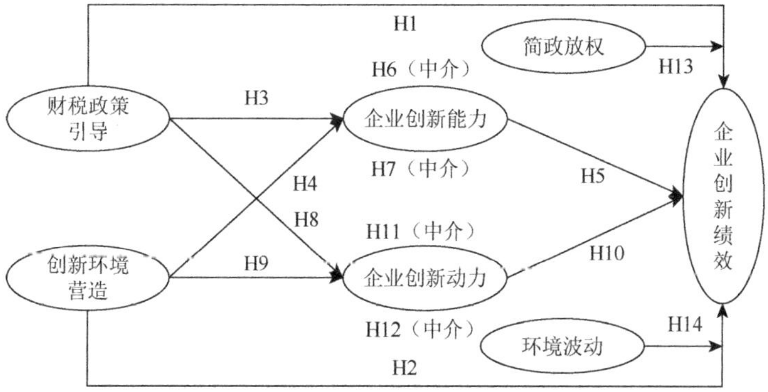

图 7-2　政府支持行为影响中小企业创新绩效的作用路径模型

表 7-2　政府支持行为影响中小企业创新绩效研究假设汇总

H1：政府的财税政策引导对中小企业创新绩效有显著的正向影响	
H1a	政府直接性政策引导对中小企业创新绩效有显著的正向影响
H1b	政府间接性政策引导对中小企业创新绩效有显著的正向影响
H2：政府的创新环境营造对中小企业创新绩效有显著的正向影响	
H2a	政府对企业知识产权的保护对中小企业创新绩效有显著的正向影响
H2b	政府对企业社会责任的监督对中小企业创新绩效有显著的正向影响
H3：政府的财税政策引导与中小企业创新能力之间呈现非线性关系	
H3a	政府的直接性政策引导与中小企业创新能力呈显著的倒“U”形关系
H3b	政府的间接性政策引导与中小企业创新能力呈显著的倒“U”形关系
H4：政府的创新环境营造对中小企业创新能力有显著的正向影响	
H4a	政府对企业知识产权的保护对中小企业创新能力有显著的正向影响
H4b	政府对企业社会责任的监督对中小企业创新能力有显著的正向影响

续表

H5、H10：中小企业创新能力、创新动力对企业创新绩效有显著的正向影响	
H5	中小企业创新能力对企业创新绩效有显著的正向影响
H10	中小企业创新动力对企业创新绩效有显著的正向影响
H6：中小企业创新能力在财税政策引导与企业创新绩效关系中起到中介作用	
H6a	中小企业创新能力在直接性政策引导与企业创新绩效关系中起到中介作用
H6b	中小企业创新能力在间接性政策引导与企业创新绩效关系中起到中介作用
H7：中小企业创新能力在创新环境营造与企业创新绩效关系中起到中介作用	
H7a	中小企业创新能力在企业知识产权保护与企业创新绩效关系中起到中介作用
H7b	中小企业创新能力在企业社会责任监督与企业创新绩效关系中起到中介作用
H8：政府的财税政策引导对中小企业创新动力有显著的正向影响	
H8a	政府的直接性政策引导对中小企业创新动力有显著的正向影响
H8b	政府的间接性政策引导对中小企业创新动力有显著的正向影响
H9：政府的创新环境营造对中小企业创新动力有显著的正向影响	
H9a	政府对企业知识产权的保护对中小企业创新动力有显著的正向影响
H9b	政府对企业社会责任的监督对中小企业创新动力有显著的正向影响
H11：中小企业创新动力在财税政策引导与企业创新绩效关系中起到中介作用	
H11a	中小企业创新动力在直接性政策引导与企业创新绩效关系中起到中介作用
H11b	中小企业创新动力在间接性政策引导与企业创新绩效关系中起到中介作用
H12：中小企业创新动力在创新环境营造与企业创新绩效关系中起到中介作用	
H12a	中小企业创新动力在企业知识产权保护与企业创新绩效关系中起到中介作用
H12b	中小企业创新动力在企业社会责任监督与企业创新绩效关系中起到中介作用
H13：简政放权正向调节财税政策引导与中小企业创新绩效间的关系	
H13a	简政放权正向调节直接性政策引导与中小企业创新绩效间的关系
H13b	简政放权正向调节间接性政策引导与中小企业创新绩效间的关系
H14：环境波动正向调节创新环境营造与中小企业创新绩效间的关系	
H14a	环境波动正向调节企业知识产权保护与中小企业创新绩效间的关系
H14b	环境波动正向调节企业社会责任监督与中小企业创新绩效间的关系

7.6 本 章 小 结

本章内容利用现有国内外研究文献中的经典理论及核心观点，进一步对前文基于扎根理论的多案例研究所构建的研究框架进行佐证和理论支撑，并提出了相关的研究假设，最终构建出各研究变量间关系的理论模型。本章研究的具体内容包括：首先，基于第 6 章所构建的政府支持行为影响中小企业创新绩效的初步研究框架，结合国内外研究文献，提出了政府支持行为影响中小企业创新绩效的研究假设；其次，结合前文从实践层面出发所构建的研究框架和本章从理论层面出发所提出的研究假设，形成了政府支持行为影响中小企业创新绩效的作用路径模型。第 8 章将进入本书的实证分析部分，在本书的第三篇（第 8 至第 9 章）将运用实证研究方法对本章提出的研究假设及理论模型进行实证分析和模型验证。

第三篇　实证分析与模型验证篇

第 8 章　政府支持行为影响中小企业创新绩效的实证研究设计

8.1　调研过程与问卷设计

8.1.1　调研过程

本次问卷调查工作从 2016 年 2 月 15 日至 4 月 30 日，回收有效问卷 345 份。西安、青岛、乌鲁木齐、绵阳分别回收 79 份、68 份、110 份、88 份。从回收的研究样本来看，本书按照东、中、西的地域分布进行了统计分析。调研的企业以高新区内企业居多，企业类型主要涵盖了电子信息、机械工业、生物技术、汽车制造、新材料、光电子、仪器仪表等行业，企业年龄在 8 年左右，问卷填写对象（企业负责人）以男性居多，其任职年限在 7 年左右。

8.1.2　问卷设计

本书研究变量的量表主要来源于 2014 年 6 月设计的“创新驱动发展战略与科技创新支撑研究调查问卷”，在与业内外专家、学者及管理实践者等反复讨论之后，最终问卷是在 2015 年 8 月得以修订完毕。该问卷主要由四部分组成：企业基本信息、企业创新状况、政府对企业科技创新活动的支撑、开放性问题，共包含 100 个调查题项，其中本书的研究内容和变量主要抽取于调查问卷的前三部分内容。具体而言，首先，问卷的企业基本信息主要包括企业基本信息和受访者基本信息两方面，企业基本信息包括企业类型、从业人员数量、研发人员占比、销售收入、研发投入比例等；受访者基本信息包括受访者年龄、性别、学历、任现职时限等，这部分信息的设置主要参考了国内外现有的调查问卷，企业基本信息主要作为本书的控制变量。其次，问卷中的企业创新状况原本包括创新动力、创新能力、创新活力、创新障碍、创新网络、创新绩效等 8 个变量，根据本书的分析框架和理论模型，从中主要选取包含创新能力、创新动力、创新绩效在内的 3 个研究变量。最后，问卷中的政府支持行为方面包括政策引导、市场倒逼、平台建设、简政放权、环境营造、公共服务等 6 个研究变量，本书根据研究需要和前期的研究结论，从中整合和提取了中小企业最关注的政府支持行为，即政策引导、环境营造、简政放权等 3 个研究变量，以供分析之用。调查问卷中的测量量表设计的主要目的是了解企业当前的创新状况、创新需求及对政府各种支持行为的感知情况。

科学合理的问卷设计是保障研究结果及变量测量信度和效度的重要先决条件，根据现有研究文献中学者的建议，本书在设计问卷的过程中主要遵循了以下流程：文献研究与实地调查结合→与本领域的专家进行研讨→与政府/企业等管理实践者进行研讨→小样本试测→测量题项的完善。一方面，在问卷设计的前期准备阶段，笔者先对调查问卷中涉及的相关变量的研究文献进行了全方位检索，以及精度查找与变量直接相关的理论和成熟量表，由于大多数成熟量表都是国外学者开发的，因此在此背景下笔者结合中国情景，对量表的某些题项进行了修改，并且找了 2～3 家企业的负责人帮忙审阅量表中题项的表述是否符合现实情况等。在对量表进行原始翻译的过程中，为了避免受到文化、语言、习惯等差异的影响而误解原始量表的含义，采用了对译的方式对量表进行翻译。问卷的翻译过程具体包括以下几个步骤：①由一位精通中英文语言的管理学研究者从英文翻译为中文，再由中文回译为英文，同样的工作再由另一位管理学研究者重复进行；②笔者与两位研究者共同校对两个译稿的差别，并做好相应的修改和完善；③在此基础上，形成能够正确反映经典量表测量意图的中文量表。

另一方面，为了保证调查问卷的质量，使测量问题能够更为准确、精练，并且符合中国管理实践及现实情境，笔者还邀请了部分研究者（包括导师、本书课题组其他博士/硕士生和其他相关领域研究者），以及管理实践者（包括经常与企业打交道的政府部门工作人员、企业高管团队成员等）进行小规模的访谈。根据访谈的结果及访谈者的建议，笔者对编制的测量量表进行了进一步的修改和完善，同时针对个别没有成熟的测量量表的变量，以访谈资料和研究文献为基础，进一步编制了初始量表并且后续进行了相关的完善。最后，在 2016 年 1 月至 2 月期间，对本书中涉及的核心变量进行了小样本的前测分析，主要是面向乌鲁木齐高新区的科技型中小企业发放了 150 份试测问卷，回收问卷 90 份，通过探索性因子分析（因子分析又称因素分析）进一步验证目前量表的信度与效度，以及发现测量题项的不足和缺陷，并加以完善，准备后续大规模发放和收集问卷。90 份有效问卷的探索性因子分析结果将在第 9 章中专门进行说明。

8.2　相关研究变量的测量

变量的测量是管理研究的难点和重点，这直接关系到假设能否被有效检验，影响到理论的解释效力。为了保证问卷测量的科学性和合理性，本书遵循以下原则设计具体的测量题项。

第一，尽可能采用成熟的测量量表。本书所有关于变量的测量全部来源于发表在 SSCI 及国内《管理世界》《中国管理科学》《科研管理》等权威期刊上并得到其他学者广泛引用的文献，尽可能使用原始量表或已得到国内研究使用的中译版量表。

第二，根据经典文献对部分测量题项的顺序进行调整。例如，根据本书对企业创新绩效等变量的操作化定义，对原始量表中个别题项的顺序进行了调整。

第三，最大限度保证问卷题项的精确性和可理解性。对于来自英文文献的测量题项，在不改变问题原意的前提下，在翻译上对问题的提法和陈述方式进行了一定的调整，尤其是结合深访企业负责人和政府部门官员的建议进行了修改，以保证问卷在文法上更符合中国人的阅读习惯。

第四，对于测量题项进行反复斟酌和修改。在初步设计和完成问卷测量题项的基础上，研究人员结合课题研讨会、对个别企业“一对一”走访，以及与财税、科技等政府部门官员进行深度访谈，对每一道测量题项进行认真推敲，并结合每次访谈和会议纪要的关键内容，对测量题项进行反复修改，直到相关研究领域的专家学者和实践方面的管理人员基本同意和认可。

8.2.1　因变量：企业创新绩效

本书在前文中已经指出，目前学界对绩效界定的视角不一，加之创新的内涵丰富，因而长期以来，学者对创新绩效的测量并未达成共识。在结合国内外相关研究的基础上，本书将企业创新绩效界定为：包括产品创新、技术创新、过程创新、市场创新和管理创新等一系列企业研发创新和非研发创新活动的结果表现。也就是说，企业创新绩效应该从这几个维度来反映才显得比较综合全面。本书为确保企业创新绩效测量工具的效度与信度，尽量采用国内外现有文献已使用过的经典量表，再根据本书目的，结合中国现实情境，对量表加以改造后对研究变量进行测量。现有的测量创新绩效的指标中，大多都会以专利指数作为衡量指标，但是，有学者指出用专利指数来测量创新绩效明显存在着一定的缺陷。在国内创新绩效研究的高共被引文献中，钱锡红等在借鉴 Bell、Ritter 和 Gemunden 开发的量表的基础上，利用 5 个题项从产品、技术、流程、市场等方面对创新绩效进行测量[194]。Jiao 等从产品创新、技术创新、流程创新和管理创新 4 个方面对创新绩效进行了测量[70]。本书主要借鉴钱锡红等和 Jiao 等开发的企业创新绩效测量量表，从企业利润率、市场份额、产品和流程改进、新产品和新服务、管理制度创新等几大方面设置了 8 道题项，测量问题采用通行的 Likert 5 级量表形式，从 1 至 5 代表程度上从“完全不同意”到“完全同意”，具体量表的内容如表 8-1 所示。

表 8-1 企业创新绩效的测量题项

维度	测量题项	题项来源或依据
企业创新绩效	1. 与同行相比，本企业的利润增长率较高	钱锡红等[194]、Jiao 等[70]
	2. 与同行相比，本企业占据的市场份额较大	
	3. 与同行相比，本企业的产品改进与创新有非常好的市场反应	
	4. 与同行相比，本企业在行业内率先应用新技术	
	5. 与同行相比，本企业常常在行业内率先推出新产品/新服务	
	6. 与同行相比，本企业的创新产品包含一流的技术和工艺	
	7. 与同行相比，本企业的创新项目成功率较高	
	8. 与同行相比，本企业的管理制度一直在不断优化、改进	

8.2.2 自变量：财税政策引导与创新环境营造

前文已经对政府的财税政策引导的概念进行了界定，本书中的财税政策引导主要包括两个维度，分别是直接性政策引导和间接性政策引导。本书对政策引导的测量主要借鉴了 Wei 和 Liu 的测量量表，直接性政策引导主要包括财政补贴和信贷项目等；间接性政策引导主要包括税收优惠政策。在此基础上，进一步参考了国内学者赵剑波、杨震宁等对政府引导作用的测量量表，包含政策支持、资金环境和市场支持 3 个方面共 13 个测量题项。本书最终合成的财税政策引导的测量量表包含 8 个题项，直接性政策引导包括研发补助、贷款贴息、科技计划项目 3 个题项；间接性政策引导主要从企业技术创新活动中经常缴纳的税种减免方面反映出税收优惠政策，具体包括 5 个题项，分别是：研发费用加计扣除、固定资产加速折旧、企业所得税、流转税和财产行为税。本书量表的测量题项还特与财政和税务相关政府部门的工作人员进行了商榷，以保证测量题项能很好地反映现实实践。量表中的测量题项采用通行的 Likert 5 级量表形式，从 1 至 5 代表程度上从“完全不同意”到“完全同意”，具体量表的内容如表 8-2 所示。

表 8-2　财税政策引导的测量题项

维度	测量题项	题项来源或依据
直接性政策引导	1. 政府通过研发补助直接为本企业技术创新活动提供资金	Wei 和 Liu[231]；Doh 和 Kim[213]；秦雪征等[256]
	2. 政府通过贷款贴息直接为本企业技术创新活动提供资金	
	3. 政府通过科技计划项目（星火计划、火炬计划等）为企业技术创新活动提供资金	
间接性政策引导	4. 本企业享受到了研发费用加计扣除减免优惠政策	
	5. 本企业享受到了固定资产加速折旧减免优惠政策	
	6. 本企业享受到了所得税减免优惠政策	
	7. 本企业享受到了流转税（关税、消费税、增值税等）减免优惠政策	
	8. 本企业享受到了财产行为税（土地使用税、房产税等）减免优惠政策	

前文对创新环境营造的相关概念的界定，主要是强调政府对创新环境的营造，本书主要从政府对企业知识产权的保护和对企业社会责任的监督两个方面来反映政府对创新环境的营造行为。首先，知识产权保护的测量量表主要借鉴了杨震宁和李东红的测量题项，从申请注册商标和申请专利两方面对知识产权保护进行了测量[52]；同时，借鉴了 Mudambi 等对政府规制的测量，从知识产权法律法规的有无情况和执行状况两个方面对知识产权保护进行了测量[313]，最终本书合成的知识产权保护的测量量表共包括 4 个题项，为了保证这些题项符合现实实践，还特与相关政府部门的工作人员进行了商榷。其次，企业社会责任监督的量表主要借鉴了 Hopkins 提出的企业社会责任测量题项，从社会责任管理的角度出发，以企业面对的服务对象和利益相关者为主体，在此基础上，借鉴了郑海东的测量题项，最终从企业产品和服务、生产和经营环境、员工工作环境、带动区域就业 4 个方面测量对企业社会责任的监督[312]。创新环境营造量表共包含 7 个题项，测量问题采用通行的 Likert 5 级量表形式，从 1 至 5 代表程度上从“完全不同意”到“完全同意”，具体量表的内容如表 8-3 所示。

表 8-3　创新环境营造的测量题项

维度	测量题项	题项来源或依据
企业知识产权保护	1. 本企业所在行政区有着完善的知识产权保护方面的法律法规	杨震宁和李东红[52]、郑海东[312]等
	2. 本企业所在行政区的知识产权保护方面的法律法规得到了很好执行	
	3. 本企业提出的专利申请可以得到相关政府部门的及时批复	
	4. 本企业注册商标/版权可以得到相关政府部门的及时批复	
企业社会责任监督	5. 政府对本企业生产的产品、提供的服务有明确的规定标准（质量、安全等）	
	6. 政府定期监测和评价企业生产和经营活动对环境的影响	
	7. 政府要求本企业提供安全的工作环境和良好的工作条件	

8.2.3 中介变量：企业创新能力与企业创新动力

本书对企业创新能力的测量主要借鉴了Yam等提出的对中小企业创新能力进行测量的题项，该量表从7个方面反映创新能力，具体是：学习能力、研发能力、资源配置能力、生产制造能力、营销能力、组织能力和战略规划能力[273]。结合中国中小企业创新的现实情境，对该量表题项的表述稍加调整，最终本书合成的企业创新能力的量表共包含7个题项，测量问题采用通行的Likert 5级量表形式，从1至5代表程度上从“非常弱”到“非常强，具体量表的内容如表8-4所示。

表8-4 企业创新能力的测量题项

维度	测量题项	题项来源或依据
企业创新能力	1. 本企业识别外部机遇和威胁的能力	Richard、William、Esther等；Guan和Ma[272]；Wonglimpiyarat[270]
	2. 本企业对各项资源（人力、物力等）进行合理分配的能力	
	3. 本企业调整生产过程、库存分配及物流等方面的能力	
	4. 本企业同时处理多项创新项目的能力	
	5. 本企业引进新知识或者技术去创新新产品/新服务的能力	
	6. 本企业接受新事物并且向员工提供新知识的能力	
	7. 本企业有着较强的产品销售和售后服务能力	

本书对企业创新动力的测量主要借鉴了Hurley和Hult提出的对创新动力进行测量的题项，在此基础上，曹勇等结合中国企业创新的现实情境，对Hurley等提出的量表进行了改进，主要从创新意愿方面反映企业创新的动力，具体包括了创新成果的采纳、寻求创新想法、乐于接受创新行为、创新风险性等4个题项[292]。本书在借鉴他们的测量量表题项的基础上，结合对创新动力概念的界定，又借鉴了陈忠卫和郝喜玲的测量量表，从企业家精神方面选取了2个题项对创新动力进行测量[314]。企业创新动力量表共包含6个题项，测量问题采用通行的Likert 5级量表形式，从1至5代表程度上从“非常弱”到“非常强”，具体量表的内容如表8-5所示。

表8-5 企业创新动力的测量题项

维度	测量题项	题项来源或依据
企业创新动力	1. 本企业采纳新技术成果的倾向性	曹勇等[292]；陈忠卫和郝喜玲[314]等
	2. 本企业在管理上寻求新想法的积极性	

续表

维度	测量题项	题项来源或依据
企业创新动力	3. 本企业乐意接受项目管理中的创新行为	曹勇等[292]；陈忠卫和郝喜玲[314]等
	4. 本企业因风险因素而拒绝创新的可能性	
	5. 本企业喜欢以集体智慧来完善市场开发方案	
	6. 本企业愿意采纳员工有价值的观点并积极主动进行分享	

8.2.4　调节变量：简政放权与环境波动

前文已经对简政放权的内涵进行了分析，简政放权可以理解为“简政”和“放权”两个方面。简政与国外学者提出的减少繁文缛节有些相似，在此，主要借鉴 Quratulain 和 Khan 提出的有关繁文缛节的测量量表，结合中国简政放权的背景和内涵，开发了含有 3 个测量题项的量表，主要包括办理业务流程、审批时间和成本、报送材料的多少，为了保证题项符合国内的现实情景，还特与相关政府部门的工作人员进行了商榷。放权的测量是在借鉴 de Jong 和 van Witteloostuijn 有关“繁文缛节规制和企业绩效”相关理论研究的基础上[315]，参考中国企业家调查系统（2015 年）测量简政放权的题项，设置了 3 个题项反映简政放权中的放权[294]。简政放权的量表最终包含 6 个题项，测量问题采用通行的 Likert 5 级量表形式，从 1 至 5 代表程度上从“完全不同意”到“完全同意”，具体量表内容如表 8-6 所示。

表 8-6　简政放权的测量题项

维度	测量题项	题项来源或依据
简政放权	1. 本企业在政府机构办理业务过程中手续、流程等比较简化	Quratulain 和 Khan[316]；中国企业家调查系统课题组[294]等
	2. 本企业办理行政审批的时间和经济成本很低	
	3. 本企业因为政府新政策法规的实施而减少了报送材料	
	4. 本企业的市场准入条件放宽了	
	5. 本企业的市场主体责任强化了	
	6. 本企业的生产经营活动权力扩大了	

本书对环境波动变量的测量，主要借鉴了 Barrales-Molina 等的测量题项，从行业环境波动、企业面临机遇、利益相关者需求变化等 3 个方面对环境波动进行了测量[317]，并且结合中国情境，对题项中的相关表述进行了修改，然后找到部分企业负责人与其沟通交流该量表的测量题项是否符合实际，并根据其建议对量表

进行了修改完善。最终形成的环境波动的测量量表包含了 3 个题项，测量问题采用通行的 Likert 5 级量表形式，从 1 至 5 代表程度上从“完全不同意”到“完全同意”，具体量表的内容如表 8-7 所示。

表 8-7 环境波动的测量题项

维度	测量题项	题项来源或依据
环境波动	1. 本企业所处行业的法律、技术、经济等方面的要求变化很快	Barrales-Molina 等[317]
	2. 环境变化为本企业带来的机遇很大	
	3. 本企业无法预知主要合作伙伴的需求变化（政府、供应商、顾客等）	

8.2.5 控制变量

控制变量在研究中有时也称为无关变量（extraneous variables），是与研究目标无关的非核心研究变量，但在组织行为学的研究中认为，这些基本特征信息可能会影响变量之间的关系，需要对其加以适当的控制，才能够保证结果更加可信。

根据以往研究的结果，本书对可能影响政府支持行为与企业创新绩效间关系的几个主要变量进行了控制，分别是：企业年龄、是否为高新技术企业、企业研发人员占比、企业负责人年龄、负责人学历、任职年限六个变量，其中前三个变量是反映企业基本特征的，后三个变量是反映被试者（企业负责人）的人口统计学信息的。另外，由于本书样本来源涉及不同的区域，因此特设了区域特征虚拟变量，以控制不同区域可能对自变量与因变量间关系造成的影响。

具体地，本书中对上述 7 个控制变量的测量方式如下。①企业年龄分成四档，赋值为：1＝2000 年以前成立；2＝2000～2004 年；3＝2005～2009 年；4＝2010 年至今。②是否为高新技术企业分为两档，赋值为：1＝是高新技术企业；0＝不是高新技术企业。③企业研发人员占比分为三档，赋值为：1＝10%～20%；2＝21%～30%；3＝31%及以上。④企业负责人年龄分为三档，赋值为：1＝30 岁及以下；2＝31～40 岁；3＝41 岁及以上。⑤企业负责人学历分为四档，赋值为：1＝高中及以下；2＝大专；3＝本科；4＝研究生及以上。⑥企业负责人任职年限分为四档，赋值为：1＝5 年及以下；2＝6～10 年；3＝11～15 年；4＝16 年及以上。⑦区域特征控制变量的设置是以西安作为参照组，依次设置乌鲁木齐、青岛、西安、绵阳四个城市的虚拟变量为（1, 0, 0）、（0, 1, 0）、（0, 0, 0）、（0, 0, 1）。

8.3　调研数据收集与样本描述

8.3.1　样本选择与数据收集

本书的研究对象是具有创新活动的中小企业，前文已经对中小企业进行了界定，本书的分析是以每一家企业组织为单位的。研究问题主要是围绕中小企业当前的创新状况及地方政府对企业创新的支持行为等展开的，因此本书需要开展问卷调查获取相关的感知数据，而且需要从每一家企业的相关人员处获得调查数据。这里提到的企业相关人员，其本身既要非常了解企业的运营和创新状况，也得经常作为企业代表与政府等外界组织打交道，因此为了保证问卷填写对象来源的合理性，本书考虑的问卷填写对象主要包括四类，分别是：企业总经理或副总经理、企业董事会秘书、企业运营总监、企业研发主管，通过前期对个别企业的走访，了解到这几类人选确实满足本书的需求。另外，由于企业类型不同、所处的发展阶段也存在差异，因此为了保证研究结果的普适性，事先对不同类型和发展阶段的企业进行了一些深度访谈，同时让他们试填调查问卷并对于问卷中某些设置不合理的题项或者表述不够准确的地方等提出建议，然后对问卷进行修改，以保证调查问卷在不同类型和规模的企业中都可以适用。

1. 对样本抽样的控制

本书所选取的样本全部来源于国内的中小企业，对于不同产业类型的企业而言，选取标准主要是依据 2011 年《中小企业划型标准规定》中的企业从业人员数量、年度销售总收入等指标来进行筛选，本书也根据这个标准来筛选调研企业。本书的分析单元是组织层面，而非个人，而且调研对象要求是中小企业的高层管理人员，因此在实际数据获取过程中具有一定的难度，为了获得全国范围内的更多样本量，本书主要采用非随机抽样的方式来获取研究样本。具体而言，非随机抽样方法主要是采用整群抽样的方式对西安、青岛、乌鲁木齐、绵阳四个城市展开调研，之所以选择这四个城市是因为：①西安、乌鲁木齐、青岛、绵阳这四个城市作为国家“一带一路”倡议的重要实践者，近年来一直致力于各类科技创新规划，推进区域科技创新的实施工作，并且在区域创新方面取得了一些成就。②青岛作为“一带一路”倡议的综合枢纽城市，西安作为“丝绸之路经济带”的重要节点，乌鲁木齐作为“新亚欧大陆桥经济走廊”的重要城市，绵阳作为西部地区著名的“中国科技城”，它们在国家创新战略实施过程中都扮演着重要的角色。③此外，这四个城市在行政级别上涵盖了副省级城市、省会城市和地级市，行政区域归属于西北、西南和华东地区，这样也使得调研样本具有广泛性。④本书课题组与这四个城市的相关政府机构与工作人员有着长期的合作交流，这也有利于调查问卷的有效发放及调查数据的高效获取，便于调研工作的顺利开展。

本书的抽样样本来源于西安、乌鲁木齐、青岛、绵阳四个城市，为了使得调研对象填写的问卷具有代表性，以尽可能保证模型的无偏性，本书借鉴了 Li 等的抽样方法[318]，选取了企业的总经理/副总经理、运营总监、研发主管、董事会秘书等作为问卷发放对象，主要考虑到他们既对企业的运营状况和创新发展状况很了解，同时也经常与不同的政府部门进行业务往来和沟通联系，而且对于企业的发展目标、愿景规划等都非常熟悉，通过他们可以获取到更加准确和客观的数据。本书样本收集的难度在于要获取每一家企业高管负责人的信息并让他们配合填写问卷，因此为了保证问卷能够有效回收，在对西安、青岛、乌鲁木齐、绵阳四市进行整群抽样的过程中，事先联系好了乌鲁木齐市高新区管委会的有关领导、陕西省工信厅和科技厅的有关工作人员、西安市高新区管委会经贸局的有关工作人员、西安市税务局的有关领导、青岛市高新区管委会的工作人员、绵阳市游仙区科学技术和知识产权局的有关领导、绵阳市工商局市场规范与合同监督管理科的领导等，把问卷发放要求和收集时间等提前告知他们，然后请他们配合给下辖区域范围内的科技型中小企业负责人发放问卷，为了保证被试者填写问卷的积极性，特别考虑设置了话费奖励，最终问卷回收完毕以后，只要是检查有效的问卷，即会根据被试者填写的手机号码，发放 10 元话费作为奖励。

2. 对样本质量的控制

本次正式调研是在 2016 年 2 月前后开始着手准备的，主要是在西安、青岛、乌鲁木齐、绵阳四市相关政府部门的积极配合，以及咨询机构的努力协助下，通过 E-mail、QQ 群、网站登录、微信等多种在线发放和回收方式获取企业负责人填写的调查问卷。为了尽量控制抽样随机性可能带来的不足，充分保证回收问卷的信度和效度，本书主要做了以下四方面的工作。①在企业基本信息中专门设置了“企业从业人员数量”“研发人员所占比重”“受访者所在的部门及在公司任职情况”等题项，目的就是排除不符合要求的问卷。②设置了问卷筛选规则，具体包括：根据前期问卷试测时间，在此将填写时间设置为≥12 分钟[①]，不满 12 分钟的问卷自动被剔除；通过设置 1～2 道陷阱题来清理掉随意填写的答卷；根据问卷第四部分开放性问题的回答情况，人工进行筛选和排除不符合要求的答卷。③为了避免问卷填写人随意勾选、打分而导致问卷信效度偏差，特此检验了回收的问

① 前期对个别企业进行走访的时候，让企业负责人认真填写调查问卷，发现填写一份完整的问卷至少需要 12 分钟，因此将问卷填写时间设置为不少于 12 分钟。

卷是否存在同源偏差（common variance）问题。在检验同源偏差时，采用 Harman 单因子检验的方法对回收的问卷进行检验。结果表明问卷涉及的所有条目同时回归到统一探索性因子分析结构中，首因子的方差贡献率为 24.7%，并且自变量和因变量载荷到了不同的因子上，因此认为本书获取的数据可靠，可以用于后续的实证研究。④对回收数据进行了正态分布检验，结果表明回收数据的整体特征符合正态分布，可以用于后续的分析研究。

本书通过在线方式回收问卷不仅速度较快，而且也便于数据后期在 Excel 和 SPSS 等软件中的录入和整理。值得一提的是，为了让被试者能放心大胆地填写问卷，研究人员明确告知企业负责人所有的调研结果仅限于科学研究，问卷中涉及的电话号码等信息，以及开放性问题的回答等数据都是完全保密的。为了尽快收集到问卷，研究人员基本上每隔一周会催促一次，前后大概催促了 4 次，调查问卷于 2016 年 4 月底回收完毕，在回收所有问卷后，首先对不满足要求的问卷进行人工剔除，然后对问卷进行了分类整理。此次大样本调研对 4 个城市共发放问卷 600 份，最终回收问卷 461 份，其中有效问卷 345 份，回收率和有效问卷率分别为 76.83%和 74.84%，有效问卷中具体包括西安、青岛、乌鲁木齐、绵阳 4 个城市分别回收的 79 份、68 份、110 份、88 份。本书的后续研究将使用此次收集到的数据进行统计分析工作。

8.3.2　企业基本特征描述

从回收的有效研究样本的总体情况来看，本次调研的企业大多是在 2000～2009 年成立的，既有在高新区内的，也有在高新区外的，高新区的企业数量居多，企业类型主要涵盖了电子信息、机械工业、生物技术、汽车制造、新材料、光电子、仪器仪表等行业，企业从业人员数量主要集中在 301～800 人，所有调查样本中有 70.14%的企业被认定为是高新技术企业，企业研发人员占比大多集中在 10%～20%，大多数企业 2014 年的研发投入占销售总收入的 6%～10%，2014 年的销售收入多数是在 0.51 亿～3 亿元。具体地，调研企业的基本特征信息如表 8-8 所示。

表 8-8　调研企业的基本特征概况

类型	类别	数量/家	所占百分比
企业年龄	1 = 2000 年以前成立	105	30.43%
	2 = 2000～2004 年	85	24.64%
	3 = 2005～2009 年	80	23.19%
	4 = 2010 年至今	75	21.74%

续表

类型	类别	数量/家	所占百分比
企业区位	1 = 高新区内	264	76.52%
	0 = 不在高新区内	81	23.48%
企业类型[1)]	1 = 支柱产业类	125	36.23%
	2 = 装备产业类	93	26.96%
	3 = 新兴产业类	82	23.77%
	4 = 都市产业类	45	13.04%
从业人员数量	1 = 100～300 人	117	33.91%
	2 = 301～800 人	189	54.79%
	3 = 801～2000 人	39	11.30%
高新技术企业认定	1 = 是	242	70.14%
	0 = 否	103	29.86%
研发人员占比	1 = 10%～20%	163	47.25%
	2 = 21%～30%	107	31.01%
	3 = 31%及以上	75	21.74%
2014 年研发投入占销售总收入的比	1 = 3%～5%	98	28.41%
	2 = 6%～10%	178	51.59%
	3 = 11%及以上	69	20.00%
2014 年销售收入	1 = 300 万～500 万元	87	25.22%
	2 = 501 万～5000 万元	112	32.46%
	3 = 0.51 亿～3 亿元	146	42.32%

1）本书将企业类型划分为这四类，是在参考国内已有调查问卷的基础上进行设置的，包括：北京科技统计信息中心 2009 年面向企业创新能力的调查，厦门市科学技术局面向企业创新的调查

8.3.3　企业负责人特征描述

本次调研获取的有效问卷中，被试者以男性居多，年龄大多在 31～40 岁，学历大多是本科，任现职年限大多在 5 年及以下，调研对象的人口统计学基本信息如表 8-9 所示。

表 8-9　有效被试对象的基本信息概况

类型	类别	数量/人	所占百分比
性别	1 = 男	212	61.45%
	0 = 女	133	38.55%

续表

类型	类别	数量/人	所占百分比
年龄	1＝30 岁及以下	54	15.65%
	2＝31～40 岁	201	58.26%
	3＝41 岁及以上	90	26.09%
学历	1＝高中及以下	12	3.48%
	2＝大专	77	22.32%
	3＝本科	210	60.87%
	4＝研究生及以上	46	13.33%
任职年限	1＝5 年及以下	203	58.84%
	2＝6～10 年	114	33.04%
	3＝11～15 年	20	5.80%
	4＝16 年及以上	8	2.32%

8.4　主要的实证研究方法

本书中采用的数据分析和处理方法主要包括两类：一类是对调查问卷中企业的基本信息和被试者的人口统计学变量信息等进行赋值处理，这部分工作主要是利用 Excel 2016 完成的；另一类主要是对调查问卷中各主观感知题项调查数据的处理分析，具体而言包括描述性分析、信效度分析、探索性和验证性因素分析、相关分析、方差分析、回归分析等方法，其中除验证性因素分析采用 AMOS 21.0 软件，其余分析如描述性分析、信效度分析、方差分析、相关分析及层次回归分析等均采用数据处理软件 SPSS 21.0，本书后续章节中将展现数据分析处理的具体结果。

本书主要采用 SPSS 21.0 和 AMOS 21.0 等数理统计软件对收集得到的问卷样本进行统计处理分析，具体过程包括：首先，采用 Excel 2016 对企业基本信息和受访对象个人信息进行赋值处理，将其转换成定类变量；其次，逐步进行研究变量的描述性分析、信度与效度检验、探索性因素分析和验证性因素分析，研究变量及其各维度之间的相关关系；再次，采用层次回归分析法验证政府支持行为与中小企业创新绩效关系间的直接效应、财税政策引导与中小企业创新能力间的"U"形与倒"U"形关系，以及各项财税政策的分解效应、简政放权与环境波动在政府支持行为与中小企业创新绩效关系间的调节效应；最后，采用结构方程模型分析中小企业创新能力和中小企业创新动力在政府支持行为与企业创新绩效关系间的中介效应，并辅以 Bootstrap 方法计算直接效应、间接效应和总效应。本书采用的具体实证分析方法简要描述如下。

8.4.1 描述性分析

描述性分析（descriptive analysis）是对数据进行基础性描述，目的在于展现研究中所涉及的控制变量和研究所用的核心变量的基本情况。一般而言，选取数据的均值、标准差、平均误差等指标对所研究的变量进行描述性分析[319]。本书所进行的描述性分析主要包括：首先对企业基本信息特征变量（企业类型、成立时间、从业人员数量、研发人员占比、年销售收入、研发投入占销售总收入的比重）和被试者基本特征变量（性别、年龄、学历、任职年限）等进行次数分布及所占百分比分析，进而了解样本数据的基本分布状况；其次，对研究中所面向的核心研究变量进行描述性分析，通过计算其平均值、标准差、平均误差等，了解研究变量数据的基本分布情况。

8.4.2 信效度分析

本书中涉及的对企业创新和政府支持行为方面的变量的测量，具体而言包括创新能力、创新动力、创新绩效、简政放权、环境营造、政策引导、环境波动等，其量表均来自国内外经典理论和文献，并且采用了研究领域内经过有效验证及被一些研究者使用过的问卷，而且本书对这些量表的题项进行了多次正译和反译，尽可能地保证翻译效果的严谨和准确。对一些根据研究需求开发的量表在编制之前查询了现有的国内外文献，寻找内涵和理论支撑，随后征询了相关学者和管理实践者的意见，吸收了其对测量量表的完善建议，并进行了小范围试测。因为探讨变量之间的关系必须在测量变量的信效度均得到保证的前提下，所得出的结论和判断方才具有意义[320]。虽然本书前期采用的各种方法在一定程度上保证了量表的有效性，但其是否适用于现实情景，尤其是国外开发的量表能否被企业负责人充分理解并且准确回答，这些还需要进一步通过对问卷的信度和效度进行检验来加以证明。本书拟采用数理统计软件 SPSS 21.0 对所有测量变量进行信度分析，并采用 AMOS 21.0 软件对研究变量进行验证性因素分析以判断其结构效度。

信度（reliability）能够用于衡量如量表等研究工具的精确性和正确性，它能够反映样本数据的稳定性与一致性，一个量表的信度越高代表其稳定性越高[321]。本书采用 Likert 量表法使用最为广泛的信度检验方法即内部一致性系数（Cronbach's α）

和校正项总体相关性（corrected item-total correlation，CITC）检验来衡量在同一构面下各题项间的一致性。根据目前学者普遍接受的观点，各项数据的 Cronbach's α 值在 0.7 以上表示数据是可以接受的。此外，也有学者指出，Cronbach's α 值介于 0.70 至 0.98 之间说明数据可信程度高。目前学界普遍接受的看法是 Cronbach's α 值介于 0.60 至 0.65 之间的数据最好不要采用，在 0.66 至 0.70 之间的数据可以勉强接受，而在 0.70 至 0.80 之间的数据可信度较好，在 0.80 至 0.90 之间的数据则非常理想[322]。总体上说，Cronbach's α 值越接近于 1 越好。鉴于 Cronbach、Nunnally、Iglesias 等学者把 0.7 作为 Cronbach's α 值的选取标准，本书也将 0.70 作为 Cronbach's α 值分析可接受的阈值，同时考察测量量表题项总体相关系数即 CITC 值，其数值越高，则表明该题项的鉴别力越高，一般认为该值在 0.30 以上比较合适。

8.4.3　因素分析

因素分析（factor analysis）也译为因子分析，由斯皮尔曼（Spearman）创始于 1904 年，进而在心理学领域中发展起来的一种多变量解析手段。斯皮尔曼认为，某一现象比干预该现象的变数的数更少地受到潜在因素的支配，在缺乏外在标准的条件下，可以仅根据观测样本的数据来探寻其因素。简而言之，因素分析的目的为聚焦研究变量题项，基于对变量之间相关性的分析，可以用假定的少于原题项数的几个变量来展示原来变量所包含的主要信息[323]。自斯皮尔曼教授于 1904 年在美国心理学刊物上发表了关于因素分析研究的第一篇文章后，因素分析方法及其相关研究逐步得到了学界的重视、完善和发展。20 世纪 50 年代以来，借助于信息技术的快速发展，因素分析在心理学、经济学、社会学、管理学、医学、地质学等领域中得到了广泛的应用。

因素分析的作用主要为以下两点。第一，寻找研究变量的基本结构（basic structure）。在多元统计分析中，多个变量之间存在强相关关系的问题，为研究者开展进一步分析带来诸多麻烦，如回归分析中的多重共线性（multicollinearity）问题，即可通过因素分析，找出较少的几个具有实际意义的因子，通过较少的新变量反映原来数据的基本结构。第二，对数据进行化简（data reduction）。在进行因素分析后，可以用探索得到的少数因子来替代原来研究中界定的变量，进而开展进一步的研究，如回归分析、判别分析等。因素分析模型的数学表达式如式（8-1）所示。

$$\begin{cases} x_1 = a_{11}f_1 + a_{12}f_2 + \cdots + a_{1m}f_m + e_1 \\ x_k = a_{k1}f_1 + a_{k2}f_2 + \cdots + a_{km}f_m + e \end{cases} \tag{8-1}$$

式中，x_i 代表研究所用指标；f_i 代表假定的彼此两两正交的公共因子；e_i 代表只对相应 x_i 发生作用的特殊因子；矩阵 a_{ij} 代表负载矩阵。因素分析研究的核心即找出一组指标的公共因子来取代原有的各个指标。在具体类型上，因素分析包括探索性因素分析（exploratory factor analysis，EFA）和验证性因素分析（confirmatory factor analysis，CFA）两类。

通常认为，探索性因素分析与验证性因素分析是研究过程中的两个不同阶段，两者不能截然分开，且只有当两者结合运用时，才能相得益彰，研究才能更具有深度。相比较而言，验证性因素分析较探索性因素分析在处理技术上要困难得多，前者比后者要求更大容量的样本，这主要是因为验证性因素分析所需要处理的是推论统计量。一般来说，研究者在缺乏坚实的基础理论支撑的前提下，可以优先使用探索性因素分析得到一个关于内部结构的基础，再用验证性因素分析，此做法具有一定的可行性和合理性，但这必须用分开的数据来做。合理的做法是首先基于小样本的数据进行探索性因素分析，然后将分析取得的因素使用大样本数据来做验证性因素分析。如果研究者做验证性因素分析的拟合效果非常差，则必须用探索性因素分析来找出数据与模型之间的不一致，但是在使用新数据进行模型拟合时，均需要再次进行检验。

本书采用 SPSS 21.0 对问卷中涉及的变量进行探索性因素分析，主要考察整体量表的 KMO（Kaiser-Meyer-Olkin）值和 Bartlett 球体检验值，以及每一个研究变量所抽取的公因素的各项载荷值，以此来反映研究变量的构念效度。而 AMOS 21.0 可以对问卷中涉及的变量进行验证性因素分析，还可以对单个维度的信度、变量整体的结构信度及一个变量若干维度之间的区分效度进行验证。通常情况下，收敛效度能够通过提取的平均方差提取值（average variance extracted，AVE）来反映，它表示潜变量相对于测量误差而言所能解释的方差总量，通常 AVE 大于或等于 0.5 表示潜变量具备了足够的收敛效度。同时，潜变量的区分效度也可以通过彼此之间的 AVE 均方根和相关系数的比较而得出，也就是说若两个潜变量之间的相关系数小于变量之间的 AVE 均方根，则说明两个潜变量之间具有较好的区分效度[324]。

本书还采用验证性因素分析对测量模型的适配性进行了验证，主要通过多种拟合指数来评判模型的适配性。Marsh、Haunted 和 Grayson 将拟合指数分成三大类，分别称为绝对指数（absolute index 或 stand-alone index）、相对指数（relative index）及简约指数（parsimony index）。通常使用的绝对指数有 χ^2（卡方值）、GFI（goodness-of-fit index，拟合优度指数）、AGFI（adjusted goodness-of-fit index，调整的拟合优度指数）、RMR（root mean square residual，均方根残值）、RMSEA（root mean square error of approximation，近似误差均方根），常用的相对指数主要包括 NFI（normed fit index，基准适配指数）、NNFI（non-normed fit index，非基

准适配指数）和 CFI（comparative fit index，比较拟合指数）[181]。本书所采用的适配度检验指标及相关建议值如表 8-10 所示。

表 8-10　验证性因素分析中的适配度检验指标及其建议值

指标	取值范围	建议值
χ^2 / df	＞0	＞10（不理想）；＜5（可接受）；＜3（很合理）
RMSEA	＞0	＜0.08
NNFI	0～1	＞0.9
CFI	0～1	＞0.9
AGFI	0～1	＞0.9
IFI	0～1	＞0.9

8.4.4　相关分析

相关分析（correlation analysis）是研究随机变量之间的相关关系的一种统计方法，用于研究变量之间是否存在某种依存关系，并对具有依存关系的变量探讨其相关方向及程度。本书通过相关分析来衡量变量间线性关系的强弱，其常用方法为 Pearson 相关分析，即通过计算两个或两个以上相关定距连续变量间的相关系数进行分析[325]。需要说明的是，由于变量之间的相关系数可以直接根据观察值计算，即积矩相关系数，因而 Pearson 相关系数只是用来反映变量之间的简单线性相关关系，而非度量线性关系的有效工具。Pearson 相关系数能够反映两个变量之间联系的紧密程度，相关系数取值在$-1\leqslant r\leqslant 1$ 时，如果相关系数的数值为正，则两个变量的相随变动方向相同；如果相关系数数值为负，则两个变量的相随变动方向相反。具体的相关系数取值界定如下：当 $r=0$ 时，表示不存在线性相关关系；当 $0.3\leqslant|r|<0.5$ 时，表示微弱相关关系；当 $0.5\leqslant|r|<0.8$ 时，表示低度相关关系；当 $0.8\leqslant|r|<1$ 时，为高度相关关系；当$|r|=1$ 时则为完全线性相关关系。

8.4.5　层次回归分析

层次回归（hierarchical multiple regression）目前在经济管理研究领域的应用较为广泛，比起标准的多元回归分析方法，它的不同之处在于解释变量或变量集进入回归分析模型的顺序是由研究人员决定的。它不仅可以用来分析各解释变量对被解释变量的影响作用，而且还可以检验新进入的变量或变量集能否显著提高模型的解释能力（R^2），从而判定新进入的变量是否对模型具有重要的意义[326]。本书运用层次回归除了检验政府支持行为影响中小企业创新绩效的直接效应、财税政策引导影响中小企业创新能力的“U”形和倒“U”形关系以外，还需要验证简政放权、环境波动在政府支持行为与中小企业创新绩效关系之间的调节效应。

本书在变量测量方面采用的是多个维度进行测量的方式，因而在分析过程中选取题项的均值作为研究变量的值。另外，在进行调节效应分析的过程中，自变量与调节变量通常与它们的乘积项高度相关，因而在生成交互项的时候，先对连续型的自变量和调节变量进行中心化处理，以消除多重共线性带来的负面影响。调节效应模型的显著性由 R^2 变化的显著性程度（F 值）来判断。

8.4.6　结构方程模型

结构方程模型（structural equation modeling，SEM）是一种通用且重要的线性统计建模技术，最早出现在 20 世纪 60 年代，90 年代后国外学者在心理学、社会学、经济学、行为科学等领域的研究中开始广泛使用。它是计量经济学、计量社会学与计量心理学等多种统计分析方法的综合，在结构方程模型方法中包含了多种数理统计方法，如协方差结构分析、潜在变量分析及验证性因子分析等。与简单线性回归相比，结构方程模型具有以下优点：①可以评价多维的和相互关联的关系，可同时考虑及处理多个因变量；②能够发现这些关系中没有察觉到的概念关系，而且能够在评价的过程中解释测量误差；③与因素分析类同，结构方程模型允许潜变量由多个观察指标变量构成，并可同时估计指标变量的信度和效度；④结构方程模型可以采用比传统方法更有弹性的测量模型（measurement model），如某一指标变量从属于两个潜伏因子，而在传统方法中，项目多依附单一因子；⑤研究者可勾画出潜变量之间的关系，并估计整个模型是否与数据拟合[327]。应用结构方程模型通常包括五个步骤：①模型设定，即在进行模型估计之前要根据已有的理论成果等设定初始理论模型；②模型识别，即判断所研究的模型能否求出参数估计的唯一解，有些时候由于模型的设定错误，会导致参数无法识别、模型无解；③模型估计，通常采用最大似然法和广义最小二乘法来估计模型参数；④模型评价，即获得参数估计值以后，对模型与数据间的拟合程度进行评价；⑤模型修正，即如若模型不能很好地拟合数据，则需对模型进行修正和再次设定，以提高模型的拟合程度。本书拟采用目前比较流行的 AMOS 软件包完成结构方程模型的分析工作，它的主要优势在于能够简单化地进行操作，有助于非统计学人士解决估计和假设检验的问题，同时它具有独特的逐步迭代能力和缺省值处理能力，既可以实现协方差技术，又可以做一般线性模型和通常的因子分析。由于本书中涉及的变量较多，而且变量之间的前后因果关系也较为复杂，使用结构方程模型方法既能够判断研究变量的结构效度，又能比较方便地解决多个中介变量模型的问题，可以帮助实现研究的预期目标。

8.4.7　中介效应和调节效应分析

为了方便起见，假定仅存在一个解释变量（自变量）*X*，它与被解释变量（因变量）*Y* 之间存在线性因果关系，而且这种因果关系会随着变量 *M* 的不同而不同，换言之 *M* 的取值会对 *X* 与 *Y* 之间关系的方向和大小产生影响，这种情况下 *M* 被称为调节变量（moderator variable）。调节变量的逻辑模型如图 8-1 所示，调节变量通常包含两类：第一类是类别变量，或称定性变量，包括定类变量和定序变量，典型的如性别、种族等；第二类是连续变量，或称定量变量，包括定距变量和定比变量，如高低、大小、长短等。

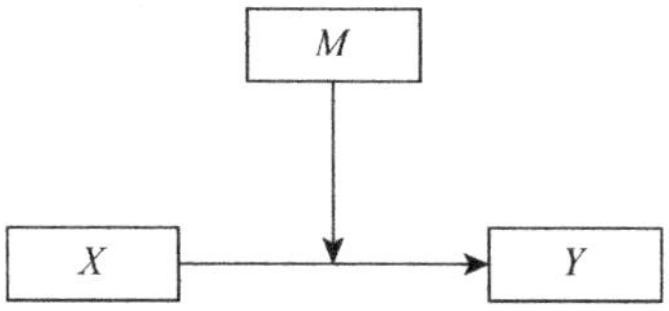

图 8-1　调节效应模型

对于调节效应及交互作用模型的检验，一般而言存在两个步骤：第一步，检验自变量（*X*）和因变量（*Y*）是否存在直接显著相关关系；若某种直接显著相关关系通过检验，则进行第二步检验，即将自变量（*X*）与调节变量（*M*）相乘以后构成一个新的变量（*D*），再检验该新变量（*D*）与因变量（*Y*）之间是否存在直接显著的相关关系，若这种关系存在，则说明调节效应及交互作用模型成立。需要注意的是，在进行交互作用的计算前，需要对各交互变量进行标准化处理。

考虑自变量（*X*）对因变量（*Y*）的影响时，调节变量（*M*）也可能是中介变量。中介效应的检验方法，具体而言可以被描述为如下三步：第一步，检验自变量（*X*）和因变量（*Y*）是否存在直接显著相关关系；若存在某种直接显著相关关系，则进行第二步，即检验中介变量（*M*）和自变量（*X*）及中介变量（*M*）和因变量（*Y*）是否存在直接显著相关关系；若两者均存在直接显著相关关系，则进行第三步，即将中介变量（*M*）加入到前面的回归方程中，若中介变量（*M*）加入回归方程后，自变量（*X*）和因变量（*Y*）的相关关系不再显著，或其显著性有所减弱，则说明自变量（*X*）能够通过中介变量（*M*）影响因变量（*Y*），即说明中介效应成立。本书在中介效应检验原理的基础上，利用 AMOS 软件包中的 Bootstrap 方法通过计算影响路径的直接效应、间接效应和总效应，验证中介效应是否存在。中介效应的验证方法如图 8-2 所示。

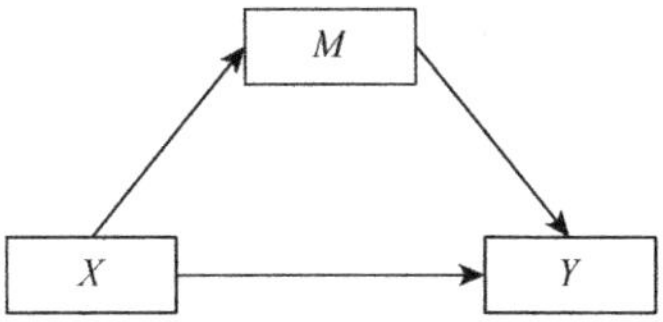

图 8-2　中介效应模型

8.5 本章小结

本章内容主要是对政府支持行为影响中小企业创新绩效的实证研究方法等进行了详细的阐述，主要是从调查问卷的设计、变量的测量、数据的收集过程与研究样本的描述，以及本书中主要运用到的实证研究方法等几个方面逐步进行论述。在问卷设计的过程中，本书尽量采用科学合理的步骤，严格遵循“文献研究与实地调查结合→与本领域的专家进行研讨→与政府/企业等管理实践者进行研讨→小样本试测→测量题项的完善”的过程。在变量测量方面，本书基于现有理论和国内外的相关文献成果，确定了政府支持行为的两个方面（财税政策引导与创新环境营造）、企业创新动力与创新能力、企业创新绩效，以及简政放权和环境波动的测量方式和具体题项内容，制定了各研究变量的测量量表。问卷发放与数据收集过程中，在当地有关政府部门及工作人员的积极配合和帮助之下，主要针对西安、青岛、乌鲁木齐、绵阳四个城市的有创新活动的中小企业发放调查问卷，并持续跟进问卷的回收过程，也尽可能地保证回收问卷的数据质量。最后，本章的实证研究方法部分主要介绍了描述性分析、信度和效度分析、因素分析、相关分析、层次回归分析、结构方程模型，以及中介效应分析和调节效应分析等方法的基本原理及在本书中的具体使用情况等。在第 9 章中，将基于目前获取到的有效调查问卷的数据，运用上述实证研究方法对第 7 章中提出的政府支持行为影响中小企业创新绩效的研究假设与理论模型等进行实证检验。

第 9 章　政府支持行为影响中小企业创新绩效的实证结果分析

9.1　政府支持中小企业创新的探索性因子分析

探索性因子分析可以用来分析研究变量的内部结构问题，通常研究过程中要进行两项主要工作：信度分析和构念效度分析。在信度分析方面，本书根据研究惯例采用通用的两个指标：Cronbach's α 与 CITC 对研究变量的测量信度进行验证。如第 8 章所述，这两项指标值越高表明变量测量的信度越好，通常认为 Cronbach's α 值应该在 0.7 以上，而 CITC 值应该在 0.3 以上。

构念效度反映了变量测量的准确性，用于评价某个变量测量的内容和构念定义的一致性程度，也就是说，某个指标在多大程度上能刻画所度量的构念变量。通常为了保证研究变量的构念效度良好，会采用因素分析的方法来验证构念效度，若因素分析的结果与理论上对构念变量的分析相接近，则说明某变量测量工具的构念效度良好。值得注意的是，在进行因素分析之前，必须要先基于数据资料，确认题项之间是否有共同因素存在。研究中通常采用 Bartlett 球体检验来验证相关矩阵是否属于单位矩阵，其能够反映出因子模型的合适程度。KMO 值代表了取样适宜性的偏相关系数，反映了资料是否适合使用因子分析，其取值范围在 0 到 1 之间。一般认为，KMO 值在 0.9 以上表明因子模型非常适合；在 0.8 到 0.9 之间表明因子模型很适合；在 0.7 到 0.8 之间表明因子模型适合；在 0.6 到 0.7 之间表明因子模型勉强适合；在 0.5 到 0.6 之间表明因子模型很勉强；在 0.5 以下表明因子模型不适合。而 Bartlett 球体检验的 p 值应该小于或等于显著性水平。

目前学界对探索性因子分析所需达到的最低样本数量没有明确要求，但一般认为，样本数量最好是变量数量的 5～10 倍，或者样本数量是变量中题项数目的 5～10 倍，满足其中之一即可。鉴于本书中的研究变量有 7 个，按照放大 10 倍的原则，本次调研中获取的 90 份前测有效问卷能够用于进行探索性因子分析。

9.1.1 自变量：财税政策引导与创新环境营造

1. 自变量测量的信度检验

采用样本中的 CITC 和 Cronbach's α来进行信度分析。根据 CITC＞0.3 和 Cronbach's α＞0.7 的标准，测量题项是否符合信度检验要求。表 9-1 中的测量题项与问卷中的测量问题相对应，为了有效地对变量与测量题项进行区分，在表中用符号如 EG-1 代表创新环境营造的第 1 个题项；用符号如 PG-1 代表财税政策引导的第 1 个题项。财税政策引导与创新环境营造的信度检验结果如表 9-1 所示。

表 9-1 自变量的信度检验结果（*N*= 90）

变量	维度	题项代号	CITC	删除题项后的 Cronbach's α	Cronbach's α
创新环境营造	企业知识产权保护	EG-1	0.565	0.853	0.864
		EG-2	0.573	0.852	
		EG-3	0.651	0.843	
		EG-4	0.673	0.841	
	企业社会责任监督	EG-5	0.588	0.850	
		EG-6	0.665	0.842	
		EG-7	0.609	0.848	
财税政策引导	直接性政策引导	PG-1	0.674	0.794	0.828
		PG-2	0.625	0.800	
		PG-3	0.491	0.816	
	间接性政策引导	PG-4	0.461	0.819	
		PG-5	0.473	0.818	
		PG-6	0.632	0.800	
		PG-7	0.384	0.826	
		PG-8	0.546	0.810	

从表 9-1 中可以看出创新环境营造的两个维度所包含的 7 个测量题项的 CITC 值均大于 0.3，各个题项所反映出的删除题项后的 Cronbach's α差异不大，整体 Cronbach's α为 0.864，考虑到创新环境营造的测量采用了现有较为成熟的量表，所以创新环境营造的测量量表符合信度要求，不需要删除里面的个别题项。另外，自变量财税政策引导量表中各题项的 CITC 值均大于 0.3，整体的 Cronbach's α为 0.828，并且各题项所反映出的删除题项后的 Cronbach's α基本

是在 0.80 左右，差异不大，因此财税政策引导量表的信度较好，可以用于后续的分析研究。

2. 自变量测量的构念效度

基于对数据的单维度分析，考察自变量中各个构面属性的 KMO 值，从其结果来判断自变量测量的构念效度状况。表 9-2 显示了自变量创新环境营造量表的两个维度——企业知识产权保护和企业社会责任监督的 KMO 值分别是 0.839 和 0.706，表明量表的测量效果符合本书的标准，适合进行因子分析。另外，自变量财税政策引导量表的两个维度——直接性政策引导和间接性政策引导的 KMO 值分别是 0.767 和 0.870，整体结果也反映出量表适合进一步做因子分析。

表 9-2　自变量的 KMO 值和 Bartlett 球体检验结果（$N=90$）

变量	维度	KMO 取样适宜性	Bartlett 球体检验			适宜性
			近似卡方分配	自由度	p	
创新环境营造	企业知识产权保护	0.839	312.764	6	0.000	很适合
	企业社会责任监督	0.706	304.596	3	0.000	适合
财税政策引导	直接性政策引导	0.767	346.762	3	0.000	适合
	间接性政策引导	0.870	772.013	10	0.000	很适合

为了进一步保证创新环境营造和财税政策引导量表的效度，本书对创新环境营造和财税政策引导两个变量进行了探索性因子分析，以进一步了解量表的层面是否与操作性定义的层面在数目和内容上一致。首先对创新环境营造量表的输入资料进行主成分分析，使用最大反差变异法将各分析结果正交转轴，抽取重要因素。采用依泰森与布莱克的建议对各维度因素进行取舍，取出特征值大于 1 且因素负荷尽量大于 0.5 的因素，排除不合适的因素负荷量，以保证本书的效度分析。结果表明，创新环境营造变量所抽取的 2 个因素的各项载荷值都在 0.7 以上，整体效度较高。用同样的方法，对财税政策引导量表的输入资料进行分析，在使用最大反差变异法将各分析结果进行正交转轴后，抽取重要因素。结果表明，财税政策引导变量所抽取的 2 个因素的各项载荷值都不低于 0.7，整体效度也是比较高的。自变量的探索性因子分析结果如表 9-3 和表 9-4 所示。

表 9-3　创新环境营造的探索性因子分析结果（$N=90$）

因素	题项	1	2
企业知识产权保护	本企业所在行政区有着完善的知识产权保护方面的法律法规	0.843	
	本企业所在行政区的知识产权保护方面的法律法规得到了很好执行	0.828	

续表

因素	题项	1	2
企业知识产权保护	本企业提出的专利申请可以得到相关政府部门的及时批复	0.771	
	本企业注册商标/版权可以得到相关政府部门的及时批复	0.730	
企业社会责任监督	政府对本企业生产的产品、提供的服务有明确的规定标准（质量、安全等）		0.731
	政府定期监测和评价企业生产和经营活动对环境的影响		0.880
	政府要求本企业提供安全的工作环境和良好的工作条件		0.853

表 9-4　财税政策引导的探索性因子分析结果（$N=90$）

因素	题项	1	2
直接性政策引导	政府通过研发补助直接为本企业技术创新活动提供资金	0.828	
	政府通过贷款贴息直接为本企业技术创新活动提供资金	0.798	
	政府通过科技计划项目（星火计划、火炬计划等）为企业技术创新活动提供资金	0.858	
间接性政策引导	本企业享受到了研发费用加计扣除减免优惠政策		0.785
	本企业享受到了固定资产加速折旧减免优惠政策		0.721
	本企业享受到了所得税减免优惠政策		0.700
	本企业享受到了流转税（关税、消费税、增值税等）减免优惠政策		0.719
	本企业享受到了财产行为税（土地使用税、房产税等）减免优惠政策		0.761

9.1.2　因变量：企业创新绩效

1. 因变量测量的信度检验

与自变量的信度检验方法一样，采用样本中的 CITC 和 Cronbach's α来进行信度分析。根据 CITC＞0.3 和 Cronbach's α＞0.7 的标准，测量题项是否符合信度检验要求。表 9-5 中的测量题项与问卷中的测量问题相对应，为了有效地对变量与测量题项进行区分，在表中用符号如 IP-1 代表企业创新绩效的第 1 个测量题项。因变量企业创新绩效的信度检验结果如表 9-5 所示。从表 9-5 中可以看出企业创新绩效量表所包含的 8 个测量题项的 CITC 值均大于 0.7，各个题项所反映出的删除题项后的 Cronbach's α均在 0.93 左右，整体量表的 Cronbach's α为 0.944，表明企业创新绩效量表的信度极佳，能够为后续的分析研究所用。

表 9-5　企业创新绩效量表的信度检验结果（$N=90$）

变量	题项代号	CITC	删除题项后的 Cronbach's α	Cronbach's α
企业创新绩效	IP-1	0.725	0.942	0.944
	IP-2	0.712	0.943	
	IP-3	0.838	0.934	
	IP-4	0.821	0.936	
	IP-5	0.825	0.935	
	IP-6	0.788	0.938	
	IP-7	0.839	0.934	
	IP-8	0.842	0.934	

2. 因变量测量的构念效度

表 9-6 显示因变量企业创新绩效的 KMO 值为 0.901，表明量表的测量效果非常符合本书的标准，适宜进行因子分析。因此，为了进一步地保证企业创新绩效量表的效度，特进行探索性因子分析，借此判断量表的层面与操作性定义的层面在数目和内容上是否相一致。首先对企业创新绩效量表的输入资料进行主成分分析，再使用最大反差变异法对各分析结果进行正交转轴，抽取重要因素。对各维度因素，采用依泰森与布莱克的建议，取出特征值大于 1 且因素负荷尽量大于 0.5 的因素，排除不合适的因素负荷量，以保证本书的效度分析。表 9-7 的结果表明，企业创新绩效变量所抽取的 1 个因素的各项载荷值大多都在 0.80 以上，整体效度较高。由此可见，企业创新绩效量表的构念效度是比较理想的。

表 9-6　企业创新绩效的 KMO 值和 Bartlett 球体检验结果（$N=90$）

变量	KMO 取样适宜性	Bartlett 球体检验			适宜性
		近似卡方分配	自由度	p	
企业创新绩效	0.901	628.631	28	0.000	非常适合

表 9-7　企业创新绩效的探索性因子分析结果（$N=90$）

因素	题项	1
企业创新绩效	与同行相比，本企业的利润增长率较高	0.786
	与同行相比，本企业占据的市场份额较大	0.784
	与同行相比，本企业的产品改进与创新有非常好的市场反应	0.890
	与同行相比，本企业在行业内率先应用新技术	0.869

续表

因素	题项	1
企业创新绩效	与同行相比，本企业常常在行业内率先推出新产品/新服务	0.873
	与同行相比，本企业的创新产品包含一流的技术和工艺	0.842
	与同行相比，本企业的创新项目成功率较高	0.892
	与同行相比，本企业的管理制度一直在不断优化、改进	0.883

9.1.3　中介变量：企业创新能力与企业创新动力

1. 中介变量测量的信度检验

采用样本中的 CITC 和 Cronbach's α 来进行信度分析。根据 CITC＞0.3 和 Cronbach's α＞0.7 的标准，测量题项是否符合信度检验要求。表 9-8 中的测量题项与问卷中的测量问题相对应，为了有效地对变量与测量题项进行区分，在表中用符号如 IC-1 代表企业创新能力的第 1 个题项，用符号如 IM-1 代表企业创新动力的第 1 个题项。中介变量企业创新能力与企业创新动力的信度检验结果如表 9-8 所示。

表 9-8　中介变量的信度检验结果（N= 90）

变量	题项代号	CITC	删除题项后的 Cronbach's α	Cronbach's α
企业创新能力	IC-1	0.767	0.847	0.878
	IC-2	0.679	0.859	
	IC-3	0.635	0.864	
	IC-4	0.546	0.875	
	IC-5	0.669	0.860	
	IC-6	0.671	0.860	
	IC-7	0.666	0.860	
企业创新动力	IM-1	0.729	0.878	0.897
	IM-2	0.790	0.868	
	IM-3	0.754	0.874	
	IM-4	0.551	0.906	
	IM-5	0.783	0.869	
	IM-6	0.741	0.876	

从表 9-8 中可以看出企业创新能力所包含的 7 个测量题项的 CITC 值均大于 0.5，各个题项所反映出的删除题项后的 Cronbach's α 均在 0.85 左右且差异不大，考虑到企业创新能力的测量是采用了现有的较为成熟的量表，所以企业创新能力的测量量表符合信度检验要求，不需要删除里面的个别题项。另外，中介变量企业创新动力的量表中各题项的 CITC 值都在 0.55 以上，整体的 Cronbach's α 为 0.897，这反映出企业创新动力量表的信度是非常理想的，可以用于后续的分析研究。虽然表 9-8 中显示删除 IM-4 题项，即“本企业因风险因素而拒绝创新的可能性”能够改进总体的 Cronbach's α 值，然而考虑到企业创新动力的测量采用了目前较为成熟的量表，而且删除该题项之后所带来的信度系数的改变量不大，综合考虑之后选择保留 IM-4 这一题项。

2. 中介变量测量的构念效度

对数据进行单维度分析，考察中介变量各个构面及属性的 KMO 值，以此来判断中介变量测量的构念效度是否符合要求。表 9-9 显示中介变量企业创新能力和企业创新动力的 KMO 值分别是 0.845 和 0.870，这表明量表的测量效果符合本书的标准，适合进行因子分析。

表 9-9　中介变量的 KMO 值和 Bartlett 球体检验结果（$N=90$）

变量	KMO 取样适宜性	Bartlett 球体检验			适宜性
		近似卡方分配	自由度	p	
企业创新能力	0.845	291.963	21	0.000	很适合
企业创新动力	0.870	316.820	15	0.000	很适合

为了进一步保证企业创新能力和企业创新动力量表的效度，本书对企业创新能力和企业创新动力两个变量进行了探索性因子分析，以进一步了解量表的层面是否与操作性定义的层面在数目和内容上相一致。首先对企业创新能力量表的输入资料进行主成分分析，将各分析结果以最大反差变异法进行正交转轴，抽取得到重要因素。对于各维度因素取舍采用依泰森与布莱克的建议，取出特征值大于 1，因素负荷尽量大于 0.5 的因素，排除不合适的因素负荷量，以保证本书的效度分析。结果表明，企业创新能力变量所抽取的 1 个因素的各项载荷值都在 0.7 以上，整体效度较高。用同样的方法，对企业创新动力量表的输入资料也进行主成分分析，以最大反差变异法对各分析结果进行正交转轴，抽取出重要因素。结果表明，企业创新动力变量所抽取的 1 个因素的各项载荷值都在 0.7 以上，整体效度也是比较高的。中介变量的探索性因子分析结果如表 9-10 和表 9-11 所示。

表 9-10 企业创新能力的探索性因子分析结果（N= 90）

因素	题项	1
企业创新能力	本企业识别外部机遇和威胁的能力	0.849
	本企业对各项资源（人力、物力等）进行合理分配的能力	0.779
	本企业调整生产过程、库存分配及物流等方面的能力	0.738
	本企业同时处理多项创新项目的能力	0.752
	本企业引进新知识或者技术去创新新产品/新服务的能力	0.766
	本企业接受新事物并且向员工提供新知识的能力	0.766
	本企业有着较强的产品销售和售后服务能力	0.769

表 9-11 企业创新动力的探索性因子分析结果（N= 90）

因素	题项	1
企业创新动力	本企业采纳新技术成果的倾向性	0.824
	本企业在管理上寻求新想法的积极性	0.863
	本企业乐意接受项目管理中的创新行为	0.839
	本企业因风险因素而拒绝创新的可能性	0.761
	本企业喜欢以集体智慧来完善市场开发方案	0.859
	本企业愿意采纳员工有价值的观点并积极主动进行分享	0.838

9.1.4 调节变量：简政放权与环境波动

1. 调节变量测量的信度检验

采用样本中的 CITC 和 Cronbach's α 来进行信度分析。根据 CITC＞0.3 和 Cronbach's α＞0.7 的标准，测量题项是否符合信度检验要求。表 9-12 中的测量题项与问卷中的测量问题相对应，为了有效地对变量与测量题项进行区分，在表中用符号如 JF-1 代表简政放权的第 1 个题项，用符号如 ET-1 代表环境波动的第 1 个题项。简政放权与环境波动的信度检验结果如表 9-12 所示。

表 9-12 调节变量的信度检验结果（N= 90）

变量	题项代号	CITC	删除题项后的 Cronbach's α	Cronbach's α
简政放权	JF-1	0.601	0.807	0.826
	JF-2	0.555	0.813	
	JF-3	0.530	0.816	

续表

变量	题项代号	CITC	删除题项后的 Cronbach's α	Cronbach's α
简政放权	JF-4	0.678	0.796	0.826
	JF-5	0.455	0.825	
	JF-6	0.470	0.824	
环境波动	ET-1	0.503	0.767	0.741
	ET-2	0.628	0.725	
	ET-3	0.412	0.699	

从表 9-12 中可以看出简政放权量表所包含的 6 个测量题项的 CITC 值均大于 0.45，删除题项后各个题项所反映出的 Cronbach's α 均在 0.8 左右，整体 Cronbach's α 为 0.826，这说明量表的信度很好。另外，环境波动量表中各题项的 CITC 值均大于 0.4，整体的 Cronbach's α 为 0.741，并且各题项所反映出的删除题项后的 Cronbach's α 基本是在 0.7 左右，因此量表的信度是较好的，能够进行后续的分析研究。

2. 调节变量测量的构念效度

基于对数据的单维度分析，考察调节变量各个构面及属性的 KMO 值，从单维度分析结果来判断自变量测量的构念效度状况。表 9-13 显示调节变量简政放权和环境波动的 KMO 值分别为 0.732 和 0.728，这表明量表的测量效果符合本书的标准，能够进一步做因子分析。为了进一步保证简政放权和环境波动量表的效度，本书对简政放权和环境波动两个变量进行了探索性因子分析，以进一步了解量表的层面是否与操作性定义的层面在数目和内容上相一致。首先对简政放权量表的输入资料进行主成分分析，将各分析结果以最大反差变异法进行正交转轴，抽取重要因素。对于各维度因素的取舍采用依泰森与布莱克的建议，取出特征值大于 1，因素负荷尽量大于 0.5 的因素，排除不合适的因素负荷量，以保证本书的效度分析。结果表明，简政放权变量所抽取的 1 个因素的各项载荷值除了题项 4，即“本企业的市场准入条件放宽了”以外，其他都在 0.7 以上，整体效度比较高。同样地，对环境波动量表的输入资料也进行主成分分析，将各分析结果以最大反差变异法进行正交转轴，抽取重要因素。结果表明，环境波动变量所抽取的 1 个因素的各项载荷值除了题项 3，即“本企业无法预知主要合作伙伴的需求变化（政府、供应商、顾客等）”在 0.7 以下，其他题项都在 0.7 以上，整体效度也是可以接受的。调节变量的探索性因子分析结果如表 9-14 和表 9-15 所示。

表 9-13　调节变量的 KMO 值和 Bartlett 球体检验结果（$N=90$）

变量	KMO 取样适宜性	Bartlett 球体检验			适宜性
		近似卡方分配	自由度	p	
简政放权	0.732	364.246	15	0.000	适合
环境波动	0.728	59.882	3	0.000	适合

表 9-14　简政放权的探索性因子分析结果（$N=90$）

因素	题项	1
简政放权	本企业在政府机构办理业务过程中手续、流程等比较简化	0.740
	本企业办理行政审批的时间和经济成本很低	0.705
	本企业因为政府新政策法规的实施而减少了报送材料	0.806
	本企业的市场准入条件放宽了	0.675
	本企业的市场主体责任强化了	0.715
	本企业的生产经营活动权力扩大了	0.728

表 9-15　环境波动的探索性因子分析结果（$N=90$）

因素	题项	1
环境波动	本企业所处行业的法律、技术、经济等方面的要求变化很快	0.747
	环境变化为本企业带来的机遇很大	0.707
	本企业无法预知主要合作伙伴的需求变化（政府、供应商、顾客等）	0.685

9.2　政府支持中小企业创新的验证性因子分析

本书所构建的量表通过了前期小样本的探索性因子分析验证后，研究人员在2016年2月15日至4月30日期间面向青岛、西安、乌鲁木齐、绵阳4个城市大规模发放了调查问卷，最终回收的有效问卷有345份，为了确保观测变量的内部结构稳定，并验证拟合效度和区分效度，本书将在上述对90份前测问卷进行探索性因子分析的基础上，运用AMOS 21.0软件进一步对345份有效问卷进行验证性因子分析。

9.2.1　自变量：财税政策引导与创新环境营造

首先利用回收的345份有效问卷的数据对自变量财税政策引导和创新环境营

造进行信度分析，结果如表 9-16 所示，其中所有题项的 CITC 值均在 0.4 以上，同时各变量的 Cronbach's α 均大于 0.7，这表明财税政策引导与创新环境营造量表对应的各个题项具有较好的内部一致性。

表 9-16　自变量的信度检验结果（*N*= 345）

<table>
<tr><th>变量</th><th>维度</th><th>题项代号</th><th>CITC</th><th>删除题项后的 Cronbach's α</th><th>Cronbach's α</th></tr>
<tr><td rowspan="7">创新环境营造</td><td rowspan="4">企业知识产权保护</td><td>EG-1</td><td>0.538</td><td>0.742</td><td rowspan="7">0.778</td></tr>
<tr><td>EG-2</td><td>0.561</td><td>0.738</td></tr>
<tr><td>EG-3</td><td>0.526</td><td>0.745</td></tr>
<tr><td>EG-4</td><td>0.560</td><td>0.738</td></tr>
<tr><td rowspan="3">企业社会责任监督</td><td>EG-5</td><td>0.461</td><td>0.758</td></tr>
<tr><td>EG-6</td><td>0.417</td><td>0.766</td></tr>
<tr><td>EG-7</td><td>0.442</td><td>0.762</td></tr>
<tr><td rowspan="8">财税政策引导</td><td rowspan="3">直接性政策引导</td><td>PG-1</td><td>0.447</td><td>0.788</td><td rowspan="8">0.789</td></tr>
<tr><td>PG-2</td><td>0.585</td><td>0.797</td></tr>
<tr><td>PG-3</td><td>0.556</td><td>0.794</td></tr>
<tr><td rowspan="5">间接性政策引导</td><td>PG-4</td><td>0.628</td><td>0.743</td></tr>
<tr><td>PG-5</td><td>0.584</td><td>0.752</td></tr>
<tr><td>PG-6</td><td>0.618</td><td>0.745</td></tr>
<tr><td>PG-7</td><td>0.580</td><td>0.752</td></tr>
<tr><td>PG-8</td><td>0.614</td><td>0.746</td></tr>
</table>

接下来分别对财税政策引导与创新环境营造量表的各维度进行验证性因子分析，结果如表 9-17 和表 9-18 所示。表 9-17 和表 9-18 的拟合结果表明，χ^2/df 均在 2 以下，CFI 值均大于等于 0.99，NFI 值均大于 0.97，TLI 值均大于 0.98，RMSEA 值均小于 0.05，各路径系数均在 $p<0.01$ 的水平上具有统计显著性，因此财税政策引导与创新环境营造的模型拟合结果良好。此外，表 9-17 和表 9-18 中的所有题项在潜变量上的载荷均大于 0.6，大多数在 0.7 以上，且在 $p<0.01$ 水平上均是显著的。财税政策引导量表的 AVE 为 0.5387 超过了 0.5 的临界值，创新环境营造量表的 AVE 为 0.557 也超过了 0.5 的临界值，表明了量表具备了较好的收敛效度，并且财税政策引导量表和创新环境营造量表的组合信度（composite reliability，CR）系数均大于 0.6 的下限，说明了量表具有较好的内部一致性，可用于后续的研究分析。

表 9-17　财税政策引导测量模型的拟合结果（N= 345）

路径		标准化路径系数	路径系数	S.E.	C.R.	p	AVE	CR
PG-1←直接性政策引导		0.770	1.000			***	0.5387	0.8704
PG-2←直接性政策引导		0.677	0.849	0.099	8.679	***		
PG-3←直接性政策引导		0.623	0.790	0.093	9.969	***		
PG-4←间接性政策引导		0.808	1.000			***		
PG-5←间接性政策引导		0.758	0.884	0.061	14.605	***		
PG-6←间接性政策引导		0.753	0.912	0.063	14.491	***		
PG-7←间接性政策引导		0.720	0.821	0.060	13.747	***		
PG-8←间接性政策引导		0.747	0.899	0.063	14.353	***		
χ^2	29.263	RMSEA	0.040	CFI		0.990	AGFI	0.961
df	19	NFI	0.971	GFI		0.980	RMR	0.038
χ^2 / df	1.540	TLI[1)]	0.985					

***表示 $p<0.01$

1）TLI 为 Tucker-Lewis 指数（Tucker-Lewis index）

表 9-18　创新环境营造测量模型的拟合结果（N= 345）

路径		标准化路径系数	路径系数	S.E.	C.R.	p	AVE	CR
EG-1←企业知识产权保护		0.750	1.000			***	0.557	0.8627
EG-2←企业知识产权保护		0.748	0.996	0.0079	12.530	***		
EG-3←企业知识产权保护		0.743	0.966	0.0078	12.461	***		
EG-4←企业知识产权保护		0.739	1.005	0.0081	12.408	***		
EG-5←企业社会责任监督		0.782	1.000			***		
EG-6←企业社会责任监督		0.742	0.950	0.0084	11.264	***		
EG-7←企业社会责任监督		0.719	0.964	0.086	11.146	***		
χ^2	13.903	RMSEA	0.014	CFI		0.999	AGFI	0.975
df	13	NFI	0.983	GFI		0.988	RMR	0.032
χ^2 / df	1.069	TLI	0.998					

***表示 $p<0.01$

9.2.2　因变量：企业创新绩效

利用回收的 345 份有效问卷的数据对企业创新绩效量表进行第二次信度检验，结果如表 9-19 所示，结果表明对企业创新绩效的测量满足前文提到的信度指标要求，通过了信度检验，量表对应的各个题项具有较好的内部一致性。

表 9-19　企业创新绩效量表的信度检验结果（N= 345）

变量	题项代号	CITC	删除题项后的 Cronbach's α	Cronbach's α
企业创新绩效	IP-1	0.853	0.964	0.967
	IP-2	0.875	0.963	
	IP-3	0.865	0.963	
	IP-4	0.871	0.963	
	IP-5	0.886	0.962	
	IP-6	0.872	0.963	
	IP-7	0.870	0.963	
	IP-8	0.873	0.963	

表9-20是对因变量企业创新绩效量表的各维度进行验证性因子分析之后得到的模型的拟合结果。结果表明，χ^2 / df 值在 3 以下，CFI 值大于 0.99，NFI 值大于 0.98，TLI 值大于 0.98，RMSEA 值小于 0.08，各路径系数均在 $p<0.01$ 的水平上具有统计显著性，因此企业创新绩效模型的拟合结果良好。此外，表 9-20 中的所有题项在潜变量上的载荷均大于 0.8，且在 $p<0.01$ 水平上均是显著的。企业创新绩效量表的 AVE 为 0.7875 远远超过了 0.5 的临界值，这表明量表具备了较好的收敛效度，并且企业创新绩效量表的 CR 为 0.9362 大于 0.6 的下限，说明了量表具有较好的内部一致性，可用于后续的研究分析。

表 9-20　企业创新绩效测量模型的拟合结果（N= 345）

路径		标准化路径系数	路径系数	S.E.	C.R.	p	AVE	CR
IP-1←企业创新绩效		0.869	1.000			***	0.7875	0.9362
IP-2←企业创新绩效		0.891	1.029	0.043	23.753	***		
IP-3←企业创新绩效		0.882	1.030	0.044	23.237	***		
IP-4←企业创新绩效		0.888	1.039	0.044	23.585	***		
IP-5←企业创新绩效		0.903	1.050	0.043	24.460	***		
IP-6←企业创新绩效		0.890	1.020	0.043	23.694	***		
IP-7←企业创新绩效		0.887	1.067	0.045	23.526	***		
IP-8←企业创新绩效		0.889	1.036	0.044	23.643	***		
χ^2	48.332	RMSEA	0.064	CFI		0.991	AGFI	0.939
df	20	NFI	0.985	GFI		0.966	RMR	0.027
χ^2 / df	2.417	TLI	0.987					

***表示 $p<0.01$

9.2.3 中介变量：企业创新能力与企业创新动力

对企业创新能力和企业创新动力这两个中介变量的测量量表进行信度检验，结果如表 9-21 所示，所有题项的 CITC 值以及 Cronbach's α 值均通过了信度检验标准，说明企业创新能力和企业创新动力的测量量表具有较好的信度。

表 9-21　中介变量的信度检验结果（N= 345）

变量	题项代号	CITC	删除题项后的 Cronbach's α	Cronbach's α
企业创新能力	IC-1	0.790	0.910	0.924
	IC-2	0.769	0.912	
	IC-3	0.758	0.913	
	IC-4	0.743	0.915	
	IC-5	0.764	0.913	
	IC-6	0.767	0.912	
	IC-7	0.741	0.915	
企业创新动力	IM-1	0.697	0.800	0.841
	IM-2	0.707	0.797	
	IM-3	0.653	0.809	
	IM-4	0.619	0.853	
	IM-5	0.631	0.813	
	IM-6	0.617	0.816	

进一步地，对企业创新能力和企业创新动力这两个单维变量进行验证性因子分析，结果如表 9-22 和表 9-23 所示。表 9-22 和表 9-23 的拟合结果表明，χ^2 / df 值均在 2 以下，CFI 值均大于 0.99，NFI 值均大于 0.98，TLI 值均大于 0.99，RMSEA 值均小于 0.05，各路径系数均在 p<0.01 的水平上具有统计显著性，因此企业创新能力与企业创新动力模型的拟合结果良好。此外，表 9-22 和表 9-23 中的所有题项在潜变量上的载荷均大于 0.6，大多数在 0.7 以上，且在 p<0.01 水平上均是显著的。企业创新能力量表的 AVE 为 0.5565 超过了 0.5 的临界值，企业创新动力量表的 AVE 为 0.5161 也超过了 0.5 的临界值，表明量表具备了较好的收敛效度，并且企业创新能力量表和企业创新动力量表的 CR 均大于 0.6 的下限，说明了量表具有较好的内部一致性，可用于后续的研究分析。

表 9-22 企业创新能力测量模型的拟合结果（N= 345）

路径	标准化路径系数	路径系数	S.E.	C.R.	p	AVE	CR
IC-1←企业创新能力	0.828	1.000			***	0.5565	0.8828
IC-2←企业创新能力	0.808	1.012	0.057	17.605	***		
IC-3←企业创新能力	0.792	0.992	0.058	17.088	***		
IC-4←企业创新能力	0.776	0.928	0.056	16.604	***		
IC-5←企业创新能力	0.800	0.981	0.056	17.367	***		
IC-6←企业创新能力	0.802	0.990	0.057	17.423	***		
IC-7←企业创新能力	0.775	0.959	0.058	16.582	***		
χ^2	22.984	RMSEA	0.043	CFI	0.994	AGFI	0.964
df	14	NFI	0.985	GFI	0.982	RMR	0.028
χ^2 / df	1.642	TLI	0.991				

***表示 p<0.01

表 9-23 企业创新动力测量模型的拟合结果（N= 345）

路径	标准化路径系数	路径系数	S.E.	C.R.	p	AVE	CR
IM-1←企业创新动力	0.767	1.000			***	0.5161	0.8100
IM-2←企业创新动力	0.788	1.036	0.073	14.181	***		
IM-3←企业创新动力	0.733	0.928	0.070	13.187	***		
IM-4←企业创新动力	0.633	0.583	0.073	7.949	***		
IM-5←企业创新动力	0.695	0.886	0.071	12.473	***		
IM-6←企业创新动力	0.683	0.919	0.075	12.255	***		
χ^2	9.677	RMSEA	0.015	CFI	0.999	AGFI	0.978
df	9	NFI	0.987	GFI	0.991	RMR	0.026
χ^2 / df	1.075	TLI	0.998				

***表示 p<0.01

9.2.4 调节变量：简政放权与环境波动

首先，利用回收的 345 份有效问卷的数据对调节变量简政放权和环境波动进行信度分析，结果如表 9-24 所示，其中所有题项的 CITC 值均在 0.35 以上，同时各变量的 Cronbach's α 均在 0.7 以上，这表明简政放权与环境波动量表对应的各个题项具有较好的内部一致性。

表 9-24　调节变量的信度检验结果（$N=345$）

变量	题项代号	CITC	删除题项后的 Cronbach's α	Cronbach's α
简政放权	JF-1	0.650	0.795	0.832
	JF-2	0.613	0.803	
	JF-3	0.638	0.797	
	JF-4	0.537	0.818	
	JF-5	0.610	0.804	
	JF-6	0.573	0.811	
环境波动	ET-1	0.474	0.737	0.701
	ET-2	0.528	0.703	
	ET-3	0.388	0.684	

其次，对简政放权和环境波动这两个单维变量进行验证性因子分析，结果如表 9-25 和表 9-26 所示。表 9-25 和表 9-26 的拟合结果表明 χ^2 / df 值均在 2 以下，CFI 值均大于 0.98，NFI 值均大于 0.96，TLI 值均大于 0.97，RMSEA 值均小于 0.05，各路径系数均在 $p<0.01$ 的水平上具有统计显著性，因此简政放权与环境波动的模型拟合结果良好。此外，表 9-25 和表 9-26 中的所有题项在潜变量上的载荷均大于 0.5，且在 $p<0.01$ 水平上均是显著的。简政放权量表的 AVE 为 0.5035 超过了 0.5 的临界值，并且量表的 CR 大于 0.6 的下限，说明量表具有较好的内部一致性。虽然环境波动量表的 AVE 为 0.4790，接近 0.5 的临界值，但是其 CR 超过了 0.6 的下限，因此环境波动量表的收敛效度和内部一致性也可以接受。

表 9-25　简政放权测量模型的拟合结果（$N=345$）

路径		标准化路径系数	路径系数	S.E.	C.R.	p	AVE	CR
JF-1←简政放权		0.735	1.000			***	0.5035	0.7863
JF-2←简政放权		0.685	0.863	0.075	11.459	***		
JF-3←简政放权		0.715	0.925	0.078	11.911	***		
JF-4←简政放权		0.592	0.740	0.074	9.970	***		
JF-5←简政放权		0.673	0.806	0.072	11.265	***		
JF-6←简政放权		0.633	0.817	0.077	10.644	***		
χ^2	9.781	RMSEA	0.016	CFI	0.999		AGFI	0.978
df	9	NFI	0.985	GFI	0.991		RMR	0.027
χ^2 / df	1.087	TLI	0.998					

***表示 $p<0.01$

表 9-26　环境波动测量模型的拟合结果（$N=345$）

<table>
<tr><th colspan="2">路径</th><th>标准化路径系数</th><th>路径系数</th><th>S.E.</th><th>C.R.</th><th>p</th><th>AVE</th><th>CR</th></tr>
<tr><td colspan="2">ET-1←环境波动</td><td>0.632</td><td>1.000</td><td></td><td></td><td>***</td><td rowspan="3">0.4790</td><td rowspan="3">0.6425</td></tr>
<tr><td colspan="2">ET-2←环境波动</td><td>0.769</td><td>1.184</td><td>0.198</td><td>5.976</td><td>***</td></tr>
<tr><td colspan="2">ET-3←环境波动</td><td>0.668</td><td>0.769</td><td>0.119</td><td>6.450</td><td>***</td></tr>
<tr><td>χ^2</td><td>9.632</td><td>RMSEA</td><td>0.047</td><td>CFI</td><td colspan="2">0.983</td><td>AGFI</td><td>0.965</td></tr>
<tr><td>df</td><td>9</td><td>NFI</td><td>0.963</td><td>GFI</td><td colspan="2">0.981</td><td>RMR</td><td>0.029</td></tr>
<tr><td>χ^2 / df</td><td>1.070</td><td>TLI</td><td>0.976</td><td></td><td colspan="2"></td><td></td><td></td></tr>
</table>

***表示 $p<0.01$

9.3　描述性分析与相关分析

9.3.1　基于区域特征分类的变量描述性分析

表9-27是对四个调研区域所获取的有效样本数据进行分类后得到的描述性分析结果。从表中的样本均值可以看出，首先，在政府的创新环境营造方面，西安和绵阳两个区域在政府对企业知识产权的保护方面的分数较高（分别为3.5378和3.5539），而乌鲁木齐在政府对企业知识产权保护方面的分数较低（3.3920）；在政府对企业社会责任监督方面，青岛的分数最高（3.5404），绵阳次之（3.4943），而西安与乌鲁木齐的得分相对较低（分别为3.3922和3.2955）。其次，对于政府在财税政策引导方面而言，青岛在政府的直接性政策引导方面（资金支持）得分最高（3.6717），西安和绵阳次之，乌鲁木齐得分最低（3.2273）；而在政府的间接性政策引导方面（税收激励），绵阳得分最高（3.5121），西安次之，乌鲁木齐得分最低（3.2227）。以上得分情况反映了不同区域的被试者（企业负责人）对政府支持企业创新行为两大方面，即创新环境营造和财税政策引导的感知状况。再次，从当前企业创新状况的得分来看，青岛的企业创新绩效分数最高（3.6117），乌鲁木齐最低（3.1932）；而在企业创新能力方面，分数最高和最低的分别是西安和乌鲁木齐（分别为3.5798和3.2727）；在企业创新动力方面，青岛得分最高（3.5354），乌鲁木齐最低（3.3750）。最后，对创新环境的感知方面，青岛在简政放权方面得分最高（3.5707），西安次之，而绵阳相对得分最低（3.2601）；在环境波动的感知方面，四个区域的分数情况差异不大，相比而言，青岛最高（3.3838），西安最低（3.3193）。此外，方差分析的结果也反映出，四个区域除了直接性政策引导与简政放权两个变量在均值得分方面存在显著差异以外，其他变量均无显著差异。

表 9-27　基于区域特征分类的变量描述性统计分析

变量名称		区域 1-西安			区域 2-乌鲁木齐			区域 3-青岛			区域 4-绵阳			组间显著性
		N	均值	标准差	N	均值	标准差	N	均值	标准差	N	均值	标准差	
创新环境营造	企业知识产权保护	79	3.537 8	0.973 50	110	3.392 0	1.110 73	68	3.439 4	1.007 72	88	3.553 9	0.877 130	0.721
	企业社会责任监督	79	3.392 2	1.015 55	110	3.295 5	1.039 82	68	3.540 4	0.965 68	88	3.494 3	0.978 500	0.531
财税政策引导	直接性政策引导	79	3.428 6	0.896 89	110	3.227 3	0.922 79	68	3.671 7	0.956 30	88	3.431 0	0.896 600	0.086*
	间接性政策引导	79	3.463 9	0.978 73	110	3.222 7	1.054 97	68	3.390 9	1.035 04	88	3.512 1	0.927 750	0.393
企业创新绩效		79	3.412 8	1.231 49	110	3.193 2	1.276 88	68	3.611 7	1.369 50	88	3.352 4	1.287 860	0.377
企业创新能力		79	3.579 8	1.009 86	110	3.272 7	1.318 27	68	3.482 7	1.083 85	88	3.493 8	0.981 170	0.439
企业创新动力		79	3.407 6	0.864 31	110	3.375 0	0.860 51	68	3.535 4	0.932 56	88	3.455 5	0.895 600	0.757
简政放权		79	3.532 2	0.818 59	110	3.333 3	0.928 31	68	3.570 7	0.847 85	88	3.260 1	0.859 250	0.036**
环境波动		79	3.319 3	0.885 53	110	3.348 5	0.850 46	68	3.383 8	0.911 92	88	3.359 2	0.891 340	0.969

**表示 $p<0.05$；*表示 $p<0.1$

9.3.2　变量的相关性分析

在进行结构方程模型分析和层次回归分析之前，本书首先对各研究变量进行了相关关系的检验，目的在于初步判断各研究变量之间的相关系数、相关系数的显著性，以及回归过程中可能遇到的多重共线性问题等。表 9-28 给出了研究模型中各主要变量的均值和标准差，以及两两变量之间的 Pearson 相关系数值。

表 9-28　研究变量的 Pearson 相关系数矩阵

变量名称	均值	标准差	1	2	3	4	5	6	7	8	9
1 企业知识产权保护	3.505 8	0.965 41	1.000								
2 企业社会责任监督	3.442 5	0.995 79	0.243***	1.000							
3 直接性政策引导	3.450 2	0.916 50	0.126**	0.120**	1.000						
4 间接性政策引导	3.435 4	0.983 01	0.085	0.162***	0.167***	1.000					
5 企业创新绩效	3.402 5	1.283 65	0.257***	0.402***	0.210***	0.245***	1.000				
6 企业创新能力	3.493 2	1.058 15	0.449***	0.480***	0.031	0.222***	0.465***	1.000			
7 企业创新动力	3.444 0	0.885 44	0.398***	0.349***	0.333***	0.319***	0.497***	0.553***	1.000		
8 简政放权	3.422 7	0.859 37	0.214***	0.307***	0.174***	0.147***	0.381***	0.128**	0.180***	1.000	
9 环境波动	3.348 8	0.884 71	0.120**	0.231***	0.091	0.043	0.226***	0.076	0.156***	0.254***	1.000

***表示 $p<0.01$；**表示 $p<0.05$

表 9-28 显示了创新环境营造（企业知识产权保护和企业社会责任监督）、财税政策引导（直接性政策引导和间接性政策引导）、企业创新绩效、企业创新能力、企业创新动力、简政放权及环境波动 7 个研究变量的均值、标准差和相关系数。从分析结果可以看出，变量的均值和标准差所反映的数据分布情况较好地符合正态分布特点，这为下一步数据分析提供了良好的条件。相关系数矩阵的结果反映出：①企业创新能力、企业创新动力与企业知识产权保护在 0.01 水平上显著正相关，企业创新能力与企业知识产权保护之间的相关性更强；②企业创新能力、企业创新绩效与企业社会责任监督在 0.01 水平上显著正相关；③企业创新动力与直

接性政策引导和间接性政策引导均在 0.01 水平上显著正相关，但是直接性政策引导与企业创新动力之间的正相关性更强，而间接性政策引导与企业创新能力之间的正相关性更强，且在 0.01 水平上显著；④与企业创新绩效正相关性最强的变量依次是企业创新动力、企业创新能力、企业社会责任监督，且它们均在 0.01 水平上与企业创新绩效显著正相关；⑤比较而言，政府的创新环境营造行为与企业创新能力、企业创新动力及企业创新绩效之间的显著正相关性都要高于政府的财税政策引导行为；⑥企业创新绩效、企业社会责任监督与简政放权之间的显著正相关性最强，简政放权、企业社会责任监督与环境波动之间的显著正相关性最强。上述相关分析的结果只能表明变量之间是否存在相关性，而无法说明变量之间的因果关系，以及影响作用的大小，后续将采用层次回归分析和结构方程模型的方法来进一步探讨各研究变量之间的作用机理，并验证第 7 章提出的研究假设。

9.4 模型检验及其结果分析

9.4.1 政府支持行为影响企业创新绩效的主效应检验

在上文中本书已经计算了各研究变量的描述性分析结果，以及变量两两之间的相关系数，发现政府的创新环境营造、财税政策引导行为均与企业创新绩效有着显著的正相关关系，这为本书的假设验证提供了初步证据，在此将采用多层次回归分析的方法对自变量政府支持行为与因变量企业创新绩效之间的关系进行更为精确的验证，以验证第 7 章提出的研究假设是否成立。

在验证自变量对因变量影响的主效应之前，首先验证一下模型中是否存在多重共线性和异方差问题。经过检验，主效应回归模型中的解释变量方差膨胀因子（variance inflation factor，VIF）均处于 0～3，这说明解释变量之间不存在多重共线性问题；此外，以标准化预测值为横轴、标准化残差值为纵轴做出残差项的散点图，发现主效应回归模型的散点图呈现无序状态，因此认为模型中不存在异方差问题，可以进行回归分析。

表 9-29 显示了政府支持行为的各维度对企业创新绩效的影响的回归分析结果，其中模型 1 为基准模型，包括了企业年龄、高新技术企业认定、企业研发人员占比、企业负责人年龄等 7 个控制变量对因变量企业创新绩效的影响；模型 2 和模型 3 考察了在加入控制变量的前提下，分别加入自变量创新环境营造的两个维度，即企业知识产权保护和企业社会责任监督之后，对因变量企业创新绩效的影响；模型 4 和模型 5 是在加入控制变量的前提下，分别加入自变量财税政策引导的两个维度，即直接性政策引导和间接性政策引导之后，对因变量企业创新绩效的影响。

表 9-29　政府支持行为影响企业创新绩效的主效应回归分析结果

变量名称		模型 1		模型 2		模型 3		模型 4		模型 5	
		β	t	β	t	β	t	β	t	β	t
控制变量	企业年龄	−0.016	−0.218	−0.016	−0.217	−0.015	−0.214	−0.008	−0.111	−0.024	−0.326
	高新技术企业认定	−0.066	−0.389	−0.114	−0.692	−0.060	−0.386	−0.097	−0.584	−0.037	−0.228
	企业研发人员占比	0.192**	2.182	0.146*	1.695	0.156*	1.924	0.152**	1.753	0.141	1.633
	企业负责人年龄	−0.016***	−3.151	−0.302***	−2.739	−0.294***	−2.827	−0.374***	−3.382	−0.337***	−3.073
	教育水平	−0.066	−0.600	−0.055	−0.535	−0.071	−0.727	−0.053	−0.509	−0.060	−0.577
	任职年限	0.192	−0.142	−0.026	−0.245	−0.044	−0.433	−0.017	−0.158	−0.024	−0.229
	区域 1	−0.355	−1.051	−0.185	−0.825	−0.200	−0.946	−0.170	−0.751	−0.162	−0.720
	区域 2	−0.064	0.938	0.261	1.271	0.126	0.650	0.161	0.778	0.220	1.069
	区域 3	−0.016	0.190	0.047	0.260	−0.019	−0.109	0.062	0.339	0.004	0.021
自变量	企业知识产权保护			0.310***	4.427						
	企业社会责任监督					0.495***	7.790				
	直接性政策引导							0.283***	3.796		
	间接性政策引导									0.294***	4.280
常数项		4.070***	7.907	2.951***	5.259	2.384***	4.575	3.165***	5.672	3.113***	5.666
N		345		345		345		345		345	
F		2.231**		19.597***		60.690***		14.408***		18.319***	
R^2		0.057		0.109		0.202		0.096		0.106	
调整后 R^2		0.031		0.082		0.178		0.068		0.079	
R^2 更改		0.057		0.052		0.145		0.039		0.049	

***表示 $p<0.01$；**表示 $p<0.05$；*表示 $p<0.1$

表 9-29 中的回归分析结果表明，模型 1 中的研发人员占比对企业创新绩效有显著的正向影响（$\beta=0.192$，$p<0.05$），而企业负责人年龄对企业创新绩效有显著的负向影响（$\beta=-0.016$，$p<0.01$），区域特征虚拟变量对企业创新绩效的影响不显著。模型 2、3、4、5 在模型 1 基础上分别加入了企业知识产权保护、企业社会责任监督、直接性政策引导、间接性政策引导变量之后，R^2 值有显著意义的提

高，由最初的 0.057（$p<0.05$）增加到了 0.109（$p<0.01$）、0.202（$p<0.01$）、0.096（$p<0.01$）、0.106（$p<0.01$），这表明政府支持行为的各变量对企业创新绩效具有显著的正向影响。具体而言，在创新环境营造方面，政府对企业知识产权的保护（$\beta=0.310$，$p<0.01$）及政府对企业社会责任的监督（$\beta=0.495$，$p<0.01$）对企业创新绩效均存在显著的正向影响，相比之下，政府对企业社会责任的监督对企业创新绩效的影响作用要明显强于政府对企业知识产权的保护对企业创新绩效的影响。在财税政策引导方面，政府的直接性政策引导（$\beta=0.283$，$p<0.01$）及间接性政策引导（$\beta=0.294$，$p<0.01$）均会对企业创新绩效有显著的正向影响，相比之下，间接性政策引导（税收激励）对企业创新绩效的正向影响作用更强。就两类不同的政府支持行为而言，回归分析结果明确反映出和政府的财税政策引导行为相比，政府的创新环境营造行为对企业创新绩效的正向影响作用更显著。据此，H1 和 H2 及其对应的子假设 H1a、H1b 和 H2a、H2b 均得到了支持。

9.4.2 财税政策引导与企业创新能力的非线性关系检验

表9-30显示了自变量财税政策引导对企业创新能力影响的非线性关系检验的结果，其中模型 1 为基准模型，包括了企业年龄、高新技术企业认定、企业研发人员占比、企业负责人年龄、受教育水平、任职时限、区域特征等 7 个控制变量对企业创新能力的影响；模型 2 和模型 3 是在加入控制变量的前提下，检验财税政策引导的第一个维度直接性政策引导的一次项及二次项分别对企业创新能力的影响；模型 4 和模型 5 是在加入控制变量的前提下，检验财税政策引导的第二个维度间接性政策引导的一次项及二次项分别对企业创新能力的影响。

表 9-30 财税政策引导影响企业创新能力的回归分析结果

变量名称		模型 1		模型 2		模型 3		模型 4		模型 5	
		β	t	β	t	β	t	β	t	β	t
控制变量	企业年龄	−0.018	—0.284	−0.017	−0.275	−0.008	−0.119	−0.023	−0.380	−0.024	−0.392
	高新技术企业认定	0.018	0.129	0.016	0.114	0.034	0.239	0.039	0.283	0.034	0.244
	企业研发人员占比	0.153**	2.087	0.151**	2.034	0.170**	2.293	0.116	1.590	0.114	1.561
	企业负责人年龄	−0.143	−1.521	−0.144	−1.531	−0.144	−1.538	−0.130	−1.412	−0.132	−1.428
	教育水平	0.032	0.360	0.033	0.367	0.027	0.309	0.035	0.401	0.036	0.410
	任职年限	−0.030	−0.328	−0.030	−0.329	−0.017	−0.192	−0.037	−0.409	−0.036	−0.397

续表

变量名称		模型 1		模型 2		模型 3		模型 4		模型 5	
		β	t	β	t	β	t	β	t	β	t
控制变量	区域 1	−0.322	−1.682	−0.318	−1.649	−0.329	−1.718	−0.263	−1.395	−0.262	−1.387
	区域 2	−0.147	−0.833	−0.149	−0.844	−0.127	−0.721	−0.130	−0.753	−0.128	−0.740
	区域 3	−0.100	−0.644	−0.098	−0.632	−0.101	−0.657	−0.123	−0.811	−0.120	−0.787
直接性政策引导				0.019***	0.296	−0.048**	−0.686				
间接性政策引导								0.220***	3.804	0.231***	3.561
直接性政策引导 ^{2}						−0.127**	−2.140				
间接性政策引导 ^{2}										0.020	0.387
常数项		3.608***	8.391	3.613***	8.385	3.645***	8.499	3.648***	8.650	3.635***	8.582
N		345		345		345		345		345	
F		1.178		0.087***		4.579**		14.472***		0.150	
R^2		0.057		0.210		0.280		0.071		0.071	
调整后 R^2		0.031		0.184		0.254		0.043		0.041	
R^2 更改		0.057		0.153		0.070		0.014		0	

***表示 $p<0.01$；**表示 $p<0.05$

从表 9-30 的结果可以看出，模型 1 中的控制变量仅有企业研发人员占比对企业创新能力具有显著的正向影响（$\beta=0.153$，$p<0.05$），并且区域特征虚拟变量对企业创新能力的影响不显著。模型 2 和模型 4 是在模型 1 的基础上分别加入了直接性政策引导的一次项及间接性政策引导的一次项以后，使得 R^2 值有显著增加，分别增加了 0.153（$p<0.01$）和 0.014（$p<0.01$），并且直接性政策引导的一次项（$\beta=0.019$，$p<0.01$）与间接性政策引导一次项（$\beta=0.220$，$p<0.01$）均对企业创新能力有显著的正向影响，而且间接性政策引导一次项对企业创新能力的正向影响作用更显著。但是，模型 3 和模型 5 的结果表明，直接性政策引导的二次项（$\beta=-0.127$，$p<0.05$）与企业创新能力之间存在倒“U”形关系，而间接性政策引导的二次项与企业创新能力之间不存在显著相关关系，也就是说，间接性政策引导对企业创新能力有着显著正向影响，但是这种显著的正向影响没有呈现出边际效益递增的趋势。综上所述，H3 得到了部分验证，即 H3a 得到了支持，H3b 未得到支持。

9.4.3　财税政策引导的分解效应检验

表 9-30 的分析结果已经表明，财税政策引导对企业创新绩效具有显著的正向

影响，但是在问卷题项测量方面，财税政策引导量表包含了多项具体的财税政策，因此检验财税政策引导的分解效应，即验证每一项政策对企业创新绩效的影响作用，这对现实实践中改进和完善政府的财税政策引导举措具有重要的现实意义。财税政策引导的分解效应的检验结果如表 9-31 所示，其中模型 2 至模型 9 代表了各项财税政策对企业创新绩效的影响效果。从表 9-31 中可以清楚地看到，不同的财税政策对企业创新绩效的影响作用程度也是不同的。就各项具体的财税政策的影响作用程度来看，研发补贴政策（$\beta=0.251$，$p<0.01$）对企业创新绩效的影响最显著，其次是企业所得税减免政策（$\beta=0.234$，$p<0.01$）和企业财产行为税减免政策（$\beta=0.219$，$p<0.01$），而研发费用加计扣除政策（$\beta=0.188$，$p<0.01$）和科技项目扶持政策（$\beta=0.185$，$p<0.01$）对企业创新绩效的正向影响作用也比较显著，然而贷款贴息政策（$\beta=0.109$，$p<0.1$）对企业创新绩效的影响作用相对较弱。

表 9-31　财税政策引导的分解效应回归分析结果

变量		模型 1	模型 2	模型 3	模型 4	模型 5	模型 6	模型 7	模型 8	模型 9
控制变量	企业年龄	−0.016	0.010	−0.019	−0.016	−0.010	−0.016	−0.003	−0.037	−0.040
	高新技术企业认定	−0.066	−0.068	−0.087	−0.088	−0.067	−0.033	−0.033	−0.053	−0.053
	企业研发人员占比	0.192**	0.156*	0.178**	0.164*	0.157*	0.180**	0.141	0.154*	0.159
	企业负责人年龄	−0.016***	−0.375***	−0.345***	−0.394***	−0.343***	−0.352***	−0.327***	−0.354***	−0.336
	教育水平	−0.066	−0.071	−0.062	−0.04	−0.046	−0.068	−0.054	−0.074	−0.058
	任职年限	0.192	0.001	−0.029	−0.007	−0.014	−0.012	−0.047	−0.021	−0.020
	区域 1	−0.355	−0.181	−0.226	−0.171	−0.196	−0.237	−0.166	−0.177	−0.158
	区域 2	−0.064	0.148	0.188	0.178	0.174	0.187	0.230	0.227	0.253
	区域 3	−0.016	0.088	0.050	0.023	0.000	0.000	0.036	0.026	0.022
PG-1-研发补贴			0.251***							
PG-2-贷款贴息				0.109*						
PG-3-科技项目					0.185***					
PG-4-研发费用加计扣除						0.188***				
PG-5-固定资产加速折旧							0.153***			
PG-6-企业所得税								0.234***		
PG-7-流转税									0.169***	

续表

变量	模型 1	模型 2	模型 3	模型 4	模型 5	模型 6	模型 7	模型 8	模型 9
PG-8-财产行为税									0.219***
常数项	4.070***	3.225***	3.728***	3.497***	3.405***	3.559	3.237***	3.622***	3.371***
N	345	345	345	345	345	345	345	345	345
F	2.231**	18.443***	3.127*	9.226***	12.021***	7.116***	18.056***	8.092***	15.645***
R^2	0.057	0.106	0.065	0.082	0.089	0.073	0.105	0.079	0.099
调整后的 R^2	0.031	0.079	0.037	0.054	0.062	0.049	0.078	0.051	0.072
R^2 更改	0.057	0.049	0.009	0.025	0.033	0.020	0.048	0.022	0.042

***表示 $p<0.01$；**表示 $p<0.05$；*表示 $p<0.1$

9.4.4 企业创新能力与企业创新动力的中介作用检验

1. 样本容量与分布——数据分析前的准备工作

在运用结构方程模型进行数据分析之前，首先需要对数据的合理性、有效性等进行检验。通常要求样本容量至少要在 100～150，这样才适合运用极大似然法来估计结构模型。本书的样本容量为 345 份，超过了最低样本容量，可以进行结构方程模型分析。此外，运用极大似然法对结构方程模型进行估计时，要求数据必须服从正态分布。通常认为，当样本数据满足中值与中位数接近、偏度系数小于 2、峰度系数小于 5 的条件时，样本数据服从正态分布。本书使用 SPSS 21.0 软件对 345 份样本数据的偏度和峰度进行计算，结果表明了各题项的样本数据满足正态分布的要求。总之，在样本容量、数据分布特征、信度和效度检验等方面本书的数据均达到了结构方程建模的要求，并且前文中研究变量的相关分析结果也表明了自变量（政府支持行为）、中介变量（企业创新能力和企业创新动力）及因变量（企业创新绩效）之间存在显著的正相关关系，这也为下文的结构方程建模提供了初步依据。

2. 模型整体的拟合结果与假设验证情况

结构方程模型通常可以划分为纯粹验证、选择模型和产生模型三类分析，本书研究属于产生模型分析，即通过第 7 章提出的有关政府支持行为对企业创新绩效影响的概念模型和研究假设来构建初始模型，然后通过对模型的不断修正，产生一个既符合理论逻辑又符合实践验证的最终模型。通过数据分析及对模型进行不断修正，最终产生政府支持行为对企业创新绩效作用机制的理论模型（图 9-1）及模型的拟合结果（表 9-32），以此对第 7 章中提出的研究假设进行验证。

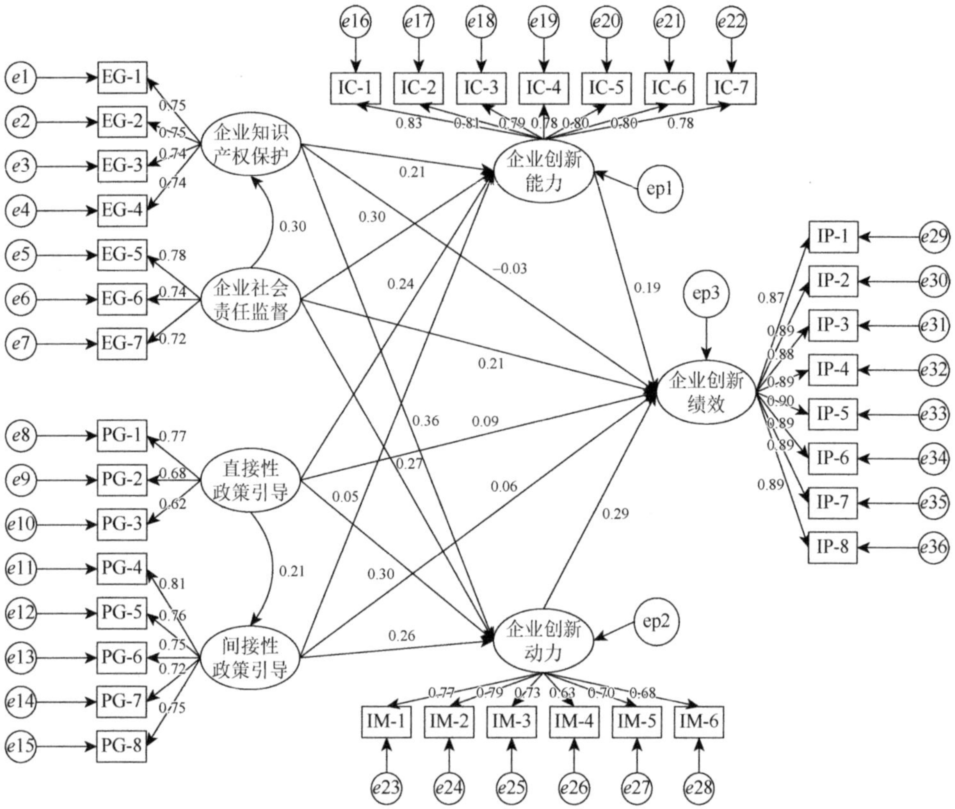

图 9-1　政府支持行为影响企业创新绩效机制的结构方程模型

表 9-32　结构方程模型的拟合结果

路径	标准化路径系数	路径系数	S.E.	C.R.	*p*	结果
企业创新动力←直接性政策引导	0.30	0.29	0.061	4.771	***	支持
企业创新动力←间接性政策引导	0.26	0.22	0.049	4.693	***	支持
企业创新动力←企业知识产权保护	0.36	0.36	0.061	5.864	***	支持
企业创新动力←企业社会责任监督	0.27	0.26	0.061	4.386	***	支持
企业创新能力←企业知识产权保护	0.21	0.24	0.065	3.809	***	支持
企业创新能力←企业社会责任监督	0.30	0.35	0.065	5.394	***	支持
企业创新能力←直接性政策引导	0.24	0.27	0.066	4.249	***	支持
企业创新能力←间接性政策引导	0.05	0.05	0.050	1.028	0.304	不支持
企业创新绩效←企业知识产权保护	−0.03	−0.04	0.084	−0.541	0.588	不支持
企业创新绩效←企业创新动力	0.29	0.39	0.119	3.302	***	支持
企业创新绩效←企业创新能力	0.19	0.22	0.099	2.254	**	支持

续表

路径		标准化路径系数	路径系数	S.E.	C.R.	p	结果
企业创新绩效←企业社会责任监督		0.21	0.28	0.089	3.215	**	支持
企业创新绩效←直接性政策引导		0.09	0.12	0.087	1.423	0.155	不支持
企业创新绩效←间接性政策引导		0.06	0.06	0.064	1.030	0.303	不支持
χ^2	864.446	RMSEA	0.038	CFI	0.964		
df	577	NFI	0.899	GFI	0.881		
χ^2 / df	1.498	TLI	0.961				

***表示 $p<0.01$；**表示 $p<0.05$

图 9-1 是在 AMOS 21.0 软件中绘制的可识别的结构方程模型，将数据导入进行拟合，最终得到表 9-32 所示的模型整体拟合结果及研究变量间的标准化路径系数。具体而言，模型绝对拟合指标 χ^2 值为 864.446，χ^2 / df 值为 1.498 介于 1～3，RMSEA 值为 0.038，小于 0.05，GFI 值为 0.881，大于 0.85，表明模型拟合结果很好；模型的相对拟合指标 NFI 值、CFI 值、TLI 值中，除了 NFI 值是 0.899 非常接近 0.9 的临界标准，CFI 和 TLI 的拟合值都大于 0.96，表明模型的相对拟合效果良好。由此可见，结构方程模型的整体拟合效果较好，各项拟合指标均在可以接受的范围之内。

进一步地，结合表 9-32 中的分析结果来验证本书中提出的研究假设。①就政府支持行为（自变量）对企业创新能力和企业创新动力（中介变量）的影响而言：首先，财税政策引导的两个维度对企业创新动力的影响的两条路径均在 $p<0.01$ 的水平上显著，标准化路径系数分别为 0.30 和 0.26，也就是说直接性政策引导（资金支持）对企业创新动力的影响更显著。同样地，创新环境营造的两个维度对企业创新动力的影响的两条路径也均在 $p<0.01$ 的水平上显著，标准化路径系数分别为 0.36 和 0.27，也就是说比起政府对企业社会责任的监督，政府对企业知识产权的保护对企业创新动力的正向影响作用更显著。由此可见，就两类不同的政府支持行为对企业创新动力的影响进行比较，可以清楚地看到政府的创新环境营造对企业创新动力的正向影响作用更显著。在此第 7 章中提出的 H8 和 H9 及其相应的子假设 H8a、H8b 和 H9a、H9b 均得到了支持。其次，财税政策引导的两个维度对企业创新能力的影响的两条路径中，仅有直接性政策引导对企业创新能力的影响在 $p<0.01$ 的水平上显著，而间接性政策引导对企业创新能力的影响不显著。同样地，创新环境营造的两个维度对企业创新能力的影响的两条路径均在 $p<0.01$ 的水平上显著，并且企业社会责任监督（标准化路径系数为 0.30）对企业创新能力的正向影响作用要高于企业知识产权保护（标准化路径系数为 0.21）。在

此，H4 及其相应的子假设 H4a、H4b 得到了支持。②就政府支持行为（自变量）、企业创新能力和企业创新动力（中介变量）对企业创新绩效（因变量）的影响而言：首先，政府支持行为对企业创新绩效影响的主效应检验在上文中已经做过，并且 H1 和 H2 及其相应的子假设均得到了支持，但此处在加入了中介变量创新能力和创新动力之后，政府支持行为对企业创新绩效的影响作用程度发生了变化。具体地，财税政策引导的两个维度对企业创新绩效的影响作用不再显著，创新环境营造中的企业知识产权保护对企业创新绩效的影响作用不再显著，而企业社会责任监督对企业创新绩效的正向影响作用也有所减弱，在 $p<0.05$ 的水平上显著。之所以发生这样的变化，主要是受到企业创新能力和企业创新动力（中介变量）的完全中介作用及部分中介作用的影响，具体中介作用的检验在下文中进行。其次，企业创新能力和企业创新动力对企业创新绩效的正向影响作用分别在 $p<0.05$ 和 $p<0.01$ 水平上，标准化路径系数分别为 0.19 和 0.29，也就是说，企业创新动力对企业创新绩效的正向影响作用更显著。在此，本书提出的 H5、H10 均得到了支持。

3. 模型效应分解与中介效应的检验

从政府支持行为影响企业创新绩效机理的结构方程模型图（图 9-1）中可以看出，政府支持行为（自变量）和企业创新能力与企业创新动力（中介变量）、政府支持行为（自变量）与企业创新绩效（因变量），以及企业创新能力和企业创新动力（中介变量）与企业创新绩效（因变量）之间存在着多条影响路径，自变量到因变量的作用效果既包括了直接路径的影响，也包括了通过影响中介变量进而影响因变量的间接路径的影响，因此为了更加清楚地说明模型中的全部影响路径，对模型效应进行分解，同时对模型中的中介效应进行验证，具体结果如表 9-33 所示。

表 9-33　基于 Bootstrap 法的模型效应分解结果

自变量	效应分解	路径	估计量	p
企业知识产权保护	间接效应 1	企业知识产权保护→企业创新能力→企业创新绩效	0.015	0.081*
	间接效应 2	企业知识产权保护→企业创新动力→企业创新绩效	0.241	0.029**
	直接效应	企业知识产权保护→企业创新绩效	−0.061	0.629
	总效应		0.195	0.025**
企业社会责任监督	间接效应 1	企业社会责任监督→企业创新能力→企业创新绩效	0.089	0.084*
	间接效应 2	企业社会责任监督→企业创新动力→企业创新绩效	0.163	0.032**
	直接效应	企业社会责任监督→企业创新绩效	0.291	0.03**
	总效应		0.543	0.02**

续表

自变量	效应分解	路径	估计量	p
直接性政策引导	间接效应 1	直接性政策引导→企业创新能力→企业创新绩效	0.073	0.086*
	间接效应 2	直接性政策引导→企业创新动力→企业创新绩效	0.185	0.033**
	直接效应	直接性政策引导→企业创新绩效	0.149	0.239
	总效应		0.407	0.037**
间接性政策引导	间接效应 1	间接性政策引导→企业创新能力→企业创新绩效	0.018	0.429
	间接效应 2	间接性政策引导→企业创新动力→企业创新绩效	0.132	0.031**
	直接效应	间接性政策引导→企业创新绩效	0.078	0.358
	总效应		0.228	0.021**

**表示 $p<0.05$；*表示 $p<0.1$

注：表中数值均为标准化值

表 9-33 是基于 Bootstrap 法生成的模型效应分解结果，从中可以看出，政府支持行为的两个变量下的四个维度影响企业创新绩效的路径包括一条直接路径和两条间接路径。运用 Bootstrap 法的优势是不仅可以对简单中介进行有效检验，而且可以对如多个中介变量、有调节的中介变量、有中介的调节变量、自变量为多类别的分类变量、因变量为二分类变量等复杂情况下的中介效应进行检验[328]。其基本原理是：以数据样本作为总体进行自抽样，产生若干子样本并估计模型拟合度，然后再计算在子样本中的平均拟合情况，最后根据显著性水平考证模型总体的拟合情况。使用该方法后，模型的参数估计更为稳健，结论也更可靠[329]。

表 9-33 中的分析结果表明：第一，就创新环境营造行为而言，①企业知识产权保护影响企业创新绩效的总效应是 0.195（$p<0.05$），直接效应为–0.061（不显著），间接效应分别为 0.015（$p<0.1$）、0.241（$p<0.05$），这表明企业知识产权保护对企业创新绩效没有直接影响，而是通过企业创新能力和企业创新动力的中介作用，间接影响企业创新绩效的，这也反映出企业创新能力和企业创新动力在企业知识产权保护与企业创新绩效关系间发挥完全中介作用。此外，通过估计量标准化值及显著性水平可以看出，企业创新动力在企业知识产权保护与企业创新绩效间关系中发挥出的中介作用要高于企业创新能力。基于上述分析，本书提出的研究假设 H7a 和 H12a 得到了支持。②企业社会责任监督影响企业创新绩效的各条路径均显著，总效应是 0.543（$p<0.05$），直接效应是 0.291（$p<0.05$），间接效应分别是 0.089（$p<0.1$）、0.163（$p<0.05$），这表明企业社会责任监督对企业创新绩效的正向影响作用，部分通过影响企业创新能力和企业创新动力，进而影响企业创新绩效。基于上述分析，本书提出的 H7b 和 H12b 得到了支持。

第二，就财税政策引导而言，①直接性政策引导影响企业创新绩效的直接效应不显著，间接效应均是显著的，具体地，总效应是 0.407（$p<0.05$），直接效应是 0.149（不显著），间接效应分别是 0.073（$p<0.1$）和 0.185（$p<0.05$），这表明政府的直接性政策引导对企业创新绩效没有直接影响，而是通过企业创新能力和企业创新动力的中介作用，间接影响企业创新绩效，也就是说，企业创新能力和企业创新动力在直接性政策引导与企业创新绩效关系中发挥出了完全中介作用。基于上述分析，本书提出的 H11a 和 H6a 得到了支持。②间接性政策引导影响企业创新绩效的直接效应不显著，影响企业创新能力进而影响企业创新绩效的间接效应也不显著，而影响企业创新动力进而影响企业创新绩效的间接效应非常显著（标准化估计量 = 0.132，$p<0.05$）。也就是说，企业创新能力没有在间接性政策引导与企业创新绩效间发挥出中介作用，而企业创新动力在间接性政策引导与企业创新绩效间发挥出了完全中介作用。基于上述分析，本书提出的 H11b 得到了支持，而 H6b 未得到支持。

9.4.5 简政放权与环境波动的调节作用检验

在上文对政府支持行为影响企业创新绩效的主效应、政府支持行为影响企业创新能力的非线性关系，以及企业创新能力和企业创新动力在政府支持行为与企业创新绩效关系中的中介效应进行分析和验证的基础上，将进一步分析简政放权与环境波动在政府支持行为与企业创新绩效关系之间的调节作用，以验证本书提出的剩余研究假设。

1. 环境波动的调节作用

环境波动对创新环境营造的不同维度与企业创新绩效的关系有着不同的调节作用，表 9-34 给出了环境波动对创新环境营造和企业创新绩效之间关系的调节作用的分析结果。模型 1 是仅包含控制变量的基准模型，模型 2 是在模型 1 的基础上加入了自变量企业知识产权保护，模型 3 是在模型 2 的基础上增加了企业知识产权保护和环境波动的乘积项，模型 4 是在模型 1 的基础上加入了自变量企业社会责任监督，模型 5 是在模型 4 的基础上增加了企业社会责任监督和环境波动的乘积项。从表 9-34 的回归分析结果可以看出，模型 1、模型 2 和模型 3 的 R^2 值更改更为显著，对比模型 2，模型 3 的 R^2 值显著增加了 0.044，并且在 $p<0.01$ 的水平上显著，这表明环境波动对企业知识产权保护与企业创新绩效之间的关系有显著的正向调节作用。同样地，模型 5 的分析结果中企业社会责任监督和环境波动的乘积项与企业创新绩效的影响显著正相关，相关系数为 0.216（$p<0.01$），并且模型 5 中 R^2 值比模型 4 中显著增加了 0.025，这也反映出环境波动对企业社会

责任监督与企业创新绩效之间的关系有显著的正向调节作用。基于以上分析，H14a 和 H14b 得到了支持。

表 9-34　环境波动对创新环境营造与企业创新绩效关系的调节效应

变量名称		模型 1		模型 2		模型 3		模型 4		模型 5	
		β	t	β	t	β	t	β	t	β	t
控制变量	企业年龄	−0.016	−0.218	−0.021	−0.292	−0.026	−0.377	−0.019	−0.270	−0.016	−0.238
	高新技术企业认定	−0.066	−0.389	−0.076	−0.472	−0.110	−0.700	−0.037	−0.241	−0.046	−0.303
	企业研发人员数量	0.192**	2.182	0.127	1.493	0.127	1.529	0.142*	1.762	0.139*	1.748
	企业负责人年龄	−0.016***	−3.151	−0.307***	−2.843	−0.275***	−2.599	−0.299***	−2.903	−0.267***	−2.616
	教育水平	−0.066	−0.600	−0.029	−0.283	−0.052	−0.528	−0.051	−0.526	−0.044	−0.460
	任职年限	0.192	−0.142	−0.042	−0.401	−0.026	−0.254	−0.053	−0.533	−0.059	−0.599
	区域 1	−0.355	−1.051	−0.190	−0.866	−0.194	−0.904	−0.203	−0.971	−0.185	−0.898
	区域 2	−0.064	0.938	0.229	1.134	0.190	0.964	0.114	0.590	0.144	0.760
	区域 3	−0.016	0.190	0.012	0.070	−0.006	−0.034	−0.038	−0.224	−0.018	−0.106
企业知识产权保护				0.210***	4.037	0.273***	4.052				
企业社会责任监督								0.455***	7.032	0.478***	7.452
环境波动×企业知识产权保护						0.313***	4.225				
环境波动×企业社会责任监督										0.216***	3.314
常数项		4.070***	7.907	4.040***	8.220	4.030***	8.405	4.087***	8.702	3.954***	8.511
N		345		345		345		345		345	
F		2.231**		17.198***		17.854***		34.637***		10.985***	
R^2		0.057		0.145		0.189		0.219		0.244	
调整后 R^2		0.031		0.117		0.159		0.193		0.217	
R^2 更改		0.057		0.088		0.044		0.162		0.025	

***表示 $p<0.01$；**表示 $p<0.05$；*表示 $p<0.1$

为了直观地反映环境波动对创新环境营造与企业创新绩效之间关系的调节效应，图 9-2 和图 9-3 分别给出了具体的调节效应图。从图 9-2 和图 9-3 中可以看出，在强环境波动下，企业知识产权保护能够显著提升企业创新绩效；而在弱环境波动下，企业知识产权保护也能显著提升企业创新绩效，但相对于强环境波动而言，提高创新绩效的作用偏小。与之相类似地，在强环境波动下，企业社会责任监督能够显著提升企业创新绩效；而在弱环境波动下，企业社会责任监管也能显著提升企业的创新绩效。

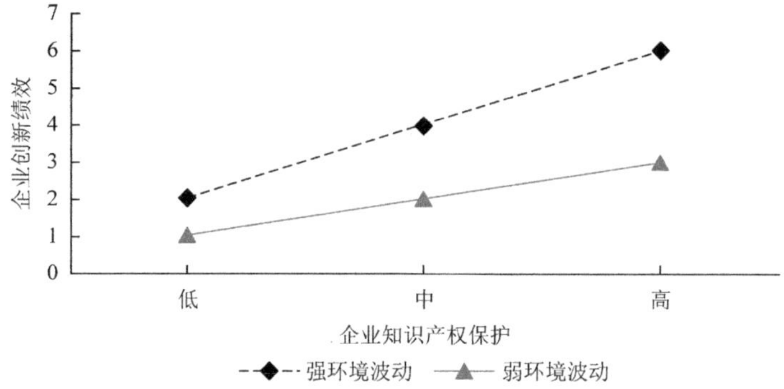

图 9-2　环境波动对企业知识产权保护与创新绩效的调节作用

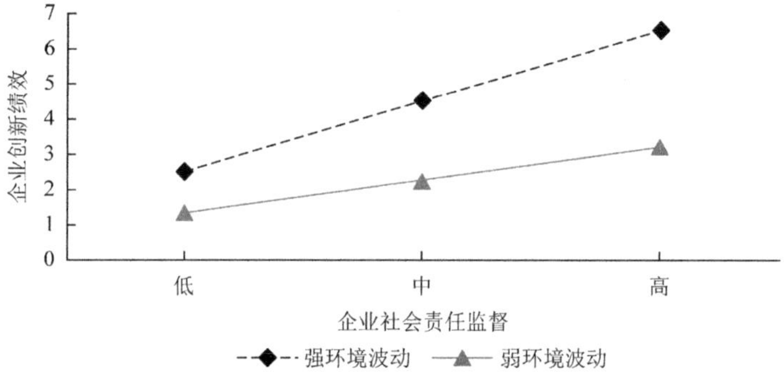

图 9-3　环境波动对企业社会责任监督与创新绩效的调节作用

2. 简政放权的调节作用

简政放权对财税政策引导的不同维度与企业创新绩效的关系有着不同的调节作用。表 9-35 给出了简政放权对财税政策引导和企业创新绩效之间关系的调节作用的分析结果。模型 1 是仅包含控制变量的基准模型，模型 2 是在模型 1 的基础上加入了自变量直接性政策引导，模型 3 是在模型 2 的基础上增加了直接性政策引导和简政放权的乘积项，模型 4 是在模型 1 的基础上加入了自变量间接性政策引导，模型 5 是在模型 4 的基础上增加了间接性政策引导和简政放权的乘积项。从表 9-35 的回归分析结果可以看出，尽管模型 3 的 R^2 值和模型 2 相比，有所增加，但是直接性政策引导和简政放权的乘积项对创新绩效的影响不显著，而模型 5 的分析结果中间接性政策引导和简政放权的乘积项与企业创新绩效的影响显著正相关，相关系数为 0.367（$p<0.01$），并且模型 5 中 R^2 值比模型 4 中显著增加了 0.07，这反映出简政放权对间接性政策引导与企业创新绩效之间的关系有显著的正向调节作用。基于以上分析，H13a 没有得到支持，而 H13b 得到了支持。

表 9-35　简政放权对财税政策引导与企业创新绩效关系的调节效应

变量		模型 1		模型 2		模型 3		模型 4		模型 5	
		β	t	β	t	β	t	β	t	β	t
控制变量	企业年龄	−0.016	−0.218	−0.004	−0.054	0.002	0.030	−0.016	−0.231	−0.028	−0.429
	高新技术企业认定	−0.066	−0.389	−0.069	−0.446	−0.067	−0.439	−0.024	−0.153	0.024	0.165
	企业研发人员数量	0.192**	2.182	0.073	0.884	0.071	0.876	0.062	0.752	0.085	1.074
	企业负责人年龄	−0.016***	−3.151	−0.309***	−2.952	−0.272***	−2.627	−0.281***	−2.706	−0.209**	−2.086
	教育水平	−0.066	−0.600	0.013	0.137	0.026	0.271	0.009	0.088	0.045	0.483
	任职年限	0.192	−0.142	−0.067	−0.667	−0.081	−0.809	−0.074	−0.732	−0.101	−1.051
	区域 1	−0.355	−1.051	−0.066	−0.311	−0.134	−0.637	−0.055	−0.262	−0.050	−0.247
	区域 2	−0.064	0.938	0.167	0.856	0.140	0.727	0.212	1.097	0.159	0.862
	区域 3	−0.016	0.190	0.174	1.011	0.161	0.949	0.129	0.752	0.161	0.984
直接性政策引导				0.197***	2.970	0.206**	2.946				
间接性政策引导								0.238***	3.654	0.233***	3.741
简政放权×直接性政策引导						0.267	3.358				
简政放权×间接性政策引导										0.367***	5.686
常数项		4.070***	7.907	3.954***	8.296	3.830***	8.135	3.944***	8.336	3.642***	7.997
N		345		345		345		345		345	
F		2.231**		29.791***		11.273***		32.392***		32.331***	
R^2		0.057		0.200		0.226		0.210		0.280	
调整后 R^2		0.031		0.173		0.198		0.184		0.254	
R^2 更改		0.057		0.143		0.026		0.154		0.07	

***表示 $p<0.01$；**表示 $p<0.05$

为了进一步直观地反映简政放权对间接性政策引导与企业创新绩效之间关系的调节效应，图 9-4 给出了简政放权的具体调节效应图。从图 9-4 中可以看出，在强简政放权背景下，政府的间接性政策引导能够显著提升企业创新绩效；而在弱简政放权背景下，间接性政策引导也能显著提升企业创新绩效，但相对于强简政放权状态而言，提高创新绩效的作用偏小。

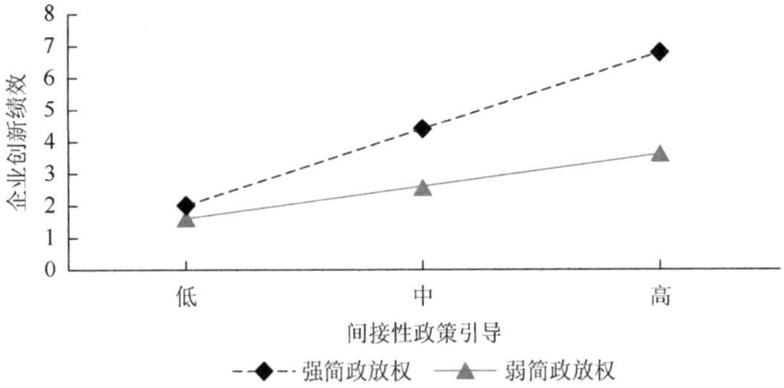

图 9-4　简政放权对间接性政策引导与创新绩效的调节作用

9.5　研究结果汇总及讨论

9.5.1　实证研究结果汇总

本章内容基于 345 份中小企业样本数据对第 7 章提出的理论模型和研究假设进行了实证检验，结果表明大部分的研究假设都通过了显著性检验。实证研究结果较好地回应了本书提出的研究问题，初步实现了研究目标。假设检验的通过情况如表 9-36 所示。

表 9-36　研究假设及其验证情况一览

研究问题	研究假设		检验结果
Q1：政府支持行为是否会影响中小企业创新绩效？	H1：政府的财税政策引导对中小企业创新绩效有显著的正向影响		
	H1a	政府直接性政策引导对中小企业创新绩效有显著的正向影响	支持
	H1b	政府间接性政策引导对中小企业创新绩效有显著的正向影响	支持
	H2：政府的创新环境营造对中小企业创新绩效有显著的正向影响		
	H2a	政府对企业知识产权的保护对中小企业创新绩效有显著的正向影响	支持
	H2b	政府对企业社会责任的监督对中小企业创新绩效有显著的正向影响	支持
Q2：政府支持行为如何影响中小企业创新过程及企业创新绩效？	H3：政府的财税政策引导与中小企业创新能力之间呈现非线性关系		
	H3a	政府的直接性政策引导与中小企业创新能力呈显著的倒“U”形关系	支持
	H3b	政府的间接性政策引导与中小企业创新能力呈显著的倒“U”形关系	不支持

续表

研究问题	研究假设		检验结果
Q2：政府支持行为如何影响中小企业创新过程及企业创新绩效？	H4：政府的创新环境营造对中小企业创新能力有显著的正向影响		
	H4a	政府对企业知识产权的保护对中小企业创新能力有显著的正向影响	支持
	H4b	政府对企业社会责任的监督对中小企业创新能力有显著的正向影响	支持
	H5、H10：中小企业创新能力、创新动力对企业创新绩效有显著的正向影响		
	H5	中小企业创新能力对企业创新绩效有显著的正向影响	支持
	H10	中小企业创新动力对企业创新绩效有显著的正向影响	支持
	H6：中小企业创新能力在财税政策引导与企业创新绩效关系中起到中介作用		
	H6a	中小企业创新能力在直接性政策引导与企业创新绩效关系中起到中介作用	支持
	H6b	中小企业创新能力在间接性政策引导与企业创新绩效关系中起到中介作用	不支持
	H7：中小企业创新能力在创新环境营造与企业创新绩效关系中起到中介作用		
	H7a	中小企业创新能力在企业知识产权保护与企业创新绩效关系中起到中介作用	支持
	H7b	中小企业创新能力在企业社会责任监督与企业创新绩效关系中起到中介作用	支持
	H8：政府的财税政策引导对中小企业创新动力有显著的正向影响		
	H8a	政府的直接性政策引导对中小企业创新动力有显著的正向影响	支持
	H8b	政府的间接性政策引导对中小企业创新动力有显著的正向影响	支持
	H9：政府的创新环境营造对中小企业创新动力有显著的正向影响		
	H9a	政府对企业知识产权的保护对中小企业创新动力有显著的正向影响	支持
	H9b	政府对企业社会责任的监督对中小企业创新动力有显著的正向影响	支持
	H11：中小企业创新动力在财税政策引导与企业创新绩效关系中起到中介作用		
	H11a	中小企业创新动力在直接性政策引导与企业创新绩效关系中起到中介作用	支持
	H11b	中小企业创新动力在间接性政策引导与企业创新绩效关系中起到中介作用	支持
	H12：中小企业创新动力在创新环境营造与企业创新绩效关系中起到中介作用		
	H12a	中小企业创新动力在企业知识产权保护与企业创新绩效关系中起到中介作用	支持
	H12b	中小企业创新动力在企业社会责任监督与企业创新绩效关系中起到中介作用	支持
Q3：外部环境如何影响政府支持行为与中小企业创新绩效间的关系？	H13：简政放权正向调节财税政策引导与中小企业创新绩效间的关系		
	H13a	简政放权正向调节直接性政策引导与中小企业创新绩效间的关系	不支持
	H13b	简政放权正向调节间接性政策引导与中小企业创新绩效间的关系	支持
	H14：环境波动正向调节创新环境营造与中小企业创新绩效间的关系		
	H14a	环境波动正向调节企业知识产权保护与中小企业创新绩效间的关系	支持
	H14b	环境波动正向调节企业社会责任监督与中小企业创新绩效间的关系	支持

9.5.2 政府支持行为与企业创新绩效的关系

1. 财税政策引导与中小企业创新绩效的关系

已有研究表明，政府出台各种创新政策的目的是促进企业的创新能力、提高生产效率、增强企业自身的竞争优势等[257]。有学者的研究结论也进一步指出了各类创新政策作为一种制度支持促进了知识流动和学习生产，进而提升了企业的创新绩效。中小企业在创新过程中往往面临着资金不足、财政金融力度跟不上、技术落后、研发人员相对匮乏等现实问题[11, 12]，这些严重制约着中小企业的生存和发展。国内有学者认为，政府应该在加大财政补贴投入力度、优化支出结构、创新投融资制度、加大税收优惠力度等方面，强化对中小企业的财税政策支持，以促进企业的可持续发展。本书通过实证检验后发现，政府的财税政策引导对中小企业的创新绩效能够产生显著的正向影响。这与一些学者近期采用实证研究方法得出的研究结论相类似。例如，Chadee 和 Roxas 在研究中发现，政府对企业 R&D 直接补贴带来的增长效应最为显著，同时税收结构的调整可以促使税收制度对企业的创新激励最大化，财税政策工具的相互搭配有助于推动企业的创新[282]；李翠芝和林洲钰的研究结果表明政府的财税扶持力度越大，企业的技术创新水平也就越高，而且较大的财税扶持力度对提高中小企业的技术创新水平的作用更明显[330]。但是上述研究大多是针对某一项财税政策进行实证分析的而不同的财税政策对企业创新绩效的影响机制及程度大小等方面还缺乏相关实证研究。

本书在梳理已有文献的基础上，认为财税政策引导包括直接性政策引导与间接性政策引导两个方面，而间接性政策引导比直接性政策引导对中小企业创新绩效的正向影响作用更强。这也就说明政府部门应该尽可能通过调整税收结构及尽可能为中小企业抵减税负来提升中小企业的创新绩效，而不仅仅是直接对企业进行资金投入。现有国内外相关研究表明，直接性政策引导（如资金支持、科技计划项目等）在一定程度上能够促进企业创新绩效的提升，间接性政策引导（主要强调税收优惠政策）也可以起到促进企业创新绩效提升的作用，但是同样作为财税政策引导的重要途径，到底哪种方式更能促进中小企业创新绩效的提升？目前学界缺乏这方面的比较，而本书通过实证分析在一定程度上回答了这个问题，即间接性政策引导（税收激励）比直接性政策引导（资金扶持）更能促进中小企业创新绩效的提升。对于政府而言，应该调整相关政策，重视间接性政策引导的作用，切实发挥各种税收优惠政策对中小企业创新绩效的促进作用。

本书不仅发现间接性财税政策引导总体上会显著促进企业创新绩效的提升，而且还发现不同的财税政策引导方式对企业创新绩效的影响效果也是不一样的，而学界目前对这方面的研究关注得还相对较少。本书发现，根据各项财税政策引导途径对企业创新绩效影响程度的高低进行排序，排在前四位的财税政策引导方式分别是：研发补贴、企业所得税抵减、企业财产行为税抵减和企业研发费用加计扣除，从实践层面来看，许多处于初创期和成长期的中小企业都非常需要研发资金，直接性研发补贴的方式能够直接保障中小企业的创新资金投入，提高企业的创新效率；而企业所得税的抵减或减免的方式直接帮助减少了中小企业税负方面的现金流出，增加了可使用的资金，保证了企业创新资金的供给，进而提高企业创新效率。进一步地，企业财产行为税主要是针对孵化器内及科技园区内处于成长期的企业而言的，财产行为税的减免直接帮助这些企业节约了运营成本，增加了创新研发资金的投入，进而促进了企业创新绩效的提升。而研发费用加计扣除对于许多高新技术企业非常有效，这主要是因为高新技术企业通常规模较大、研发投入强度较高，因而更大程度的税收优惠政策直接有效地刺激了企业创新研发投入，提高了企业创新绩效。也就是说，不同的财税政策对于企业创新绩效的影响机制可能是不同的，政府部门应该对不同的政策引导途径加以区分，根据中小企业所处的发展阶段，提供多层次的财税政策引导体系，并且应该着重考虑不同企业对于不同政策的吸收能力，强调政府部门对企业发展信息的收集，及时调整相关政策的内容，使政策引导的激励作用最大化。

2. 创新环境营造与中小企业创新绩效的关系

创新环境对创新绩效具有显著影响，学界对这一观点已基本达成共识。已有的研究通过对发达国家企业面板数据进行实证分析发现，企业所面临的创新环境是驱动企业创新绩效提升的重要因素之一，并且环境监管体系的有效执行促进了企业创新过程和产品的创新。国内学者曾萍和邬绮虹认为，政府强化对创新环境的建设，主要体现在颁布并实施《中华人民共和国知识产权法》《中华人民共和国专利法》等法律法规来保护知识创新成果、营造公平公正的竞争环境，通过法律的有力保障降低了企业创新成果的负外部性，提高了企业人员的创新积极性和创新效率[41]。本书通过实证检验后也发现，政府对创新环境的营造行为能够显著地正向促进中小企业创新绩效的提升，具体而言，政府对企业知识产权的保护能够显著正向促进中小企业的创新绩效的提升，并且政府对企业社会责任的监督也能够显著正向促进中小企业创新绩效的提升，而且企业社会责任监督对企业创新绩效的正向影响作用更显著。

本书的发现能够从扶持和倒逼的视角阐释创新环境营造对中小企业创新绩效的影响，拓展了现有研究对创新环境营造与创新绩效之间关系的理论认知，丰富了二者之间关系的论证。从现有研究文献来看，以往的研究针对企业创新环境营造与创新绩效的论证大多从知识产权保护（正面）视角，探讨二者之间的关系，而忽略了部分行业或企业创新活动过程中可能产生的违法乱纪，以及不正当竞争行为等，这些方面都可以归结为企业所面对的最重要的创新环境——市场环境出现的问题。而当市场出现失灵时，政府必须当机立断及时矫正以恢复公平、有序、正当的市场环境，保证企业创新活动能够持续进行，因此政府对企业社会责任的监督，对某些企业不当竞争行为的矫正，也是保障所有中小企业创新正外部性的重要举措[265]。一方面，本书的回归分析结果表明了，政府对中小企业知识产权的保护，可以显著地正向影响企业的创新绩效，从实践角度出发，企业所在区域的知识产权法律法规完备，以及知识产权法律法规得到了有效执行等，都会对企业创新绩效的提升产生积极作用，这与 McMeekin 和杨震宁等的实证研究结论基本一致。另一方面，本书发现政府对企业社会责任的监督能够更加显著地促进企业创新绩效的提升，这一研究结论在一定程度上与以往研究发现有相似之处，如 Mcwilliams、Arugel、吴家喜、彭正龙、陈莞等学者的观点认为企业社会责任可以提高企业的声誉和口碑，改善企业的内部和外部的社会资本，同时也能促进组织学习，进而实现企业创新绩效的提升。本书的实证研究发现从实践层面解释就是，政府定期对一些特定行业或企业（如环保、食品）的质量、安全及生产经营活动、工作环境和工作条件等进行有效监督，有助于指导企业社会责任实践、完善创新过程及提升企业的创新绩效。鉴于上述分析，当前政府对创新环境的营造应该双管齐下，既从对企业知识产权保护出发，又从对企业社会责任监督出发，但是可以更加偏重对企业社会责任监督方面。

9.5.3 政府支持行为、企业创新能力与企业创新绩效的关系

1. 政府支持行为与中小企业创新能力的关系

在全球经济转型的背景下，学者开始逐渐认识到作为企业外部网络中影响力最大、最为复杂，也是最难预测的重要构成要素之一，政府与企业之间的关系无疑会对企业生产和经营绩效产生重要影响。此后，企业管理研究领域对于企业创新过程和企业创新绩效的研究视角，也开始逐渐转移到了政府行为方面。已有研究文献中，对于政府支持行为与企业创新能力关系的探讨，大多是基于某一种政府行为，而缺乏深入细致地揭示不同政府行为对企业创新能力的影响作用及其差异比较，这对现实实践的指导存在一定的局限性，因为政府对企业创新的支持往往是一系列政策的组合拳。在现有的研究文献中，学者认为政府的某一种支持行为，如财政补贴、科技项目投入、创新环境建设等均会对企业创新能力产生一定程度的正向影响，也就是说，政府所提供的各种政策和行为支持等，能显著促进企业的创新能力的提升。本书通过实证研究分析论证了政府支持企业创新的两类行为：财税政策引导和创新环境营造，对中小企业创新能力的影响机理不同。具

体而言，政府的资金支持等直接性政策引导倒“U”形地促进企业创新能力的提升；而政府对企业知识产权的保护与对企业社会责任的监督都能显著地正向影响企业创新能力，这与以往的研究结论既有相似之处，又有一些不同的地方。

本书的研究结论表明，与以往的研究发现相类似，财税政策引导行为的确能够促进企业创新能力的提升，但一些研究发现二者之间的关系是线性的[272, 274]。然而，本书的实证结果反映出政府的直接性政策引导行为（资金支持）与中小企业的创新能力存在显著的倒“U”形关系，结合资源基础观理论和企业生命周期理论视角来分析，这体现出处于不同发展阶段的企业的创新战略选择是不同的，对创新资源的需求和配置也是不同的，这一观点与王宏起和王雪原的研究结论有着相似之处[277]。现实实践中，很多中小企业往往缺乏资金支持，尤其是对于很多处于初创期的中小企业而言，政府给予的资金资助、财政补贴等直接性引导政策可谓是“雪中送炭”，通过对企业创新资源的投入显著提高企业的创新能力，但是随着企业的不断发展和壮大，当企业达到一定规模的时候，政府给予的资金支持等对企业而言可能仅仅是“锦上添花”，不能从根本上解决企业当前所面临的创新难题，如果政府继续给企业提供直接性的资金资助，这些有限的资金，不但不能促进企业创新能力的提升，反而会成为一种浪费。这也就解释了直接性政策引导行为与企业创新能力二者之间存在倒“U”形关系的内在原因。因此，对于政府而言，不能单纯地给予企业直接性的资金支持，应该逐渐将政策引导体系化，根据不同企业的自身特点及发展程度，审时度势地给予企业政策引导，切实培植企业的创新能力，并在整体上实现对政府财税政策资源的有效利用。

本书的研究结论还进一步验证了，创新环境营造的两个维度对中小企业创新能力均有显著的正向促进作用，这一研究发现与 Horri、Iwaisako、Chadee、李春涛和郭培培等学者的研究结论基本相同。基于对现有文献的总结和梳理，本书认为企业创新能力包括战略规划、资源配置、过程创新、研发、组织学习等七大方面，是贯穿于企业创新的整个过程之中的，而政府对创新环境的营造会积极推进企业的技术创新活动，为企业技术创新活动营造公平、公正的竞争环境，这种行为会激发企业在技术活动中的创新能力。基于激励规制理论视角，政府对创新环境的营造，初衷就是强化市场竞争、避免“寻租”现象发生、奖优惩劣、解决信息不对称问题、提高市场竞争的效率，而中小企业作为市场竞争活动的主体，政府的一系列激励规制行为自然会促进企业创新绩效的提升，最终实现市场竞争的常态化运行[331]。这一研究发现的启示在于：对于提升中小企业创新能力而言，虽然政府资金支持及税收优惠具有积极作用，但是良好的创新环境才是培植企业创新能力的动力所在，政府应当积极主动地营造良好的创新氛围，形成有效的激励规制。

2. 中小企业创新能力与企业创新绩效的关系

长期以来，对企业创新能力与企业创新绩效之间关系的探讨已成为企业组织管理领域的研究热点。已有研究文献充分验证了企业创新能力既会对个人层面的创新绩效产生显著影响，也会对组织层面的创新绩效产生显著影响，并且企业创新能力往往被界定为一系列能力的集合，因此企业创新能力的不同维度对企业创新绩效的影响机制自然也存在差异。比如，Chang 等学者通过对制造业企业的实证研究发现，企业开放能力、整合能力对企业创新绩效具有显著的正向影响，而开放能力对企业创新绩效的影响程度较弱。本书通过实证检验后发现，中小企业创新能力对企业创新绩效具有显著的正向影响，研究结果表明：在政府积极营造创新环境和进行财税政策引导的前提下，中小企业创新能力越高，越有利于提升企业的创新绩效，这也说明了企业创新能力是制约中小企业创新绩效的重要前因变量。本书得出的研究结论与以往学者 Yam 和 Esther 及 Urgal 等得出的结论相一致。

以往针对企业创新能力与企业创新绩效关系展开的研究，大多是基于大中型企业和国有企业进行的，而本书围绕科技型中小企业的实证调研，结果发现中小企业的创新能力与企业创新绩效之间存在显著的正相关关系。现有的学术研究和企业创新实践表明，与大中型企业创新活动主要针对研发技术创新有所不同，中小企业的创新活动既包括研发创新也包括非研发创新，不论是否进行研发创新，中小企业都可以获得良好的创新绩效，并且这一观点已经得到了 Jansen 和 Arudel 等学者的研究证实。这也进一步说明，中小企业的创新能力包括战略规划、资源配置、过程创新、组织学习等一系列能力，可以划分为研发创新能力和非研发创新能力两大方面，而不论是研发创新能力抑或是非研发创新能力都会对最终的创新绩效产生显著影响，因为中小企业的创新绩效是产品创新、技术创新、管理创新、过程创新等一系列研发创新和非研发创新活动的结果表现。据此分析可知，中小企业的创新能力是各种研发与非研发创新能力的集合，需要在企业的日常经营活动中进行有效培养和提升，这样才能够更加有效地保障企业创新绩效的提高。

3. 中小企业创新能力的中介作用

本书利用结构方程模型验证和分析了企业创新能力对政府支持行为与企业创新绩效之间关系的中介作用。具体而言，本书实证检验了中小企业创新能力在财税政策引导与中小企业创新绩效关系之间，以及创新环境营造与中小企业创新绩效关系之间所发挥出的中介作用。

对于企业创新能力是否在财税政策引导与中小企业创新绩效关系之间发挥出

中介作用，本书的实证研究结果表明，企业创新能力在直接性政策引导（资金支持）与企业创新绩效关系之间发挥了部分中介作用，而在间接性政策引导（税收激励）与企业创新绩效关系之间没有发挥出中介作用。已有研究表明，政府的财税政策支持主要是通过影响企业的研发投入来影响企业的创新能力，进而影响企业的创新绩效，而本书得出的主要结论与 Czarnitzki 和 Hussinger 等学者的观点部分吻合。不论是直接性政策引导还是间接性政策引导，其目的都是增强企业的研发投入，只是在引导途径方面，一个是“直接给钱”，而另一个是“间接省钱”，不同的引导途径最终对企业创绩效的作用机理也有很大的区别。本书得出的结论进一步说明了，在现实实践中，政府直接给中小企业提供资金支持既会直接促进企业创新绩效的提升，同时也会间接通过帮助提升企业的创新能力，进而促进企业的创新绩效的提升。但是，政府针对中小企业的税收激励优惠政策不能通过提升企业的创新能力，进而提高企业的创新绩效，然而税收激励优惠政策对企业创新绩效有显著的正向影响。在实践中，可以考虑将两种方式进行结合，如果想帮助中小企业提升创新能力，那么就可以考虑多为企业提供一些直接性的财税政策引导，这样做不但能够提高企业创新能力，而且可以进一步提高企业创新绩效；但是对于本身创新能力比较强的企业而言，间接性的财税政策引导能直接提升企业的创新绩效，可以考虑多使用税收方面的政策。

对于企业创新能力是否在创新环境营造与中小企业创新绩效关系之间发挥出中介作用，本书的实证研究结果表明，企业创新能力在企业知识产权保护与企业创新绩效关系之间发挥了完全中介作用，而在企业社会责任监督与企业创新绩效关系之间发挥了部分中介作用。这也就说明，在考虑企业创新能力的情况下，政府对企业知识产权的保护必须先影响企业创新能力，进而影响企业创新绩效，而不能直接影响企业创新绩效；政府对企业社会责任的监督既可以直接影响企业创新绩效，又可以通过影响企业创新能力进而影响企业创新绩效。从实践层面出发，这也反映出，政府对企业社会责任的有效监督可以起到“一石二鸟”的作用，既能够倒逼中小企业提升创新能力，同时也能直接促进中小企业创新绩效的提升；而政府对企业知识产权的保护是提升中小企业创新能力的重要前因变量，但不是提升中小企业创新绩效的重要前因变量。

9.5.4　政府支持行为、企业创新动力与企业创新绩效的关系

1. 政府支持行为与中小企业创新动力的关系

已有研究文献表明，对于企业创新动力的分析可以概括为两大方面：一方面是从企业组织的自身出发，企业制度层面的体质因素、内部有形和无形的创新资源、企业自身的技术研发水平和企业所处的发展阶段等都会影响到企业的创新动

力；另一方面，从企业组织的外部出发，行业特征和环境、政府政策、市场需求等都会刺激企业的创新动力。现有研究中关于企业创新动力的影响因素的研究多是从企业组织自身出发，而从企业组织外部出发尤其是侧重政府政策对企业创新动力影响的研究还比较少见。本书通过实证分析后得出结论，政府的两类支持行为（财税政策引导和创新环境营造）的两个维度，均会对企业创新动力产生显著的正向影响，也就是说，政府的财税政策引导和创新环境营造行为越有效，企业创新的热情和意愿等也会越强烈。这一研究结论与 Patanakul 和 Pinto、黄文锋和张梦轩、Kesidou 和 Demirel 的研究发现非常相似，只是他们主要探讨了创新环境营造的某一方面与企业创新绩效之间的关系[297, 301, 302]。

一方面，已有的关于政府财税政策引导与企业创新动力关系的研究文献认为，政府的财税政策支持能够为企业创新意愿的变化创造条件，进而促进创新活动，也就是说，政府作为一个创新供给者，主要是以提高企业的创新意愿为目的为企业提供满足其利益的一系列财税政策，这些政策能够提升企业的创新意愿进而刺激企业创新产出增加。俗话说“巧妇难为无米之炊”，而财税政策引导的实质就是帮助中小企业降低创新成本，进而有效激发企业创新的主动性和积极性，从根本上增强企业的创新动力[296, 299]。本书的实证研究结果明确得出，直接性政策引导（资金支持）和间接性政策引导（税收激励）都会显著促进企业创新动力的提升，但是直接性政策引导对创新动力的提升作用更显著。这也说明，对于中小企业而言，直接给予资金支持类的财税政策会更加能够激发中小企业的创新热情和意愿，这主要是因为许多中小企业在创新过程中自身资金匮乏，尤其是在企业的初创期非常需要政府给予资金支持。从实践方面来看，这一研究结论也让相关政府机构和部门了解到中小企业发展过程中的现实需求，资金支持比起税收激励从整体上更能激发中小企业的创新动力。

另一方面，在政府创新环境营造与企业创新动力之间关系的研究方面，本书通过实证分析验证了政府对企业知识产权的保护和对企业社会责任的监督都会显著提升中小企业的创新动力，而且对企业知识产权进行保护更能提升中小企业的创新动力，也就是说，知识产权保护和企业社会责任监督越有效，越能增强企业的创新动力。这一研究发现与 Helpman 和 Hoffmaister 及 Darnall 等学者得出的研究结论基本一致。从环境营造的具体实施过程来看，政府加强对中小企业知识产权的保护，可以降低企业研发的外溢效应和被模仿的风险，进而提高企业研发投资的积极性，与此同时，政府强化对中小企业社会责任的监督可以促使企业重新进行战略定位，让企业主体致力于对自然环境和社会环境等负责，建设良好的企业声誉，这样做的目的是让企业在面对生存压力、竞争压力、外界舆论压力的情况下，激发其创新动机和意愿，通过正当合法的生产经营和企业创新行为，来提高自身的信誉和核心竞争力。总之，创新环境营造过程要求政府强化区域内外正式制度框架的构建，而制度框架的构建和制度环境的形成，会促进企业创新和区域竞争力，也会显著影响企业的创新热情。

2. 中小企业创新动力与企业创新绩效的关系

针对企业创新动力，已有的研究成果表明，企业创新动力会对企业创新绩效产生显著影响，创新动力是衡量企业创新绩效的一个重要的前因变量。Cooper、Damanpour、Hurley、Hult 等一批学者较早地探讨了企业创新动力与企业创新绩效之间的关系，他们认为，企业拥有创新动力之后会想方设法地去发展自身的优势，并且从中获益。本书通过实证研究后发现，中小企业的创新动力会显著正向影响中小企业的创新绩效，也就是说，中小企业的创新动力越强，越能促进中小企业创新绩效的提升。

具体从企业创新过程来看，企业创新动力的产生过程是创新主体受到企业内部和企业外部的各种因素的驱动，进而产生了创新的欲望和要求，从而进行创新活动的一系列约束条件的集合[288]。根据企业战略管理理论的相关观点，企业创新动力强调了驱使企业进行创新的各种因素，企业创新动力的构成要素主要包含两方面，即创新意愿和企业家精神。通常认为，企业创新动力可以看成一种企业的战略管理方式，通过这种方式，企业可以处理内外部环境的变化，因而企业创新动力对于实现企业的竞争力和高绩效的提升而言是至关重要的。在现实实践中，由于创新存在较大风险，很多中小企业都会考虑创新的成本和可能带来的风险，而创新动力强的企业往往体现在创新性（innovativeness）较强，具体包括对新技术成果的采纳态度、寻求新想法的积极性、接受项目管理中创新行为的态度、愿意集思广益采纳和分享有价值的观点等，这些都会给企业的日常管理和研发创新过程带来潜移默化的影响，最终会影响到企业的创新绩效。这启示政府部门，对于中小企业创新动力的提升，需要考虑到企业创新成本和风险因素的影响，应该提前制定“保底”政策，降低企业顾虑，帮助提升创新动力。

3. 中小企业创新动力的中介作用

本书通过结构方程模型检验了企业创新动力对政府支持行为与企业创新绩效之间关系的中介作用，具体来看，企业创新动力既会在财税政策引导与中小企业创新绩效之间发挥中介作用，也会在创新环境营造与中小企业创新绩效之间发挥中介作用。

对于企业创新动力是否及如何在财税政策引导与中小企业创新绩效关系之间发挥中介作用，本书的实证研究结果表明，企业创新动力在直接性政策引导（资金支持）与企业创新绩效关系之间，以及在间接性政策引导（税收激励）与企业创新绩效关系之间发挥出了完全中介作用，也就是说，在考虑中小企业创新动力的情况下，政府的财税政策引导并不能直接提升企业创新绩效，而是通过直接增强企业创新动力，进而提升企业创新绩效的。根据资源基础观理论，企业内部所独具的资源是企业竞争优势的来源，并且企业获得并维持利润的重要条件就是获取资源及将资源进行合理的分配利用。就中小企业创新发展的现实状况而言，政府的两种财税政策引导方式的目的都是给企业带来资金支持，增加企业的研发投入，而本书的结论表明了财税政策引导方式能够直接激发企业的创新动力，进而促进企业创新绩效的显著提升，但是通过比较两种财税政策引导方式对企业创新绩效的作用机理，还可以进一步发现，直接性政策引导（资金支持）更能激发中小企业的创新动力，也就是说“直接给钱”比“间接省钱”带来的效果更直接一些。从政府支持中小企业创新的实践过程来看，两种不同的财税政策引导方式既会直接促进企业创新绩效的提升，同时也会间接通过激发中小企业的创新动力，进而显著促进企业的创新绩效的提升，据此分析可知，政府的财税政策引导是提升企业创新动力的重要的前因变量，不论是直接性的资金支持还是间接性的税收优惠政策都会显著增强企业创新动力，进而保证企业创新过程的顺利实施，有效地提升企业创新绩效，而政府部门可以考虑针对不同企业的现实状况，采用不同的财税政策引导途径来帮助激发企业的创新动力。

另外，对于企业创新动力是否及如何在创新环境营造与中小企业创新绩效关系之间发挥中介作用，本书的实证研究结果表明，企业创新动力在企业知识产权保护与企业创新绩效关系之间发挥了完全中介作用，而在企业社会责任监督与企业创新绩效关系之间发挥了部分中介作用。这也就说明，在考虑企业创新动力的前提下，政府对企业知识产权的保护必须先影响企业创新动力，进而影响企业创新绩效，而不能直接影响企业创新绩效；政府对企业社会责任的监督既可以直接影响企业创新绩效，又可以通过直接影响企业创新动力进而影响企业创新绩效。从实践层面出发，本书的结论表明企业知识产权保护是企业创新动力的最直接动因，要想提升中小企业的创新动力，就必须加大对中小企业知识产权的保护力度，只有企业创新动力提高了，企业的创新绩效才会跟着提高。本书的研究结果还进一步反映出，政府对中小企业社会责任的监督可以起到一举两得的效果，既能够增强企业的创新动力，又能间接促进企业创新绩效的提升，但是相比企业知识产权保护而言，企业社会责任监督对创新动力的正向影响作用会相对弱一些，然而在企业生产经营活动中，政府对企业社会责任的有效监督，却能实现创新的双重效果。

9.5.5 简政放权、环境波动对政府支持行为与企业创新绩效关系的影响

本书通过实证分析验证了简政放权作为当前全面深化改革背景下的一个重要

外部环境要素对政府的财税政策引导行为与中小企业创新绩效之间关系的影响作用，以及环境波动作为企业创新活动过程中所面临的重要外部环境要素对政府的创新环境营造行为与中小企业创新绩效之间关系的影响作用。研究结果表明，简政放权和环境波动对财税政策引导及创新环境营造的不同维度与企业创新绩效之间的关系起到了调节作用。

1. 简政放权对财税政策引导与中小企业创新绩效间关系的影响

目前国内学界对简政放权并未形成统一的概念界定，但是简政放权的理论内涵与国外 Bozeman 等学者较早提出的繁文缛节有着相似之处，简政放权的实质就是强调政府要放掉该放的权力，减少对市场和企业经营主体的直接干预，目前推进的主要抓手是各级地方政府进行的行政审批制度改革。已有的相关研究表明，繁文缛节与组织绩效呈负相关关系，而且组织内部的繁文缛节越多，组织的创新能力就会越弱[332, 333]。国内学者，如刘洪华从利益相关者理论视角出发，指出政府的不当干预会增加企业的经营难度和道德压力[334]，甚至会导致企业经营环境的恶化，诱发不良竞争环境的产生。也就说，政府的繁文缛节和不当干预等行为会直接影响企业创新过程和绩效。本书的实证结果表明，简政放权对间接性政策引导（税收激励）与中小企业创新绩效之间的关系起到正向调节作用，即简政放权落实得越到位，间接性政策引导对企业创新绩效的促进作用越显著。但是，简政放权却未能在直接性政策引导与企业创新绩效之间发挥调节作用。

国内学者对简政放权进行了诸多定义，从其内容来看普遍认同深化行政体制改革、厘清政府与市场关系、对政府和企业权力进行划分等是简政放权的核心要义，从这些内容的内涵来看，简政放权可以从“简政”和“放权”两个维度来考察，其中简政就是减少政府的行政干预，减少不必要的行政流程；放权则是要把本属于企业自主经营的权力归还给企业，也就是说简政放权要实现的是“政府的归政府，市场的归市场”。尽管现有关于简政放权方面的实证研究成果相对较少，并且也没有相关研究指出简政放权会对政府行为与企业创新间的关系产生影响，但是从企业创新实践过程可以看出，政府部门简政放权的深入推进，有利于更好地为中小企业服务，尤其是解决了许多中小企业在办理一些财税业务时，需要报备许多材料、跑许多部门进行材料审批的现实问题。当简政放权力度比较大的时候，很多中小企业可以更加便利地享受到政府财税政策方面的优惠和支持，尤其是办理各种税收优惠的时候，减免了很多烦琐的、不必要的流程，同时也降低了企业申报的准入门槛，而这些转变会直接激发企业的创新动力和创新活力等，通过政策红利为企业发展减负、松绑，有利于企业进行各种创新活动。

2. 环境波动对创新环境营造与中小企业创新绩效间关系的影响

环境波动在当前组织创新研究过程中经常被视为一个重要的外部调节变量。有学者认为，环境波动被定义为组织的竞争对手、合作伙伴、客户、政府等利益相关主体的行为或者需求变化程度，以及法律规章、行业趋势、服务类型等的变化程度[306]。已有研究文献表明，环境波动能够调节战略灵活性与组织绩效之间的关系、产品创新与创新绩效间的关系、组织学习与吸收能力间的关系、企业联盟关系与创新绩效间的关系等。本书通过实证研究结果发现，环境波动对创新环境营造与中小企业创新绩效之间的关系具有正向的调节作用，具体而言，环境波动对企业知识产权保护、企业社会责任监督与中小企业创新绩效之间的关系均起到了显著的正向调节作用，即环境波动越强，企业知识产权保护与企业社会责任监督对中小企业创新绩效的正向影响作用越显著。

已有的相关理论和实践均表明，中小企业能否适应动态环境的变化是企业能否持续发展创新的关键所在。从现实实践角度出发，环境波动性的提高会导致行业间竞争的加剧，而对于中小企业而言，以往能够轻松获取保持竞争优势的关键资源表现出的价值不再高，环境的激烈波动迫使很多中小企业调整创新战略和关键资源的获取及分配利用，从而造成企业要想继续轻松获取、利用资源进行创新活动变得比较困难[308]。在此背景下，一方面，部分中小企业为了获取利润继续存活，可能会通过模仿、复制、窃取竞争对手的知识产权等违背正常市场竞争的行为来提高企业效益，从而严重影响到专利持有企业的正当利益，进而影响企业的创新热情和生产研发活动；另一方面，环境波动可能会诱发市场失灵和信息失灵，一些中小企业很可能违背经营道德伦理，为了获取高额利润，降低企业生产成本，进而通过提供劣质的产品和服务破坏正常的市场竞争环境，危及顾客和消费者的健康及生命安全，对行业竞争对手和其他利益相关者也造成严重的利益损害。但是，在环境波动性较强的情景下，如果政府能够采取正当的行政手段对行业内中小企业所面临的创新环境进行合理监督和规制，就能够重新营造公平、公正、有序的市场竞争环境，保障大多数中小企业及利益相关者的合法权益，保证企业创新成果的顺利产出。

9.5.6 不同政府支持行为影响企业创新绩效的机制比较

本书的实证研究结果表明，不同的政府支持行为对中小企业创新绩效的影响机制和影响程度均存在着明显的差异，因此有必要进一步对财税政策引导和创新环境营造两类政府行为及其各维度对中小企业创新能力、创新动力及创新绩效的作用机理进行比较研究。表 9-37 是根据前文研究结果整理的政府支持行为的各维度影响企业创新绩效的机制及影响程度的汇总情况。

表 9-37　政府支持行为对中小企业创新绩效的机制与影响程度比较

政府支持行为	维度	直接效应			间接效应	
		中小企业创新能力	中小企业创新动力	中小企业创新绩效	中小企业创新能力	中小企业创新动力
财税政策引导	直接性政策引导	**倒“U”形 −0.127****	0.295***	**0.283*****	完全中介 0.062*	完全中介 0.115**
	间接性政策引导	0.050	0.261***	**0.294*****	中介作用不显著	完全中介 0.09**
创新环境营造	企业知识产权保护	0.214***	0.359***	**0.310*****	完全中介 0.055*	完全中介 0.141**
	企业社会责任监督	0.303***	0.266***	**0.495*****	部分中介 0.078*	部分中介 0.105**

***表示 $p<0.01$，**表示 $p<0.05$，*表示 $p<0.1$

注：表中数字为标准化回归系数值

在表 9-37 的汇总结果中，为了便于进行比较，加粗字体是 SPSS 21.0 分析的结果，主要包括政府支持行为对企业创新绩效影响的直接效应，以及财税政策引导与企业创新能力之间的非线性关系检验，其余结果均由 AMOSS 21.0 软件生成。表 9-37 中的汇总结果从整体上反映出，比起财税政策引导，创新环境营造对中小企业创新绩效的正向影响作用更显著，其中政府对企业社会责任的监督对中小企业创新绩效的正向影响作用最强；而且创新环境营造对中小企业创新动力的正向影响作用也更显著，尤其是政府对中小企业知识产权的保护，能显著提升企业创新动力；就对企业创新能力的影响而言，不同的政府支持行为对中小企业创新能力的影响机理和程度不同；此外，中小企业创新能力和企业创新动力在不同的政府支持行为与中小企业创新绩效关系之间发挥出不同的中介作用，相比之下，企业创新能力和创新动力在直接性政策引导（资金支持）与中小企业创新绩效之间，以及在知识产权保护与中小企业创新绩效的关系中发挥出较强的完全中介作用。具体如下。

就财税政策引导而言，首先，直接性政策引导（资金支持）的一次项和二次项分别与企业创新能力存在显著正相关和倒“U”形关系，而间接性政策引导对企业创新能力的影响作用不显著。其次，直接性政策引导与间接性政策引导都会显著促进中小企业创新动力的提升，直接性政策引导对创新动力的正向影响作用更强。最后，创新能力和创新动力分别在直接性政策引导（资金支持）与中小企业创新绩效之间发挥出完全中介作用，并且创新动力发挥出的中介作用更强；但是创新能力在间接性政策引导与中小企业创新绩效之间没有发挥出中介作用，而创新动力在间接性政策引导与中小企业创新绩效之间发挥出了完全中介作用。

就创新环境营造而言，首先，企业知识产权保护和企业社会责任监督都能够显著提高企业创新能力，但是相比之下，企业社会责任监督的正向影响作用更强。其次，企业知识产权保护和企业社会责任监督都能够显著提高企业创新动力，但是相比之下，企业知识产权保护的正向影响作用更强。最后，创新能力和创新动力分别在企业知识产权保护与中小企业创新绩效之间发挥出完全中介作用，并且创新动力发挥出的中介作用更强；而在企业社会责任监督与中小企业创新绩效之间发挥出部分中介作用，并且创新动力发挥出的中介作用更强。

9.6　本 章 小 结

本章内容基于 345 份中小企业样本的问卷调查和统计分析，对第 7 章中提出的政府支持行为影响中小企业创新绩效的概念模型和研究假设进行了实证检验。本章研究的具体工作包括：第一，基于 90 份小样本数据进行了探索性因子分析，检验了不同研究变量量表的信度和效度；第二，通过对 345 份大样本数据进行验证性因子分析，再次检验了不同研究变量量表的信度和效度，获得了拟合结果较好的测量模型；第三，采用层次回归分析方法验证了政府支持行为对企业创新绩效影响的直接效应、政府支持行为与企业创新能力之间的非线性关系、财税政策引导影响企业创新绩效的分解效应，以及简政放权、环境波动对政府支持行为与企业创新绩效间关系的调节作用；第四，本章研究还采用结构方程模型方法分析和验证了企业创新能力、企业创新动力在财税政策引导与企业创新绩效，以及创新环境营造与企业创新绩效之间关系中发挥的中介作用；第五，本章实证研究结果反映出研究假设大多数通过了检验，并且结合实证研究发现及已有学者的研究成果，探讨和总结了本书得出的新的结论和发现，并尝试结合现有理论和实践给出可能的解释。

第四篇　总结与展望篇

第 10 章　政府支持行为影响中小企业创新绩效的主要结论与展望

10.1　主要研究结论

本书在梳理已有相关理论及研究成果的基础上，首先，对政府支持行为与企业创新绩效的国内外研究文献进行了系统梳理，阐释了政府支持行为与企业创新绩效的知识基础、热点主题、政府支持行为的不同表现类型等，并重点论证了政府支持行为与企业创新绩效之间的关系，围绕直接效应、中介效应和调节效应视角，在对已有研究发现进行述评的同时，明确指出存在的不足和对未来研究的展望。其次，从实践层面出发，通过对国内 13 家创新型中小企业负责人的深度访谈，运用基于扎根理论的多案例研究方法，凝练了政府支持行为和企业创新的主要素范畴（核心变量），并借助访谈文本中的原始语句，初步构建了政府支持行为影响中小企业创新绩效的研究框架。在此基础上，结合研究文献中的经典理论及核心观点，进一步对扎根理论构建出的研究框架进行佐证，并提出相关的研究假设，最终构建出各研究变量间关系的理论模型。再次，介绍了本书的样本选取和数据收集方式，阐述了相应测量量表的来源，以及验证理论模型时所采用的主要统计分析方法。最后，运用层次回归分析、结构方程模型等方法对理论假设进行了实证检验。基于以上分析，本书得出了以下主要结论。

第一，本书发现了财税政策引导和创新环境营造及其各维度都能够对中小企业创新绩效产生显著的正向影响，但创新环境营造对中小企业创新绩效的正向影响作用更显著，并且不同的财税政策引导方式对中小企业创新绩效的正向影响程度也存在明显差异。①就不同类型的政府支持行为来看，财税政策引导的两个维度（直接性政策引导和间接性政策引导）及创新环境营造的两个维度（企业知识产权保护和企业社会责任监督）都能够积极促进中小企业创新绩效的提升，相比之下，创新环境营造的各维度比财税政策引导的各维度更能显著正向促进企业创新绩效的提升。这就表明，政府不应该仅考虑通过财政支持和税收减免来支持中小企业的创新发展，而更应该发挥作用为中小企业营造好公平、有序的创新环境。②就同一类型的政府支持行为的不同维度而言，一方面，间接性政策引导比直接性政策引导对中小企业创新绩效的正向影响更显著，这说明以税收激励为主的间接性财税政策引导更能提升中小企业创新绩效；另一方面，企业社会责任监督比企业知识产权保护对中小企业创新绩效的正向影响作用更显著，这反映出政府定期对一些特定行业或企业的生产经营活动（如产品质量与安全、工作环境、工作条件等）进行有效监督将有助于指导企业社会责任实践，利于改善企业创新环境并可以有效提高创新绩效。③不同的财税政策引导方式对中小企业创新绩效的影响强度也存在显著差异，根据影响程度的高低排序，排在前四位的依次是：研发补贴、企业所得税抵减、企业财产行为税抵减、企业研发费用加计扣除。这就暗示了政府部门在提供财税支持的过程中切忌“一刀切”，而应该根据中小企业所处的发展阶段，提供多层次的财税政策引导体系来帮助提升企业创新绩效。

第二，本书识别了财税政策引导和创新环境营造各维度对中小企业创新能力和创新动力的不同影响机制，且企业创新能力和企业创新动力在财税政策引导、创新环境营造与中小企业创新绩效的关系中发挥程度不同的中介作用。具体地，首先，就财税政策引导而言：①直接性政策引导与企业创新能力之间存在倒“U”形曲线关系，即以财政补贴为主的直接性政策引导对处于初创阶段的中小企业创新能力而言，具有显著的正向影响作用，但是当企业发展到一定规模的时候，直接性政策引导反而会抑制企业创新能力。与直接性政策引导所不同的是，以税收优惠为主的间接性政策引导对中小企业创新能力没有显著的影响作用。本书还发现直接性政策引导与间接性政策引导都能显著促进企业创新动力的提升，而且直接性政策引导的促进作用更强。②企业创新能力和创新动力在直接性政策引导与企业创新绩效关系间发挥出完全中介作用，并且创新动力的中介作用更强；而创新动力在间接性政策引导与企业创新绩效关系间发挥出完全中介作用，但创新能力在二者间关系中没有发挥中介作用。其次，就创新环境营造而言：①企业知识产权保护和企业社会责任监督都能显著提升中小企业的创新能力和创新动力，但是企业知识产权保护更能促进企业创新动力的提升，而企业社会责任监督更能促进企业创新能力的提升。也就是说，政府做好对中小企业知识产权的保护工作能够充分激发企业的创新意愿和热情，而对中小企业社会责任进行有效监督能够倒逼其提升创新能力，避免生产经营活动中的负外部性。②中小企业创新能力和创新动力在企业知识产权保护与企业创新绩效关系间发挥出完全中介作用，而在企业社会责任监督与企业创新绩效关系间发挥出部分中介作用。

第三，本书揭示了简政放权、环境波动分别在财税政策引导、创新环境营造各维度与中小企业创新绩效关系之间起到的不同程度的调节作用。具体而言：①简政放权在间接性政策引导与中小企业创新绩效关系间发挥出显著的正向调节作用，即简政放权力度越大，间接性政策引导对企业创新绩效的促进作用就越显著；但是简政放权在直接性政策引导与中小企业创新绩效关系间未发挥出调节作用。这说明在税收优惠政策方面加大简政放权的力度，可以降低企业办税申报的准入门槛，激发企业的创新动力和创新热情等，进而提高企业创新绩效。②环境波动在创新环境营造与中小企业创新绩效关系之间具有正向的调节作用。本书发现环境波动分别在企业知识产权保护、企业社会责任监督与中小企业创新绩效关系之间起到显著的正向调节作用，即环境波动越强，企业知识产权保护与企业社会责任监督对中小企业创新绩效的正向影响作用越显著。这就说明，在中小企业所面临的外部环境变化的不可预测性较高的情境下，政府采取正当有效的行政手段对行业内中小企业所面临的创新环境进行合理监督和规制，能够营造公平、公正、有序的市场竞争环境，推动企业创新成果的顺利产出。

10.2　研究的创新点

与已有研究进行对比，本书的创新点主要体现在以下四个方面。

第一，揭示了两类政府支持行为及其各维度对中小企业创新绩效影响的差异，发现了不同的财税政策引导方式对企业创新绩效的影响效果。以往研究更多是在探讨某一种政府支持行为对企业创新绩效产生的影响，而将不同的政府支持行为组合并进行比较研究的成果少之又少，并且当前极少有文献将财税政策引导与创新环境营造组合进行研究。此外，现有围绕政府支持行为影响企业创新绩效的研究成果中，大多数学者是以财政补贴的具体数额作为政府支持企业创新的测量方式，也有部分学者以税收优惠的具体数额作为政府支持企业创新的测量方式，抑或将二者结合探讨其对企业创新的影响。但是忽视了不同类型的政府财政补贴方式或者税收优惠方式对企业创新的影响效果，而这方面研究更能为政府财税部门的实践行动提供科学依据。

本书基于资源基础观理论和政府规制理论并结合现实实践，不仅将财税政策引导和创新环境营造分别解构为两个维度，并纳入一个模型进行分析比较，同时也揭示了不同的财税政策引导方式对中小企业创新绩效的影响程度。结果发现：①财税政策引导和创新环境营造都能显著促进中小企业创新绩效的提升，但是创新环境营造的促进作用更明显；②从具体维度来看，以税收优惠为主的间接性政策引导比以财政支持为主的直接性政策引导更能促进中小企业创新绩效的提升，并且创新环境营造维度中的企业社会责任监督对中小企业创新绩效的正向影响作用比企业知识产权保护更显著；③不同的财税政策引导方式对中小企业创新绩效的作用强度不同，根据影响程度高低排序，前三位依次是研发补贴、企业所得税抵减和企业财产行为税抵减。本书突破了以往研究更多关注某一种政府支持行为的局限，丰富了政府规制理论和资源基础观理论在政府支持中小企业创新情境下的研究和应用，揭示了不同类型的财税政策引导方式对中小企业创新绩效的影响效果，也进一步深化了对政府支持行为“组合拳”影响效果的认识。

第二，提出并验证了两类政府支持行为对中小企业创新能力和创新动力的影响的差异，揭示了企业创新能力和创新动力在政府支持行为与中小企业创新绩效关系间发挥出的不同程度的中介作用。以往研究发现政府支持行为与中小企业创新绩效关系间的中介变量具体包括：研发资源投入等（企业战略执行层面），组织双元学习（组织能力层面），服务性中介机构、政府权力运作方式等（外部网络层面）。以往研究表明了企业创新能力和创新动力是提升中小企业创新绩效的重要的前因变量，但是缺乏从企业创新动力和企业创新能力视角出发，探索政府支持行为与企业创新绩效关系间的中介效应，并对不同的中介效应进行揭示的研究。

本书探索了中小企业创新动力和创新能力在财税政策引导、创新环境营造与中小企业创新绩效关系间的中介作用，揭开了财税政策引导、创新环境营造影响企业创新绩效的传导机制。研究发现：①直接性政策引导和间接性政策引导与中小企业创新动力显著正相关，且直接性政策引导与中小企业创新能力之间存在着倒“U”形的曲线关系，但间接性政策引导对中小企业创新能力没有显著影响；②中小企业创新能力和创新动力在直接性政策引导与中小企业创新绩效关系间起到了完全中介作用，且创新动力在间接性政策引导与中小企业创新绩效关系间起到了完全中介作用，而创新能力在二者关系间没有发挥显著中介作用；③就创新环境营造而言，企业知识产权保护和企业社会责任监督都与中小企业创新能力和创新动力显著正相关，且中小企业创新能力和创新动力在企业知识产权保护与企业创新绩效关系间起完全中介作用，但在企业社会责任监督与企业创新绩效关系间起部分中介作用。本书弥补了以往研究将企业创新动力和创新能力纳为中介变量的不足，丰富了政府支持行为影响中小企业创新绩效传导过程的研究，也揭示了不同类型政府支持行为对于提升中小企业创新能力和创新动力的影响效果。

第三，提出并验证了简政放权与环境波动分别在两类政府支持行为与中小企业创新绩效关系之间所起的调节作用。以往研究发现政府支持行为与企业创新绩效关系间的调节变量主要有：产权比重、产业类型、企业规模、所有制特征等（企业基本特征类）；知识产权管理实践、R&D 强度、CEO 两职合一等（企业战略管理类）；以及经济发达程度、科研基础状况等（区域环境因素类）。但是，现有研究却缺乏从政府与市场关系，以及企业面临的外部竞争环境等企业外部视角探索简政放权、环境波动等情境因素对政府支持行为与中小企业创新绩效间关系的影响的研究。

本书探索了简政放权与环境波动在财税政策引导、创新环境营造与中小企业创新绩效关系间的调节作用，识别并验证了财税政策引导、创新环境营造影响中小企业创新绩效的外部情境因素。研究发现：①简政放权显著正向调节间接性政策引导与中小企业创新绩效间的关系，即简政放权力度越大，间接性政策引导对中小企业创新绩效的促进作用就越显著。但是，简政放权在直接性政策引导与中小企业创新绩效关系间的调节作用不显著。②环境波动在创新环境营造与中小企业创新绩效关系之间具有显著的正向调节作用。具体而言，环境波动在企业知识产权保护、企业社会责任监督与中小企业创新绩效关系之间均起到了显著的正向调节作用，即环境波动越强，企业知识产权保护与企业社会责任监督对中小企业创新绩效的正向影响越显著。本书弥补了以往研究从企业外部视角探索政府支持行为与企业创新绩效间关系时对情境变量认知的不足，开拓了简政放权的测量维度，丰富了政府与市场关系理论在政府支持中小企业创新实践中的研究和应用，深化了对政府支持行为影响中小企业创新绩效的外部情境因素的认识。

第四，基于政府支持企业创新的视角，系统构建了简政放权与环境波动背景下，财税政策引导与创新环境营造两类政府支持行为如何通过影响中小企业创新能力、创新动力，进而影响企业创新绩效的整合性理论框架。以往围绕政府支持企业创新的研究成果中，研究者缺乏对政府支持行为的系统梳理，所依据的各种理论有其合理的一面，也能够为政府支持行为与企业创新之间的关系提供部分解释，但 Kim、Liu、Wei、曾萍等学者认为，目前还没有任何一种理论能全面合理地解释政府支持行为影响企业创新的内在过程与作用机制，缺乏将多个理论研究成果相结合，构建全面系统阐释政府支持行为影响企业创新机制的理论框架。

本书在回顾政府与市场关系理论、政府规制理论和资源基础观理论的基础上，整合现有国内外经典文献提炼出的政府支持企业创新的六种行为角色，具体包括政策企业家、政策设计、资金支持、网络搭建、服务供给和环境规制。基于此，通过对国内十多家中小企业进行深度访谈调研，运用扎根理论的方法提取了政府支持行为与中小企业创新的七个主范畴要素（研究变量），指出了财税政策引导与创新环境营造是当前中小企业迫切需要政府给予的支持行为，并结合访谈语句中的原始信息构建了政府支持行为影响中小企业创新绩效的整合性理论框架。同时，借鉴已有研究文献中的经典理论及核心观点，进一步对应用扎根理论构建出的研究框架进行理论支撑。该框架将多案例研究与文献研究有效结合，深化了对政府支持行为影响中小企业创新绩效过程与情境的认识，弥补了以往研究缺乏对政府支持行为类型要素进行系统梳理的不足，系统化地揭开了政府支持行为影响中小企业创新绩效过程的“黑箱”，对 Kim、Liu、Wei、曾萍等学者指出的现有研究的局限做出了回应。

10.3 研究的实践启示

本书除了丰富和拓展现有的研究理论之外，还能为相关政府部门和机构推动管理实践提供经验支撑，具体体现在以下几方面。

第一，大力推动财税政策引导和创新环境营造工作，是提升中小企业创新绩效的重要抓手。本书分析了政府的财税政策引导行为和创新环境营造行为对中小企业创新绩效的直接影响作用，结果表明，财税政策引导的两个维度以财政支持为主的直接性财税政策引导与以税收优惠为主的间接性财税政策引导，以及创新环境营造的两个维度企业知识产权保护与企业社会责任监督都会对企业创新绩效产生显著的正向影响，并且企业创新环境营造比财税政策引导对中小企业创新绩效的正向影响作用更强。建议在现实实践中，政府部门应该打破以往的思路，不要一味地只对中小企业进行财税政策方面的扶持，而应该重点考虑为中小企业营造创新环境，可以从强化对中小企业知识产权的保护和对企业社会责任的监督角度入手，完善区域知识产权保护方面的法律法规政策，并有效地保障政策顺利实施，与此同时，对一些特殊类型的中小企业生产和经营活动（如是否破坏环境、质量安全是否过关、工作条件是否达标等）进行定期监察，为政府辖区内的各类中小企业营造良好的创新环境。与此同时，结合企业的现实发展状况和需求情况，可以考虑对中小企业进行各种财政支持和税收优惠，并且尝试将不同类型的政府支持行为进行组合使用，以便对中小企业创新绩效的提升起到事半功倍的效果。

第二，根据中小企业所处的发展阶段，制定和出台多层次的财税政策引导体系，并且应该着重考虑不同企业对于不同政策的吸收能力，避免财税政策引导做“无用功”。本书实证分析了不同的财税政策引导方式对中小企业创新绩效的作用机理，结果发现不同类型的财税政策引导方式对中小企业创新绩效的影响程度也不相同。具体而言，研发补贴、企业所得税抵减、企业财产行为税抵减和企业研发费用加计扣除四项政策扶持方式对中小企业创新绩效的促进作用最显著。这就建议在现实实践中，科技、财政、税务等政府部门应该具体问题具体分析，而不是对所有企业都一味地进行资金投入，只管投入多少，不管产出效果。应该着重考虑不同企业所处的成长和发展阶段、企业的规模和类型等，进而提供相应的财税政策扶持方式，并且也要考虑到企业自身状况能否很好地对所提供的政策进行消化吸收。比如，对于许多处于初创期的中小企业而言，政府部门可以考虑多给予财政支持，而对于成立时间较久、规模较大、资金雄厚的企业而言，财政补贴可能起不到“雪中送炭”的效果，相反，对企业的所得税、财产行为税等税收进行不同程度的减免，更能激发企业的创新动力，解决企业实际所需。因此，根据本书的研究发现，政府部门有必要结合中小企业的现实状况来推进和完善当前的财税政策引导体系。

第三，明确财税政策引导和创新环境营造对中小企业创新能力和创新动力的不同促进作用。本书发现，政府的财税政策引导和创新环境营造对中小企业的创新能力和创新动力的影响作用不同，具体而言，直接性政策引导和企业知识产权保护最能增强企业的创新动力，而直接性政策引导与企业创新能力之间存在倒“U”形关系，间接性政策引导不能影响企业创新能力，但能增强企业创新动力，进一步地，企业知识产权保护和企业社会责任监督都能显著提高企业的创新能力。这就建议政府部门若想提高中小企业创新动力就必须重点从知识产权保护和直接性政策引导（财政支持为主）入手，将这两种政策进行结合可以显著提升中小企业创新动力。对于提高中小企业创新能力而言，直接性政策引导与中小企业创新能力之间存在着倒“U”形的关系，这也就说明一味地进行财政资金投入并不总是能促进企业创新能力的提升，当达到某个临界值以后，资金的继续投入只会造成资源浪费。因此，政府部门应该结合企业创新发展的现实状况，对不同类型和规模的企业进行有规划性的财政支持。此外，企业知识产权保护和企业社会责任监督都能显著提高中小企业的创新能力，这也就进一步说明当前政府部门要积极营造良好的创新环境，这既能提高中小企业的创新能力，又能增强企业的创新动力，可以起到“一箭双雕”的作用。

第四，加大政府财税部门简政放权的力度，尽可能降低中小企业享受税收优惠政策的申报门槛，赋予企业更多的生产经营权利，尽可能为企业松绑减负。本书发现，简政放权能够显著正向调节间接性政策引导与企业创新绩效之间的关系，即简政放权力度越大，政府部门的间接性政策引导越能促进中小企业创新绩效的提升。这就建议当前政府部门加大简政工作的力度，进一步为中小企业松绑减负，尤其是在很多中小企业办理税收优惠政策申报的过程中，如果财税部门能够做到真正为企业服务，考虑企业的难处，尽量优化企业办理税收优惠的流程和压缩办理时间，同时尽可能降低企业的申报门槛，让更多企业享受到税收政策带来的优惠，这样可以帮助推进中小企业创新过程的顺利实施，并且提高创新的效率。另外，加大政府部门放权的力度，尽量减少对企业生产经营活动的频繁干预，对企业经予充分信任，赋予企业更多的自主经营活动权利，让企业释放内在活力，提升创新绩效。

第五，在环境波动较强的背景下，政府部门通过强化对中小企业创新环境的营造，可以更加有效地促进中小企业创新绩效的提升。本书发现，环境波动正向调节创新环境营造与中小企业创新绩效间的关系，即环境波动性越强，政府对企业知识产权的有效保护，以及对企业社会责任的有效监督，越能显著提升中小企业的创新绩效。这就说明在环境波动的情境下，环境动荡会导致行业间的竞争加剧，企业对外部环境变化缺乏准确及时的预测，这往往会给许多中小企业带来危机，而迫使企业对经营战略和资源的分配利用等进行重新调整。在此过程中，环境波动会诱发一些企业间的不良竞争，进而出现市场失灵和信息失灵的现象，这时候政府部门如果能及时采取合法、正当的手段对行业内部中小企业面临的创新环境进行合理规制，从而重新营造公平、公正、有序的市场竞争环境，在保护大多数企业及消费者合法权益的同时，也促进了中小企业创新成果的有效产出。因此，在环境波动较强的情境下，政府部门进行中小企业创新环境营造方面的工作也面临诸多压力和挑战。

10.4　研究的局限性

本书不可避免地存在一些局限性，具体来说主要包括以下几个方面。

第一，本书在样本来源与样本数量方面存在局限性。首先，本书主要是采用整群抽样及在整群中随机抽样的方式，通过对四个城市发放调查问卷来完成调查数据的收集工作。虽然本书对选取四个城市的科技型中小企业作为研究对象的原因进行了一定的说明，但是仍然不可否认的是，某种指定类型的样本必然会导致研究的外部效度降低，造成推论能力不足。而且，由于各种资源和条件的限制，本书最终收集到的大样本调查问卷仅仅是来自西安、青岛、乌鲁木齐、绵阳四个城市，还缺乏更大范围的研究样本，如考虑增加中部地区的城市，或者考虑以不同行政层级的城市作为调研对象等，由于研究区域方面的限制，研究结论自然会存在一些偏差。其次，从研究内容来看，不仅需要测量企业创新的过程和绩效等内容，而且还需要测量企业对政府支持行为的感知状况，但是现实中，不同区域、不同层级的政府对中小企业创新的支持情况本身就存在差异且无法控制。尽管本书选取了中小企业负责人作为研究对象，但是不同的被试个体对政府支持行为的感知状况也是不同的，这也是目前本书存在的缺陷，这些最终都可能对研究的信度和效度产生不利影响。最后，从本书的测量题项来看，已有学者指出测量题项与问卷调查对象的比例应该在 1∶5 以上，如果能达到 1∶10 则效果会更好。虽然研究人员对于究竟发放多大数量的问卷较好并没有一个绝对的说法，但是学界基本公认问卷数量越多，则样本的精确性和代表性会越高。因此，从研究的更高标准和信效度来看，本书的样本数量有进一步扩大的空间，以提高研究结果的精确性和代表性。

第二，本书在研究工具和变量测量方面存在一定的局限性。根据研究内容的需要，本书主要是在西安、青岛、乌鲁木齐、绵阳四个城市相关政府部门工作人员的大力支持和配合之下，较为便捷地获取到了研究需要的一手调查数据，但是本书对于变量的测量方面还存在一些不足。一方面，对于企业创新能力、企业创新动力、企业创新绩效、环境波动等变量的测量主要采用了国外学者现有的成熟量表，经过稍加改进和完善后编制成测量量表，虽然本书已经阐明对文献的翻译和量表的开发过程进行了严格控制，但是由于研究对象的不同及研究背景和社会文化习俗、语言表达习惯的差异，转换后的中文问卷可能会引起题意误差，并可能降低量表的信效度。另一方面，对于简政放权等量表的开发和测量，由于目前国内缺乏专门的理论对照和提法，所以只能应用国外的相关理论结合中国现实国情等对研究变量进行测量，而量表在后续肯定是需要进一步修正和改进的。对于像创新环境营造方面的测量，国内外学者并未形成共识，本书是结合理论与现实实践，重点从企业知识产权保护与企业社会责任监督两方面对创新环境营造进行测量，但是创新人才建设、创新平台建设等也都是属于创新环境营造范畴内的，而这些方面需要后续在对量表进行改进和完善的过程中考虑添加进去。此外，本书对研究变量的测量主要是采用个人主观感知的方法通过问卷调查的方式获取的，但是像财税政策引导、企业创新绩效等研究变量可以考虑增加客观数据指标对其进行测量，如研发补贴的具体金额、税收优惠的金额、专利和新产品的数量等。因此在后续调查过程中，可以适当将主观数据和客观数据进行紧密结合，以提高量表测量的信度和效度。

第三，本书在研究方法方面也存在一定的局限性。本书主要采用量化研究的方法对理论假设等进行实证检验和论证，同时辅以田野调查、深度访谈等定性研究方法，并运用扎根理论的思想通过对中小企业的多案例研究，提炼研究变量，并揭示变量之间的因果关系，这样做的目的是从多个视角来构建理论框架和解释内在机理，试图增加研究结论的信度和效度。但是从样本对象的视角出发，本书分批次收集和研究的文本数据跨越了不同的时期，多案例研究的文本资料主要是在 2014 年 7 月至 10 月期间完成的，后续又在 2015 年 10 月前后继续收集了一些企业样本，而大规模调查问卷的修改完善经历了 2014 年和 2015 年，集中发放主要是在 2016 年 2 月至 4 月期间进行的，因此时间上的跨度可能也会影响研究结论及结果发现。而且本书开展问卷调查主要是采用回溯研究的方法，但是一些研究变量，如简政放权、财税政策引导、创新环境营造等会随着时间的推移而发生行为方面的变化，同时在国家大力实施创新驱动发展战略的背景下，各项科技扶持政策等也处于一个动态演变的过程中，这种动态性及其可能对企业负责人认知方面造成的影响也是很难控制的。进一步来看，本书在具体分析研究变量之间的关系时所采用的实证研究方法也存在一些不足，如只考虑对重要的、事务表层的、可以量化的部分进行测量，而不能获得更加深层次的内涵及细节内容，只能对研究者提出的预期理论假设进行验证，而难以了解到被试个人其他方面的想法和观点，研究结果仅能代表抽样样本的平均状况，不能兼顾到特殊情况。此外，对研究过程设计方面的人为控制也很难保证在自然状态下收集到更有效的数据资料，这些在后续的研究过程中都需要得到进一步完善。

10.5　未来研究展望

本书主要立足于政府支持中小企业创新的视角，围绕财税政策引导、创新环境营造两类不同的政府支持行为对中小企业创新绩效的影响进行了深入探讨，对现有的企业创新绩效研究，以及政府支持企业创新的研究成果进行了丰富和拓展，研究结论也初步揭示了财税政策引导、创新环境营造、企业创新能力、企业创新动力对企业创新绩效的影响机理。然而，由于相关研究变量如财税政策引导、创新环境营造、简政放权、企业创新绩效是组织管理与科技政策领域的新兴研究，并且是在中国现实国情下进行测量和论证的，学者从不同视角对它们进行了界定，因此目前很难采用一致的测量方法，这方面在后续需要进一步发展和完善。而且，国内学者对简政放权、创新环境营造等方面的研究才刚处于起步阶段，对于未来研究工作的推动，笔者认为可以从以下几个方面进行考虑。

第一，进一步提高样本来源的广泛性并扩充样本数量。本书虽揭示了财税政策引导行为、创新环境营造行为、企业创新能力、企业创新动力、简政放权、环境波动等变量之间的相互关系，以及其影响企业创新绩效影的机理，但是目前的研究缺乏更大范围的样本，这也就意味着如果增加其他区域的样本数据，最后的结论可能会发生变化。还有，本书的样本在区域上受到了一定程度的限制，而不同区域、层级政府对于中小企业的创新支持和不同地域下的个体对于政府支持行为的感知均不可控，这些都使得研究的结论可能存在偏差。此外，目前的调研对象仅限于中小企业，而缺乏大型企业、国企，或者外资企业等，如果能对不同类型或者规模的企业进行比较研究，研究结论会变得更有说服力。因此，后续的工作一方面，有必要考虑增加中部地区或者其他区域的企业样本，同时考虑收集一些不同产权类型、不同规模的企业的数据，以便于进行更加深入和细化的对比研究，发现更多有价值的研究结论；另一方面，在样本中同时增加不同行政层级的城市及所有相关样本的数量，以便于提高研究结果的精确性和代表性。

第二，进一步提高变量测量的科学性，在完善测量体系的同时，考虑将主客观数据进行有效结合。不同研究人员对企业创新绩效测量的视角不尽相同，而且由于企业规模、企业成立时间、企业所有制的不同，对创新绩效的测量自然也存在着差异。总的来说，目前有关企业创新绩效的测量大多是用主观问卷的方法进行测量，有一些研究是利用客观数据指标对创新绩效进行测量，但是无论是主观问卷测量还是客观数据指标其本身都会存在一定的局限性，需要后续进行完善。因此，一方面要从量表本身入手，对于简政放权等与本书相关的量表进行进一步的修正和改进；另一方面对于测量所产生的题项认知差异等问题也应该以改善测量指标等有效方式来加以解决。此外，本书提出的创新环境营造的测量借鉴了国内外学者的最新研究成果，并且信效度较高，具有一定的推广性和现实性，但是随着科技政策研究领域对创新的问题越来越重视，后续的量表在测量内容设计上要把创新人才建设、创新平台建设等属于创新环境营造的因素适当添加进去，以便更有效地反映创新环境营造。总之，后续的研究应尽可能将主客观数据进行有效结合，收集有关政府支持方面与企业创新方面的客观数据，如研发补贴额、税收优惠额、专利授权量、销售增长率、资产收益率、新产品数额及销售收入比等，以提高和改进量表的信效度。

第三，进一步拓展数据获取的各种渠道。虽然本书使用量化分析方法对理论假设进行了实证检验和论证，并且用田野调查、深度访谈等定性方式做到了定量与定性相结合、规范与演绎相结合，但是无法改变诸多研究变量的动态变化及人为控制下的主观性设计与判断对于研究结论所造成的影响。虽然本书对于一手数据的收集主要是在四个城市相关政府部门和机构工作人员的大力支持和配合下得以完成的，这使得本书在较短的时间内较为便捷地获取到了一些有效样本，但这并不是样本获取的唯一来源。后续的研究应该拓展数据的获取渠道，除了政府部门的帮助以外，可以亲自走访科技园区的企业，直接发放问卷并且获取更多有用信息，而且除了主观问卷以外，也应该多关注国内科技统计年鉴、中小企业年鉴、科技部门和统计局官网等，尽可能收集更多的客观指标数据，以便更加全面和有效地测量研究变量。

第四，进一步结合现实情境，通过对中小企业进行深入调研和访谈，完善现有的政府支持企业创新行为的研究要素框架。本书首先基于现有的国内外研究文献构建了不同类型的政府支持行为的要素框架，在此基础上，结合对国内 13 家中小企业的深入调研和访谈，对政府支持行为的主范畴进行了凝练，并且从现实企业需求出发，最终选取了财税政策引导和创新环境营造两类政府支持行为进行研究，而没有考虑对其他政府支持行为，如公共服务、网络搭建等进行研究。后续可以考虑通过对不同类型的中小企业进行深入调研和访谈，进一步细化和完善政府支持行为的要素框架，并且争取对每一类政府支持行为影响企业创新绩效的机理进行研究，便于更有针对性地提出政策建议。此外，本书分别从财税政策引导和创新环境营造两个方面探讨了其对企业创新绩效的影响机理，并进行了影响机理的比较，但是没有考虑到两类政府支持行为之间的关系及可能的交互作用对企业创新绩效的影响。已有研究结论指出不同层面的研究变量能够相互作用，并共同影响研究结果及结论。因此，后续的研究可以考虑对财税政策引导和创新环境营造两大类型的政府支持行为建立分层的企业创新绩效影响机制模型，分类收集相关研究变量的数据信息，尝试采用多层线性模型（hierarchical linear model，HLM）探讨不同变量间的因果关系，以及其对创新绩效产生的影响，从而更合理地解释不同类型的政府支持行为与中小企业创新绩效之间的关系。

参 考 文 献

[1] 杨金海. 把创新摆在国家发展的核心位置[EB/OL]. http://theory.people.com.cn/n/2015/1112/c49150-27806837.html[2015-11-12].

[2] 郑新立. 加快形成以创新为主要引领和支撑的经济体系和发展模式[J]. 求是，2015，(21)：36-39.

[3] 深入实施创新驱动发展战略 做大做强做优创业投资行业. https://epaper.gmw.cn/gmrb/html/2016-10/15/nw.D110000gmrb_20161015_7-04.htm[2016-10-15].

[4] Forsman H. Innovation capacity and innovation development in small enterprises.A comparison between the manufacturing and service sectors[J]. Research Policy，2011，40（5）：739-750.

[5] Bruque S，Moyano J. Organisational determinants of information technology adoption and implementation in SMEs：the case of family and cooperative firms[J]. Technovation，2007，27（5）：241-253.

[6] 斯碧霞. 中小企业政治连带与创新绩效：资源获取的中介效应[D]. 浙江大学硕士学位论文，2014.

[7] 张丽娟，韩霜. 中小企业对经济发展的贡献及其制约研究——以山东省为例[J]. 山东大学学报（哲学社会科学版），2008，(6)：59-67.

[8] 刘定平. 区域经济发展水平与中小企业发达程度的关系测度[J]. 数量经济技术经济研究，2004，(5)：18-24.

[9] 王霄，胡军. 社会资本结构与中小企业创新——一项基于结构方程模型的实证研究[J]. 管理世界，2005，(7)：116-122，171.

[10] Flanagan K，Uyarra E，Laranja M. Reconceptualising the ‘policy mix’ for innovation[J]. Research Policy，2011，40（5）：702-713.

[11] 汤临佳，池仁勇，骆秀娟. 中小企业创新政策前沿[J]. 科学学与科学技术管理，2013，34（8）：138-147.

[12] 刘方. 我国中小企业发展状况与政策研究——新形势下中小企业转型升级问题研究[J]. 当代经济管理，2014，36（2）：9-18.

[13] 吴家曦，李华燊. 浙江省中小企业转型升级调查报告[J]. 管理世界，2009，(8)：1-5，9.

[14] 唐晓云. 中国中小企业创新政策的分析——基于 1997-2008 年样本[J]. 科学学研究，2011，29（12）：1807-1812.

[15] 朱宏任. 大力推动信息化促进中小企业创新发展[J]. 中国中小企业，2014，(9)：21-24.

[16] 科技部.关于进一步推动科技型中小企业创新发展的若干意见[N]. 中国高新技术产业导报，2015-01-20.

[17] Peng M W，Luo Y. Managerial ties and firm performance in a transition economy：the nature of a micro-macro link[J]. Academy of Management Journal，2000，43（3）：486-501.

[18] 夏力，杨德才. “扶持之手”还是“掠夺之手”：政府干预与企业政治关联文献综述[J]. 学海，2012，(3)：69-74.

[19] Khwaja A I, Mian A. Do lenders favor politically connected firms? Rent provision in an emerging financial market[J]. The Quarterly Journal of Economics，2005，120（4）：1371-1411.

[20] Francis B B，Hasan I，Sun X. Political connections and the process of going public：evidence from China[J]. Journal of International Money and Finance，2009，28（4）：696-719.

[21] Goldman E，Rocholl J，So J. Politically connected boards of directors and the allocation of procurement contracts[J]. Review of Finance，2013，17（5）：1617-1648.

[22] 钟海燕，冉茂盛，文守逊. 政府干预、内部人控制与公司投资[J]. 管理世界，2010，(7)：98-108.

[23] Lu Y. Political connections and trade expansion：evidence from Chinese private firms[J]. Economics of Transition，2011，19（2）：231-254.

[24] Lin J，Cai F，Li Z. Competition，policy burdens and state-owned enterprise reform[J]. American Economic Review，1998，88（2）：422-427.

[25] Fan J P H，Wong T J，Zhang T Y. Politically connected CEOs，corporate governance，and the Post-IPO performance of China's partially privatized firms[J]. Journal of Applied Corporate Finance，2014，26（3）：85-95.

[26] 金太军，袁建军. 政府与企业的交换模式及其演变规律——观察腐败深层机制的微观视角[J]. 中国社会科学，2011，(1)：102-118，222.

[27] Tsai W. Knowledge transfer in intraorganizational networks：effects of network position and absorptive capacity on business unit innovation and performance[J]. Academy of Management Journal，2001，44（5）：996-1004.

[28] Laursen K，Salter A. Open for innovation：the role of openness in explaining innovation performance among U.K. manufacturing firms[J]. Strategic Management Journal，2006，27（2）：131-150.

[29] Zeng S X，Xie X M，Tam C M. Relationship between cooperation networks and innovation performance of SMEs[J]. Technovation，2010，30（3）：181-194.

[30] Jiménez-Jiménez D，Sanz-Valle R. Innovation，organizational learning，and performance[J]. Journal of Business Research，2011，64（4）：408-417.

[31] Lin R J，Tan K H，Geng Y. Market demand，green product innovation，and firm performance：evidence from Vietnam motorcycle industry[J]. Journal of Cleaner Production，2013，40：101-107.

[32] 张方华. 企业社会资本与技术创新绩效：概念模型与实证分析[J]. 研究与发展管理，2006，(3)：47-53.

[33] 沈灏，李垣. 联盟关系、环境动态性对创新绩效的影响研究[J]. 科研管理，2010，31(1)：77-85.

[34] Ghazinoory S，Riahi P，Azar A，et al. Measuring innovation performance of developing regions：learning and catch-up in provinces of Iran[J]. Technological and Economic Development of Economy，2014，20（3）：507-533.

[35] Huang P Y，Wu T S，Chen L J，et al. An empirical research on management innovation of high-technology manufacturers[J]. Advances in Mechanical Engineering，2015，7（7）：

1343-1371.

[36] Edison H，bin Ali N，Torkar R. Towards innovation measurement in the software industry[J]. Journal of Systems and Software，2013，86（5）：1390-1407.

[37] 刘顺忠，官建成. 区域创新系统创新绩效的评价[J]. 中国管理科学，2002，10（1）：75-78.

[38] 陈劲，陈钰芬. 企业技术创新绩效评价指标体系研究[J]. 科学学与科学技术管理，2006，（3）：86-91.

[39] 范德成，唐小旭. 我国各省市产学研结合技术创新的绩效评价[J]. 科学学与科学技术管理，2009，30（1）：66-70.

[40] 凯恩斯 J. 就业、利息和货币通论[M]. 宋韵声，译.北京：华夏出版社，2005.

[41] 曾萍，邬绮虹. 政府支持与企业创新：研究述评与未来展望[J]. 研究与发展管理，2014，26（2）：98-109.

[42] 熊彼特 J. 资本主义、社会主义和民主主义[M].绛枫，译. 北京：商务印书馆，1979.

[43] Arrow K J. The economic implications of learning by doing[J]. The Review of Economic Studies，1962，29（3）：155.

[44] Un C A，Montoro-Sanchez A. Public funding for product，process and organisational innovation in service industries[J]. The Service Industries Journal，2010，30（1）：133-147.

[45] Kang K N，Park H. Influence of government R&D support and inter-firm collaborations on innovation in Korean biotechnology SMEs[J]. Technovation，2012，32（1）：68-78.

[46] Link A N，Scott J T. Private investor participation and commercialization rates for government-sponsored research and development：would a prediction market improve the performance of the SBIR programme？[J]. Economica，2009，76（302）：264-281.

[47] Parisi M L，Sembenelli A. Is private R&D spending sensitive to its price？Empirical evidence on panel data for Italy[J]. Empirica，2003，30（4）：357-377.

[48] Shu C L，Wang Q，Gao S X，et al. Firm patenting，innovations，and government institutional support as a double-edged sword[J]. Journal of Product Innovation Management，2015，32（2）：290-305.

[49] Flynn A，McKevitt D，Davis P. The impact of size on small and medium-sized enterprise public sector tendering[J]. International Small Business Journal：Researching Entrepreneurship，2015，33（4）：443-461.

[50] Vásquez-Urriago Á R，Barge-Gil A，Rico A M. Science and Technology Parks and cooperation for innovation：empirical evidence from Spain[J]. Research Policy，2016，45（1）：137-147.

[51] 戚文海. 转轨时期俄罗斯政府在技术创新中的地位与作用[J]. 中国软科学，2005，（11）：52-58.

[52] 杨震宁，李东红. 政府监管，鳗鱼效应与知识产权管理：企业创新绩效的提升[J]. 中国管理科学，2010，18（6）：177-184.

[53] 龙静，刘海建. 政府机构的权力运用方式对中小企业创新绩效的影响——基于企业与政府关系的视角[J]. 科学学与科学技术管理，2012，33（5）：96-105.

[54] 吴敬琏. 发展中小企业是中国的大战略[J]. 宏观经济研究，1999，（7）：3-7.

[55] 舒萍. 中小企业“质的飞跃”初论[J]. 南开学报，2000，（6）：80-85.

[56] 毕守峰，孔欣欣. 中小企业创新面临的主要问题及对策研究[J]. 中国科技论坛，2012，（9）：

83-88.
[57] 王玉娥. 科技型中小企业政策对企业成长的影响研究[D]. 河北工业大学博士学位论文，2014.
[58] Murphy G B，Trailer J W，Hill R C. Measuring performance in entrepreneurship research[J]. Journal of Business Research，1996，36（1）：15-23.
[59] Campbell J P. Modeling the Performance Prediction Problem in Industrial and Organizational Psychology[M]. Palo Alto：Consulting Psychologists Press，1990.
[60] Richard S W. Performance Management[M]. London：International Thomson Business Press，1998.
[61] Brumbrach. Performance Management[M]. London：The Cronwell Press，1988.
[62] 吴建南. 公共部门绩效评估：理论与实践[J]. 中国科学基金，2009，（3）：149-154.
[63] 侯二秀，郝唯汀. 组织创新绩效影响因素研究综述[J]. 企业研究，2012，（18）：7-9.
[64] Prajogo D I，Ahmed P K. Relationships between innovation stimulus，innovation capacity，and innovation performance[J]. R&D Management，2006，36（5）：499-515.
[65] Alegre J，Chiva R. Assessing the impact of organizational learning capability on product innovation performance：an empirical test[J]. Technovation，2008，28（6）：315-326.
[66] Klassen R D，Menor L J. The process management triangle：an empirical investigation of process trade-offs[J]. Journal of Operations Management，2007，25（5）：1015-1034.
[67] 郑刚，刘仿，徐峰，等. 非研发创新：被忽视的中小企业创新另一面[J]. 科学学与科学技术管理，2014，35（1）：140-146.
[68] Kirner E，Kinkel S，Jaeger A. Innovation paths and the innovation performance of low-technology firms—an empirical analysis of German industry[J]. Research Policy，2009，38（3）：447-458.
[69] Hervas-Oliver J L，Garrigos J A，Gil-Pechuan I. Making sense of innovation by R&D and non-R&D innovators in low technology contexts：a forgotten lesson for policymakers[J]. Technovation，2011，31（9）：427-446.
[70] Jiao H，Koo C K，Cui Y. Legal environment，government effectiveness and firms' innovation in China：examining the moderating influence of government ownership[J]. Technological Forecasting and Social Change，2015，96：15-24.
[71] 徐平华. 政府与市场：看得见的手与看不见的手[M]. 北京：新华出版社，2014.
[72] 张思锋，王舟浩，张立. 政府与市场：理论演进、美国改进、中国改革[J]. 西安交通大学学报（社会科学版），2015，35（3）：21-31.
[73] 黄世坤. “市场决定”新背景下政府与市场关系研究述评[J]. 社会科学辑刊，2014，（6）：127-133.
[74] 李垣，田龙伟. 双元机制与企业创新[J]. 经济界，2013，（1）：30-32.
[75] 刘国光. 关于政府和市场在资源配置中的作用[J]. 当代经济研究，2014，（3）：5-8，96.
[76] 张明澍. 论政府与市场关系的两个主要方面[J]. 政治学研究，2014，（6）：62-70.
[77] 程恩富. 要分清两种市场决定性作用论[J]. 中华魂，2014，（3）：18.
[78] 洪银兴. 市场对资源配置起决定性作用后政府作用的优化[N]. 光明日报，2014-01-29.
[79] Li Y，Peng M W，Macaulay C D. Market-political ambidexterity during institutional transitions[J].

Strategic Organization，2013，11（2）：205-213.
[80] Smith W K，Lewis M W. Toward a theory of paradox：a dynamic equilibrium model of organizing[J]. Academy of Management Review，2011，36（2）：381-403.
[81] 刘世锦. “新常态”下如何处理好政府与市场的关系[J]. 南方农业，2014，(26)：28-30.
[82] Peng M W. Institutional transitions and strategic choices[J]. Academy of Management Review，2003，28（2）：275-296.
[83] Sheng S B，Zhou K Z，Li J J. The effects of business and political ties on firm performance：evidence from China[J]. Journal of Marketing，2011，75（1）：1-15.
[84] Wright M，Filatotchev I，Hoskisson R E，et al. Strategy research in emerging economies：challenging the conventional wisdom[J]. Journal of Management Studies，2005，42（1）：1-33.
[85] 佟玉华. 发挥市场的决定性作用必须加快政府职能转变[J]. 党政干部学刊，2013，(12)：17-19.
[86] 毛凯军. 技术创新：理论回顾与探讨[J]. 科学学与科学技术管理，2005，(10)：55-59.
[87] Thoma M. Robert Solow on Joseph Schumpeter[EB/OL].http://economistsview.typepad.com/economistsview/2007/05/robert_solow_on.html[2007-05-17].
[88] 张凤海，侯铁珊. 技术创新理论述评[J]. 东北大学学报（社会科学版），2008，(2)：101-105.
[89] 李永波，朱方明. 企业技术创新理论研究的回顾与展望[J]. 西南民族学院学报（哲学社会科学版），2002，(3)：188-191，252.
[90] 张培丽. 中小企业高质量发展的困境与出路探析[J]. 中国特色社会主义研究，2019，(5)：25-31.
[91] Collis D J，Montgomery C A. Competing on resources：strategy in the 1990s[J]. Harvard Business Review，1995，73（4）：118-128.
[92] Barney J B. Strategic factor markets：expectations，luck，and business strategy[J]. Management Science，1986，32（10）：1231-1241.
[93] Dierickx I，Cool K. Asset stock accumulation and sustainability of competitive advantage[J]. Management Science，1989，35（12）：1504-1511.
[94] Barney J. Firm resources and sustained competitive advantage[J]. Journal of Management，1991，17（1）：99-120.
[95] Peteraf M A. The cornerstones of competitive advantage：a resource-based view[J].Strategic Management Journal，1993，14（3）：179-191.
[96] Wernerfelt B. A resource-based view of the firm[J]. Strategic Management Journal，1984，5(2)：171-180.
[97] Hafeez K，Zhang Y B，Malak N. Core competence for sustainable competitive advantage：a structured methodology for identifying core competence[J]. IEEE Transactions on Engineering Management，2002，49（1）：28-35.
[98] Helfat C E，Peteraf M A. The dynamic resource-based view：capability lifecycles[J]. Strategic Management Journal，2003，24（10）：997-1010.
[99] Prahalad C K，Hamel G. The core competence of the corporation[J]. Harvard Business Review，1990，68（3）：79-91.
[100] Foss N J. The classical theory of production and the capabilities view of the firm[J]. Journal of

Economic Studies，1997，24（5）：307-323.

[101] Meyer M H，Utterback J M. The product family and the dynamics of core capability[J]. Sloan Management Review，1992，34（3）：29-47.

[102] Grant R M. Toward a knowledge-based theory of the firm[J]. Strategic Management Journal，1996，17（S2）：109-122.

[103] Teece D J，Pisano G，Shuen A. Dynamic capabilities and strategic management[J]. Strategic Management Journal，1997，18（7）：509-533.

[104] Bierly P E，Damanpour F，Santoro M D. The application of external knowledge：organizational conditions for exploration and exploitation[J]. Journal of Management Studies，2009，46（3）：481-509.

[105] Kraatz M S，Zajac E J. How organizational resources affect strategic change and performance in turbulent environments：theory and evidence[J]. Organization Science，2001，12（5）：632-657.

[106] Mill J S. Principles of Political Economy with Some of Their Applications to Social Philosophy[M]. Manchester：George Routlege and Sons，1848.

[107] Marshall A. Principles of Economics：An Introductory Volume[M]. London：Macmillan，1961.

[108] Stigler G J. Director's law of public income redistribution[J]. The Journal of Law and Economics，1970，13（1）：1-10.

[109] Pierce R J，Gellhorn E. Regulated Industries in a Nutshell[M]. St. Paul：West Publishing Company，1994.

[110] Meier K J. The Political Economy of Regulation：The Case of Insurance[M]. New York：Suny Press，1988.

[111] Spulber D F. Market Microstructure：Intermediaries and the Theory of the Firm[M]. Cambridge：Cambridge University Press，1999.

[112] Viscusi W K，Harrington Jr J E，Sappington D E M. Economics of Regulation and Antitrust[M]. 5th ed. Cambridge：MIT Press，2018.

[113] 于立，肖兴志. 规制理论发展综述[J]. 财经问题研究，2001，（1）：17-24.

[114] 曾国安. 管制、政府管制与经济管制[J]. 经济评论，2004，（1）：93-103.

[115] 陶爱萍，刘志迎. 国外政府规制理论研究综述[J]. 经济纵横，2003，（6）：60-63.

[116] 庇古. 福利经济学[M]. 金镝，译. 北京：华夏出版社，2013.

[117] Averch H，Johnson L L. Behavior of the firm under regulatory constraint[J]. The American Economic Review，1962，52（5）：1052-1069.

[118] Stigler G J. The theory of economic regulation[J]. The Bell Journal of Economics and Management Science，1971，2（1）：3-21.

[119] Becker G S. A theory of competition among pressure groups for political influence[J]. The Quarterly Journal of Economics，1983，98（3）：371-400.

[120] Kahn A E. The Economics of Regulation：Principles and Institutions[M]. Cambridge：MIT Press，1988.

[121] Laffont J J，Tirole J. A Theory of Incentives in Procurement and Regulation[M]. Cambridge：MIT Press，1993.

[122] 刘小兵. 政府管制的经济分析[M]. 上海：上海财经大学出版社，2004.

[123] 张丽娜. 我国政府规制理论研究综述[J]. 中国行政管理，2006，（12）：87-90.
[124] 黎友焕，龚成威. 环境规制下的国外企业社会责任运动及启示[J]. 世界环境，2008，（3）：26-29.
[125] 叶静. 企业社会责任与政府规制问题研究[J]. 财经问题研究，2009，（8）：112-116.
[126] 王中美. 跨国公司在华知识产权策略及其规制[J]. 河北法学，2006，24（2）：44-47.
[127] Small H，Griffith B C. The structure of scientific literatures Ⅰ：identifying and graphing specialties[J]. Science Studies，1974，4（1）：17-40.
[128] 郑烨. 基于引文分析的国外创新驱动研究的知识图谱[J]. 科技管理研究，2014，34（24）：7-13.
[129] Cohen W M，Levinthal D A. Absorptive capacity：a new perspective on learning and innovation[J]. Administrative Science Quarterly，1990，35（1）：128-152.
[130] Porter M E. New global strategies for competitive advantage[J]. Planning Review，1990，18（3）：4-14.
[131] Nelson R R，Winter S G. An Evolutionary Theory of Economic Change[M]. Cambridge：Belknap Press of Harvard University Press，1982.
[132] Nelson R R. National Innovation Systems：A Comparative Analysis[M]. New York：Oxford University Press，1993.
[133] Lundvall B A. National Systems of Innovation：Towards a Theory of Innovation and Interactive Learning[M]. London：Anthem Press，2009.
[134] Gompers P，Lerner J. An analysis of compensation in the US venture capital partnership[J]. Journal of Financial Economics，1999，51（1）：3-44.
[135] Etzkowitz H，Webster A，Gebhardt C，et al. The future of the university and the university of the future：evolution of ivory tower to entrepreneurial paradigm[J]. Research Policy，2000，29（2）：313-330.
[136] Wallsten S J. The effects of government-industry R&D programs on private R&D：the case of the small business innovation research program[J]. The RAND Journal of Economics，2000，31（1）：82-100.
[137] Cohen W M，Levin R C. Empirical studies of innovation and market structure[C]//Schmalensee R，Robert W. Handbook of Industrial Organization. Amsterdam：Elsevier，1989：1059-1107.
[138] Pearce J L，Dibble R，Klein K. The effects of governments on management and organization[J]. Academy of Management Annals，2009，3（1）：503-541.
[139] 吴建南，郑烨，徐萌萌. 创新驱动经济发展：美国四个城市的多案例研究[J]. 科学学与科学技术管理，2015，36（9）：21-30.
[140] Lewis E，Rickover H，Hoover J E，et al. Public Entrepreneurship：Toward a Theory of Bureaucratic Political Power[M]. Bloomington：Indiana University Press，1980.
[141] Kingdon J W，Stano E. Agendas，Alternatives，and Public Policies[M]. Boston：Little，Brown，1984.
[142] Doig J W，Hargrove E C. Leadership and Innovation：Entrepreneurs in Government[M]. Baltimore：Johns Hopskin University Press，1990.
[143] Mintrom M，Vergari S. Advocacy coalitions，policy entrepreneurs，and policy change[J]. Policy

Studies Journal，1996，24（3）：420-434.
[144] King P J，Roberts N C. An investigation into the personality profile of policy entrepreneurs[J]. Public Productivity&Management Review，1992，16（2）：173.
[145] Behn R D. What right do public managers have to lead? [J]. Public Administration Review，1998，58（3）：209-224.
[146] Roberts N C. Public entrepreneurship and innovation[J]. Policy Studies Review，1992，11（1）：55-74.
[147] Mack W R，Green D，Vedlitz A. Innovation and implementation in the public sector：an examination of public entrepreneurship[J]. Review of Policy Research，2008，25（3）：233-252.
[148] Crow D A. Local media and experts：sources of environmental policy initiation? [J]. Policy Studies Journal，2010，38（1）：143-164.
[149] Demirel P，Kesidou E. Stimulating different types of eco-innovation in the UK：government policies and firm motivations[J]. Ecological Economics，2011，70（8）：1546-1557.
[150] 何玉梅. 促进西部省域工业企业创新的政策设计——四川省工业企业的实证分析[J]. 技术经济与管理研究，2011，（12）：118-123.
[151] 李伟铭，崔毅，陈泽鹏，等. 技术创新政策对中小企业创新绩效影响的实证研究——以企业资源投入和组织激励为中介变量[J]. 科学学与科学技术管理，2008，29（9）：61-65.
[152] Wade R. Governing the Market：Economic Theory and the Role of Government in East Asian Industrialization[M]. Princeton：Princeton University Press，1990.
[153] Li W，Rubin T H，Onyina P A. Comparing solar water heater popularization policies in China，Israel and Australia：the roles of governments in adopting green innovations[J]. Sustainable Development，2013，21（3）：160-170.
[154] Guan J C，Yam R C M，Tang E P Y，et al. Innovation strategy and performance during economic transition：evidences in Beijing，China[J]. Research Policy，2009，38（5）：802-812.
[155] Dolfsma W，Seo D B. Government policy and technological innovation—a suggested typology[J]. Technovation，2013，33（6/7）：173-179.
[156] 姜军，武兰芬，李必强，刘晓敏. 发达国家政府在创新体系中的作用方式及启示[J]. 科学学研究，2004（4）：442-447.
[157] Motohashi K，Yun X. China's innovation system reform and growing industry and science linkages[J]. Research Policy，2007，36（8）：1251-1260.
[158] Pergelova A，Angulo-Ruiz F. The impact of government financial support on the performance of new firms：the role of competitive advantage as an intermediate outcome[J]. Entrepreneurship & Regional Development，2014，26（9/10）：663-705.
[159] 简兆权，刘荣. 财政投入对企业创新的宏观效应研究——基于广东的案例[J]. 科学学与科学技术管理，2009，30（8）：59-64.
[160] Potì B，Cerulli G. Evaluation of firm R&D and innovation support：new indicators and the ex-ante prediction of ex-post additionality[J]. Research Evaluation，2011，20（1）：19-29.
[161] Czarnitzki D，Kraft K. Innovation indicators and corporate credit ratings：evidence from German firms[J]. Economics Letters，2004，82（3）：377-384.
[162] 武力超，孙梦暄，张晓东. 关系型贷款与企业创新问题的研究——基于 Heckman 两阶段

选择模型的分析[J]. 经济科学，2015，(1)：66-78.
[163] Belso-Martínez J A，Molina-Morales F X，Mas-Verdu F. Perceived usefulness of innovation programs for high-tech and low-tech firms[J]. Management Decision，2013，51 (6)：1190-1206.
[164] 李左峰，张铭慎. 政府科技项目投入对企业创新绩效的影响研究——来自我国 95 家创新型企业的证据[J]. 中国软科学，2012，(12)：123-132.
[165] Chiang S L，Lee P，Anandarajan A. The effect of R&D tax credit on innovation：a life cycle analysis[J]. Innovation Management Policy&Practice，2012，14 (4)：510-523.
[166] Czarnitzki D，Hanel P，Rosa J M. Evaluating the impact of R&D tax credits on innovation：a microeconometric study on Canadian firms[J]. Research Policy，2011，40 (2)：217-229.
[167] 郑春美，李佩. 政府补助与税收优惠对企业创新绩效的影响——基于创业板高新技术企业的实证研究[J]. 科技进步与对策，2015，32 (16)：83-87.
[168] van Ryzin G G，Charbonneau É. Public service use and perceived performance：an empirical note on the nature of the relationship[J]. Public Administration，2010，88 (2)：551-563.
[169] 杨颖，穆荣平. 基本公共服务与经济增长关系的理论与实证研究[J]. 科学学与科学技术管理，2012，33 (11)：96-101.
[170] Feldman M P，Florida R. The geographic sources of innovation：technological infrastructure and product innovation in the United States[J]. Annals of the Association of American Geographers，1994，84 (2)：210-229.
[171] Laranja M. The development of technology infrastructure in Portugal and the need to pull innovation using proactive intermediation policies[J]. Technovation，2009，29 (1)：23-34.
[172] 李平，黎艳. 科技基础设施对技术创新的贡献度研究——基于中国地区面板数据的实证分析[J]. 研究与发展管理，2013，25 (6)：92-102.
[173] Koh W T H，Wong P K. Competing at the frontier：the changing role of technology policy in Singapore's economic strategy[J]. Technological Forecasting and Social Change，2005，72 (3)：255-285.
[174] Vecchiato R，Roveda C. Foresight for public procurement and regional innovation policy：the case of Lombardy[J]. Research Policy，2014，43 (2)：438-450.
[175] Shi Q，Lai X D. Identifying the underpin of green and low carbon technology innovation research：a literature review from 1994 to 2010[J]. Technological Forecasting and Social Change，2013，80 (5)：839-864.
[176] de Laurentis C. Renewable energy innovation and governance in Wales：a regional innovation system approach[J]. European Planning Studies，2012，20 (12)：1975-1996.
[177] Podsakoff P M，MacKenzie S B，Lee J Y，et al. Common method biases in behavioral research：a critical review of the literature and recommended remedies[J]. Journal of Applied Psychology，2003，88 (5)：879-903.
[178] Kogut B，Zander U. Knowledge of the firm，combinative capabilities，and the replication of technology[J]. Organization Science，1992，3 (3)：383-397.
[179] Podsakoff P M，Organ D W. Self-reports in organizational research：problems and prospects[J]. Journal of Management，1986，12 (4)：531-544.
[180] Fornell C，Larcker D F. Evaluating structural equation models with unobservable variables and

measurement error[J]. Journal of Marketing Research，1981，18（1）：39-50.
[181] Schumpeter J A. The Theory of Economic Development：An Inquiry into Profits，Capital，Credit，Interest，and the Business Cycle[M]. Cambridge：Harvard University Press，1934.
[182] Teece D J. Profiting from technological innovation：implications for integration，collaboration，licensing and public policy[J]. Research Policy，1986，15：67-88.
[183] Jaworski B J，Kohli A K. Market orientation：antecedents and consequences[J]. Journal of Marketing，1993，57（3）：53-70.
[184] Damanpour F. Organizational innovation：a meta-analysis of effects of determinants and moderators[J]. Academy of Management Journal，1991，34（3）：555-590.
[185] Hitt M A，Hoskisson R E，Kim H. International diversification：effects on innovation and firm performance in product-diversified firms[J]. Academy of Management Journal，1997，40（4）：767-798.
[186] Ahuja G，Katila R. Technological acquisitions and the innovation performance of acquiring firms：a longitudinal study[J]. Strategic Management Journal，2001，22（3）：197-220.
[187] Calantone R J，Cavusgil S T，Zhao Y S. Learning orientation，firm innovation capability，and firm performance[J]. Industrial Marketing Management，2002，31（6）：515-524.
[188] Sampson R C. R&D alliances and firm performance：the impact of technological diversity and alliance organization on innovation[J]. Academy of Management Journal，2007，50（2）：364-386.
[189] Adner R，Kapoor R. Value creation in innovation ecosystems：how the structure of technological interdependence affects firm performance in new technology generations[J]. Strategic Management Journal，2010，31（3）：306-333.
[190] Verhees F J H M，Meulenberg M T G. Market orientation，innovativeness，product innovation，and performance in small firms[J]. Journal of Small Business Management，2004，42（2）：134-154.
[191] Thornhill S. Knowledge，innovation and firm performance in high-and-low-technology regimes[J]. Journal of Business Venturing，2006，21（5）：687-703.
[192] Atuahene-Gima K. Differential potency of factors affecting innovation performance in manufacturing and services firms in Australia[J]. Journal of Product Innovation Management，1996，13（1）：35-52.
[193] Frishammar J，Åke Hörte S. Managing external information in manufacturing firms：the impact on innovation performance[J]. Journal of Product Innovation Management，2005，22（3）：251-266.
[194] 钱锡红，杨永福，徐万里. 企业网络位置、吸收能力与创新绩效——一个交互效应模型[J]. 管理世界，2010，(5)：118-129.
[195] 李志刚，汤书昆，梁晓艳，等. 产业集群网络结构与企业创新绩效关系研究[J]. 科学学研究，2007，(4)：777-782.
[196] 解学梅. 中小企业协同创新网络与创新绩效的实证研究[J]. 管理科学学报，2010，13 (8)：51-64.
[197] 谢凤华，姚先国，古家军. 高层管理团队异质性与企业技术创新绩效关系的实证研究[J].

科研管理，2008，（6）：65-73.
[198] 刘学元，丁雯婧，赵先德. 企业创新网络中关系强度、吸收能力与创新绩效的关系研究[J]. 南开管理评论，2016，19（1）：30-42.
[199] 陈劲，邱嘉铭，沈海华. 技术学习对企业创新绩效的影响因素分析[J]. 科学学研究，2007，（6）：1223-1232.
[200] 张方华. 网络嵌入影响企业创新绩效的概念模型与实证分析[J]. 中国工业经济，2010，（4）：110-119.
[201] 朱秀梅. 高技术产业集群创新路径与机理实证研究[J]. 中国工业经济，2008，（2）：66-75.
[202] 王晓娟. 知识网络与集群企业创新绩效——浙江黄岩模具产业集群的实证研究[J]. 科学学研究，2008，（4）：867，874-879.
[203] 刘元芳，陈衍泰，余建星. 中国企业技术联盟中创新网络与创新绩效的关系分析——来自江浙沪闽企业的实证研究[J]. 科学学与科学技术管理，2006，（8）：72-79.
[204] Zúñiga-Vicente J Á，Alonso-Borrego C，Forcadell F J，et al. Assessing the effect of public subsidies on firm R&D investment：a survey[J]. Journal of Economic Surveys，2014，28（1）：36-67.
[205] 张玉臣，吕宪鹏. 高新技术企业创新绩效影响因素研究[J]. 科研管理，2013，34（12）：58-65.
[206] 谢言，高山行，江旭. 外部社会联系能否提升企业自主创新？——一项基于知识创造中介效应的实证研究[J]. 科学学研究，2010，28（5）：777-784.
[207] 李雪灵，姚一玮，王利军. 新企业创业导向与创新绩效关系研究：积极型市场导向的中介作用[J]. 中国工业经济，2010，（6）：116-125.
[208] 于海云，赵增耀，李晓钟. 民营企业创新绩效影响因素研究——企业家信心的研究视角[J]. 科研管理，2013，34（9）：97-104.
[209] 王雪莉，马琳，王艳丽. 高管团队职能背景对企业绩效的影响：以中国信息技术行业上市公司为例[J]. 南开管理评论，2013，16（4）：80-93.
[210] Garcia A，Mohnen P. Impact of government support on R&D and innovation[J]. UNU-MERIT Working Papers，2010，148（4）：1777-1786.
[211] Clausen T H. Do subsidies have positive impacts on R&D and innovation activities at the firm level？[J]. Structural Change and Economic Dynamics，2009，20（4）：239-253.
[212] Maseko N，Manyani O，Chiriseri L，et al. An analysis of the impact of targeted government support on SMEs growth and development in Zimbabwe：a survey of Marshland Central Province[J]. Journal of Research in International Business Management，2012，2（2）：51-59.
[213] Doh S，Kim B. Government support for SME innovations in the regional industries：the case of government financial support program in South Korea[J]. Research Policy，2014，43（9）：1557-1569.
[214] 邵传林. 制度环境、财政补贴与企业创新绩效——基于中国工业企业微观数据的实证研究[J]. 软科学，2015，29（9）：34-37，42.
[215] 杨洋，魏江，罗来军. 谁在利用政府补贴进行创新？——所有制和要素市场扭曲的联合调节效应[J]. 管理世界，2015，（1）：75-86，98，188.
[216] 王丛虎. 论我国政府采购促进自主创新[J]. 科学学研究，2006，24（6）：967-970.

[217] 尹志锋，叶静怡，黄阳华，等. 知识产权保护与企业创新：传导机制及其检验[J]. 世界经济，2013，(12)：111-129.
[218] 林洲钰，林汉川，邓兴华. 政府补贴对企业专利产出的影响研究[J]. 科学学研究，2015，33（6）：842-849.
[219] 冯海红，曲婉，李铭禄. 税收优惠政策有利于企业加大研发投入吗？[J]. 科学学研究，2015，33（5）：665-673.
[220] 王俊. R&D 补贴对企业 R&D 投入及创新产出影响的实证研究[J]. 科学学研究，2010，28（9）：1368-1374.
[221] 吴剑峰，杨震宁. 政府补贴、两权分离与企业技术创新[J]. 科研管理，2014，35（12）：54-61.
[222] 陈林，朱卫平. 出口退税和创新补贴政策效应研究[J]. 经济研究，2008，43（11）：74-87.
[223] 孔淑红. 税收优惠对科技创新促进作用的实证分析——基于省际面板数据的经验分析[J]. 科技进步与对策，2010，27（24）：32-36.
[224] Kim M，Lee S Y. The effects of government financial support on business innovation in South Korea[J]. Asian Journal of Technology Innovation，2011，19（1）：67-83.
[225] 巫强，刘蓓. 政府研发补贴方式对战略性新兴产业创新的影响机制研究[J]. 产业经济研究，2014，(6)：41-49.
[226] 安同良，周绍东，皮建才. R&D 补贴对中国企业自主创新的激励效应[J]. 经济研究，2009，(10)：87-98，120.
[227] 朱平芳，徐伟民. 政府的科技激励政策对大中型工业企业 R&D 投入及其专利产出的影响——上海市的实证研究[J]. 经济研究，2003，(6)：45-53，94.
[228] 张新，任强. 我国企业创新财税政策效应研究：基于 3SLS 方法[J]. 中央财经大学学报，2013，(8)：1-5，11.
[229] 李蕊，周平. 政府行为与自主创新：基于供求视角的分析框架[J]. 中国科技论坛，2012，(3)：11-17.
[230] 杨向阳，刘备，陈凯华，等. 政府支持对 KIBS 企业创新活跃度的影响[J]. 科学学与科学技术管理，2015，36（12）：13-23.
[231] Wei J C，Liu Y. Government support and firm innovation performance[J]. Chinese Management Studies，2015，9（1）：38-55.
[232] 周海涛，张振刚. 政府研发资助方式对企业创新投入与创新绩效的影响研究[J]. 管理学报，2015，12（12）：1797-1804.
[233] Xu K，Huang K F，Xu E M. Giving fish or teaching to fish？An empirical study of the effects of government research and development policies[J]. R&D Management，2014，44（5）：484-497.
[234] 曾萍，邬绮虹，蓝海林. 政府的创新支持政策有效吗？——基于珠三角企业的实证研究[J]. 科学学与科学技术管理，2014，35（4）：10-20.
[235] 洪勇，李英敏. 自主创新的政策传导机制研究[J]. 科学学研究，2012，30（3）：449-457.
[236] 聂岸羽. 财税政策对企业创新绩效影响的实证研究——以企业资源投入和企业内部激励为中介变量[D].浙江理工大学硕士学位论文，2011.
[237] 薛捷. 区域创新环境对科技型小微企业创新的影响——基于双元学习的中介作用[J]. 科学学研究，2015，33（5）：782-791.

[238] Naqshbandi M M. Managerial ties and open innovation：examining the role of absorptive capacity[J]. Management Decision，2016，54（9）：2256-2276.

[239] 龙静，黄勋敬，余志杨. 政府支持行为对中小企业创新绩效的影响——服务性中介机构的作用[J]. 科学学研究，2012，30（5）：782-788，790-792.

[240] 丁凯，朱顺林. 政府 R&D 补贴对技术创新绩效的影响研究——基于我国高技术产业视角[J]. 科技与经济，2016，29（1）：37-41.

[241] 江静. 公共政策对企业创新支持的绩效——基于直接补贴与税收优惠的比较分析[J]. 科研管理，2011，32（4）：1-8，50.

[242] 樊琦，韩民春. 政府 R&D 补贴对国家及区域自主创新产出影响绩效研究——基于中国 28 个省域面板数据的实证分析[J]. 管理工程学报，2011，（3）：183-188.

[243] 李文博. 集群情景下大学衍生企业创业行为的关键影响因素——基于扎根理论的探索性研究[J]. 科学学研究，2013，31（1）：92-103.

[244] Glaser B G，Strauss A L. The Discovery of Grounded Theory：Strategies for Qualitative Research[M]. New York：Aldine Publishing Company，1967.

[245] Corbin J，Strauss A L. Basics of Qualitative Research：Techniques and Procedures for Developing Grounded Theory[M]. 4th ed. London：SAGE Publications，2014.

[246] Charmaz K. Stories of suffering：subjective tales and research narratives[J]. Qualitative Health Research，1999，9（3）：362-382.

[247] 周文辉. 知识服务、价值共创与创新绩效——基于扎根理论的多案例研究[J]. 科学学研究，2015，33（4）：567-573，626.

[248] Pettigrew A M，Woodman R W，Cameron K S. Studying organizational change and development：challenges for future research[J]. Academy of Management Journal，2001，44（4）：697-713.

[249] 殷 R K. 案例研究：设计与方法[M]. 2 版. 周海涛，李永贤，李虔，译. 重庆：重庆大学出版社，2010.

[250] Eisenhardt K M. Building theories from case study research[J]. Academy of Management Review，1989，14（4）：532-550.

[251] Miles M B，Huberman A M. Qualitative Data Analysis：An Expanded Source Book[M]. London：SAGE Publication，1994.

[252] 陈向明. 质的研究方法与社会科学研究[M]. 北京：教育科学出版社，2000.

[253] Strauss A，Corbin J. Grounded theory methodology[J]. Handbook of Qualitative Research，1994，17（1）：273-285.

[254] Strauss A，Corbin J M. Basics of Qualitative Research[M]. London：SAGE Publications，1998.

[255] Glaser B G. Theoretical Sensitivity[M]. Mill Valley：Sociology Press，1978.

[256] 秦雪征，尹志锋，周建波，等. 国家科技计划与中小型企业创新：基于实施匹配模型的分析[J]. 管理世界，2012，（4）：70-81.

[257] Guan J C，Yam R C M. Effects of government financial incentives on firms' innovation performance in China：evidences from Beijing in the 1990s[J]. Research Policy，2015，44（1）：273-282.

[258] 王缉慈，王可. 区域创新环境和企业根植性——兼论我国高新技术企业开发区的发展[J]. 地理研究，1999，18（4）：357-362.

[259] Doloreux D，Parto S. Regional innovation systems：current discourse and unresolved issues[J]. Technology in Society，2005，27（2）：133-153.
[260] Chen K H，Guan J. Mapping the functionality of China's regional innovation systems：a structural approach[J]. China Economic Review，2011，22（1）：11-27.
[261] 傅晓霞，吴利学. 技术差距、创新环境与企业自主研发强度[J]. 世界经济，2012，（7）：101-122.
[262] 孙冰，张为峰. 技术创新与创新环境之间的非线性关系研究[J]. 统计与决策，2013，（6）：171-174.
[263] 王郁蓉，师萍. 创新环境对创新力和创新绩效的作用机制与对策研究[J]. 科学管理研究，2015，33（5）：17-20.
[264] Mondal D，Gupta M R. Innovation，imitation and intellectual property rights：a note on Helpman's model[J]. Journal of Economics，2006，87（1）：29-53.
[265] 邓泽宏，何应龙. 企业社会责任运动中的政府作用研究[J]. 中国行政管理，2010，（11）：45-48.
[266] Szeto E. Innovation capacity：working towards a mechanism for improving innovation within an inter-organizational network[J]. The TQM Magazine，2000，12（2）：149-158.
[267] Assink M. Inhibitors of disruptive innovation capability：a conceptual model[J]. European Journal of Innovation Management，2006，9（2）：215-233.
[268] Elmquist M，Masson P L. The value of a 'failed' R&D project：an emerging evaluation framework for building innovative capabilities[J]. R&D Management，2009，39（2）：136-152.
[269] Kroll H，Schiller D. Establishing an interface between public sector applied research and the Chinese enterprise sector：preparing for 2020[J]. Technovation，2010，30（2）：117-129.
[270] Wonglimpiyarat J. Innovation index and the innovative capacity of nations[J]. Futures，2010，42（3）：247-253.
[271] 魏江，许庆瑞. 企业创新能力的概念、结构、度量与评价[J]. 科学管理研究，1995，（5）：50-55.
[272] Guan J，Ma N. Innovative capability and export performance of Chinese firms[J]. Technovation，2003，23（9）：737-747.
[273] Yam R C M，Lo W，Tang E P Y，et al. Analysis of sources of innovation，technological innovation capabilities，and performance：an empirical study of Hong Kong manufacturing industries[J]. Research Policy，2011，40（3）：391-402.
[274] 傅利平，李永辉. 政府补贴、创新能力与企业存续时间[J]. 科学学研究，2015，33（10）：1495-1503.
[275] Herrera A M，Minetti R. Informed finance and technological change：evidence from credit relationships[J]. Journal of Financial Economics，2007，83（1）：223-269.
[276] 孙莹. 税收激励政策对企业创新绩效的影响研究[D]. 东华大学博士学位论文，2013.
[277] 王宏起，王雪原. 基于高新技术产业集群生命周期的科技计划支持策略[J]. 科研管理，2008，29（3）：53-59.
[278] Horii R，Iwaisako T. Economic growth with imperfect protection of intellectual property rights[J]. Journal of Economics，2007，90（1）：45-85.

[279] 李春涛，郭培培，张璇. 知识产权保护、融资途径与企业创新——基于跨国微观数据的分析[J]. 经济评论，2015，（1）：77-91.
[280] Leal-Rodríguez A L，Eldridge S，Roldán J L，et al. Organizational unlearning，innovation outcomes，and performance：the moderating effect of firm size[J]. Journal of Business Research，2015，68（4）：803-809.
[281] 李红亮. 社会责任：现代企业的“善治”旨归[J]. 江汉论坛，2014，（3）：68-74.
[282] Chadee D，Roxas B. Institutional environment，innovation capacity and firm performance in Russia[J]. Critical Perspectives on International Business，2013，9（1/2）：19-39.
[283] Chen C J. Technology commercialization，incubator and venture capital，and new venture performance[J]. Journal of Business Research，2009，62（1）：93-103.
[284] 官建成，史晓敏. 技术创新能力和创新绩效关系研究[J]. 中国机械工程，2004，15（11）：1000-1004.
[285] 何一清，崔连广，张敬伟. 互动导向对创新过程的影响：创新能力的中介作用与资源拼凑的调节作用[J]. 南开管理评论，2015，18（4）：96-105.
[286] Chang Y C，Chang H T，Chi H R，et al. How do established firms improve radical innovation performance？The organizational capabilities view[J]. Technovation，2012，32（7/8）：441-451.
[287] Cooper R G. Grappling with innovation[J]. Research Technology Management，2007，50（5）：7-8.
[288] 张国强，冯套柱，卫聚金. 企业技术创新动力理论探讨[J]. 技术与创新管理，2010，31（1）：23-26.
[289] Sheth J. Making India globally competitive[J]. Vikalpa：the Journal for Decision Makers，2004，29（4）：1-10.
[290] Malerba F，Nelson R，Orsenigo L，et al. Demand，innovation，and the dynamics of market structure：the role of experimental users and diverse preferences[J]. Journal of Evolutionary Economics，2007，17（4）：371-399.
[291] 刘振. 促进企业自主创新的动力因素及其路径关系研究[J]. 中国科技论坛，2013，（1）：63-70.
[292] 曹勇，蒋振宇，孙合林，等. 知识溢出效应、创新意愿与创新能力——来自战略性新兴产业企业的实证研究[J]. 科学学研究，2016，34（1）：89-98.
[293] 夏清华，易朝辉. 风险资本支持下的中小企业成长[J]. 财贸研究，2007，18（1）：122-126.
[294] 中国企业家调查系统课题组. 中国企业家成长 20 年：能力、责任与精神——2013. 中国企业家队伍成长 20 年调查综合报告[J]. 管理世界，2014，（6）：19-38.
[295] 荀莉佳，郭强，廖花. 成都市中小企业创新动力机制研究——以 A 公司为例[J]. 西南交通大学学报（社会科学版），2016，17（3）：58-62.
[296] Goh A L S. Promoting innovation in aid of industrial development：the Singaporean experience[J]. International Journal of Public Sector Management，2005，18（3）：216-240.
[297] Patanakul P，Pinto J K. Examining the roles of government policy on innovation[J]. The Journal of High Technology Management Research，2014，25（2）：97-107.
[298] 黄萃，苏竣，施丽萍，等. 中国高新技术产业税收优惠政策文本量化研究[J]. 科研管理，2011，32（10）：46-54，96.

[299] 王玺，张嘉怡. 税收优惠对企业创新的经济效果评价[J]. 财政研究，2015，（1）：58-62.
[300] Coe D T，Helpman E，Hoffmaister A W. North-south R&D spillovers[J]. The Economic Journal，1997，107（440）：134-149.
[301] 黄文锋，张梦轩. 政府政策与企业技术创新意愿关系研究——基于东莞电子信息产业的实证分析[J]. 科技与经济，2013，26（4）：31-35.
[302] Kesidou E，Demirel P. On the drivers of eco-innovations：empirical evidence from the UK[J]. Research Policy，2012，41（5）：862-870.
[303] Rhee J，Park T，Lee D H. Drivers of innovativeness and performance for innovative SMEs in South Korea：mediation of learning orientation[J]. Technovation，2010，30（1）：65-75.
[304] 李政，陆寅宏. 国有企业真的缺乏创新能力吗——基于上市公司所有权性质与创新绩效的实证分析与比较[J]. 经济理论与经济管理，2014，（2）：27-38.
[305] Meyer A D. Adapting to environmental jolts[J]. Administrative Science Quarterly，1982，27（4）：515-537.
[306] Sine W D，David R J. Environmental jolts，institutional change，and the creation of entrepreneurial opportunity in the US electric power industry[J]. Research Policy，2003，32（2）：185-207.
[307] Dess G G，Beard D W. Dimensions of organizational task environments[J]. Administrative Science Quarterly，1984，29（1）：52-73.
[308] 陈国权，王晓辉. 组织学习与组织绩效：环境动态性的调节作用[J]. 研究与发展管理，2012，24（1）：52-59.
[309] Miller D. The structural and environmental correlates of business strategy[J]. Strategic Management Journal，1987，8（1）：55-76.
[310] Teece D J. Explicating dynamic capabilities：the nature and microfoundations of（sustainable）enterprise performance[J]. Strategic Management Journal，2007，28（13）：1319-1350.
[311] Jansen J J P，Vera D，Crossan M. Strategic leadership for exploration and exploitation：the moderating role of environmental dynamism[J]. The Leadership Quarterly，2009，20（1）：5-18.
[312] 郑海东. 企业社会责任行为表现：测量维度、影响因素及对企业绩效的影响[D]. 浙江大学博士学位论文，2007.
[313] Mudambi R，Navarra P，Delios A. Government regulation，corruption，and FDI[J]. Asia Pacific Journal of Management，2013，30（2）：487-511.
[314] 陈忠卫，郝喜玲. 创业团队企业家精神与公司绩效关系的实证研究[J]. 管理科学，2008，21（1）：39-48.
[315] de Jong G，van Witteloostuijn A. Regulatory red tape and private firm performance[J]. Public Administration，2015，93（1）：34-51.
[316] Quratulain S，Khan A K. Red tape，resigned satisfaction，public service motivation and negative employee attitudes and behaviors：testing a model of moderated mediation[J]. Review of Public Personal Administration，2015，35（4）：307-332.
[317] Barrales-Molina V，Benitez-Amado J，Perez-Arostegui M N. Managerial perceptions of the competitive environment and dynamic capabilities generation[J]. Industrial Management&Data Systems，2010，110（9）：1355-1384.
[318] Li Y，Li X Y，Liu Y，et al. Knowledge communication，exploitation and endogenous

innovation：the moderating effects of internal controls in SMEs[J]. R&D Management，2011，41（2）：156-172.
[319] 章磊. 课题制视角下的科研项目绩效影响因素实证研究[M]. 北京：经济科学出版社，2020.
[320] 许庆瑞，谢章澍，杨志蓉. 企业技术与制度创新协同的动态分析[J]. 科研管理，2006，27（4）：116-120，129.
[321] Liu J Y C，Chen V J，Chan C L，et al. The impact of software process standardization on software flexibility and project management performance：control theory perspective[J]. Information and Software Technology，2008，50（9/10）：889-896.
[322] Cortina J M. What is coefficient alpha？An examination of theory and applications[J]. Journal of Applied Psychology，1993，78（1）：98-104.
[323] de Vellis R F. Scale Development：Theory and Applications[M]. London：SAGE Publications，1991.
[324] 李怀祖. 管理研究方法论[M]. 2 版. 西安：西安交通大学出版社，2004.
[325] 马庆国. 管理统计：数据获取、统计原理、SPSS 工具与应用研究[M]. 北京：科学出版社，2002.
[326] 徐健，汪旭晖. 订单农业及其组织模式对农户收入影响的实证分析[J]. 中国农村经济，2009，（4）：39-47.
[327] 郭志刚. 社会统计分析方法：SPSS 软件应用[M]. 北京：中国人民大学出版社，1999.
[328] 陈瑞，郑毓煌，刘文静. 中介效应分析：原理、程序、Bootstrap 方法及其应用[J]. 营销科学学报，2013，（4）：120-135.
[329] 李军锋，龙勇，杨秀苔. 质量管理在制造技术与企业绩效中的中介效应检验：基于 Bootstrap 法的结构方程分析[J]. 科研管理，2010，31（2）：74-85，104.
[330] 李翠芝，林洲钰. 政府财税扶持对企业技术创新的影响研究[J]. 云南财经大学学报，2013，29（6）：146-154.
[331] 植草益. 微观规制经济学[M]. 朱绍文，等译. 北京：中国发展出版社，1992.
[332] Jung C S，Kim S E. Structure and perceived performance in public organizations[J]. Public Management Review，2014，16（5）：620-642.
[333] Li M H，Feeney M K. Adoption of electronic technologies in local US governments：distinguishing between e-services and communication technologies[J]. American Review of Public Administration，2014，44（1）：75-91.
[334] 刘洪华. 企业自主经营及外部干预的法律思考[J]. 韶关学院学报，2011，32（9）：33-36.

附录——访谈提纲及调查问卷

政府支持行为与中小企业创新访谈提纲

第一部分　企业创新现状

[1] 本企业所在行业的竞争状况如何？创新状况如何？

[2] 贵企业在科技投入方面的情况如何（如基本建设投入、技术改造投入、研发投入等）？来源主要有哪些？创新费用的来源有哪些？

[3] 企业有哪些技术研发机构？效果如何？企业设立技术研发机构有哪些障碍？

[4] 您认为影响企业技术创新绩效的主要因素是什么（人才、资金、政府扶持、管理水平、产学研合作、制度战略等）？

[5] 贵企业在培养、吸纳、激励创新人才方面做过哪些工作？

[6] 贵企业有哪些非技术创新活动（如文化创新、组织创新、营销创新等）？

[7] 您认为企业的创新动力和活力体现在哪些方面？

[8] 您认为优秀企业的标准有哪些？

第二部分　政府对企业创新的支持情况

[9] 在技术创新方面，贵企业获得过哪些国家和地方政府项目的支持？在创新过程中，贵企业还需要政府提供哪些支持和帮助？您认为在创新过程中，哪些服务需要政府主导、哪些需要政府引导、哪些可以完全放开由市场发展（如技术咨询、认证认可、对外合作、人员培训、产品设计等）？

[10] 贵企业是否参与过政府科技创新决策（战略、规划等）？是否参与过所在行业国家技术标准制定工作？是如何参与的？

[11] 在科技创新中，贵企业与政府哪些部门打交道比较多？政府是否支持贵企业所在行业的发展？有哪些相关的扶持政策？您认为营造良好创新环境，政府应该做哪些工作？

[12] 您是否了解国家提出的“创新驱动发展战略”？如何认识？您对政府和科技主管部门还有什么建议或意见？

【税收】

[13] 贵企业享受过哪些政府提供的税收优惠政策？是如何了解到的？享受条件是什么？企业如何知晓这些相关税收优惠政策？享受这些政策要达到什么条件和要求？办理流程是否便捷？政策的变化调整对企业有何影响？

[14] 科技税收优惠政策对贵企业科技创新有何效果和影响？哪项税收优惠政策被更多企业享受？哪项税收优惠政策享受的企业较少？是什么原因造成的？有没有出现某项政策的某些规定与其他政策有矛盾和冲突的情况？

【投入】

[15] 政府直接投入到企业的资金比例有多少？以什么方式投入到了哪些方面？您认为效果如何？政府是否为企业设定研发投入指标？科技研发投入是当前各级政府的重要科技考核指标，您认为是否合理？政府在科技研发投入上应该扮演什么角色？

【金融】

[16] 科技保险、科技担保、知识产权质押融资等金融业务开展情况如何？效果怎样？风险投资方面如何？

【平台】

[17] 在企业创新过程中，享受过哪些政府提供的科技基础设施（如科技数据库、大型仪器设备、技术服务平台、创新创业融资平台、成果转化平台、企业孵化器等）？这些平台企业能否正常使用？使用效果如何？企业是否经常使用？您认为面向企业的科技创新服务平台存在哪些问题（如布局不均衡、功能不足、资源不足、概念模糊等）？您希望科技创新服务平台具有什么样的功能？共享哪些资源？

【知识产权保护】

[18] 贵企业所在区域的知识产权保护程度如何？

【产学研合作】

[19] 贵企业与高校和科研院所有哪些合作？您认为合作效果如何？有哪些障碍？您认为应如何促进高校和科研院所的科技资源共享？

【简政放权】

[20] 贵企业到政府相关部门办事的流程复杂程度如何？

[21] 目前的科技政策落实中，是否都包括“企业认定”等限制？这对于政策落实有何影响？就您的了解，经“认定”的高新技术企业是否是实力较为雄厚，相比于起步期的科技中小企业，政府税收优惠（对企业）的激励效果是否存在差异？

【强化监管】

[22] 贵企业对西安市创新环境的总体评价是？政府在创新监管方面做得怎么样？

【公共服务】

[23] 贵企业所在区域的教育、医疗、基础设施等的状况如何？

第三部分 企业创新的障碍

[24] 企业在哪些方面考虑创新失败的后果？企业是否有相应的问责机制？

[25] 贵企业在创新发展中面临的最大困难是什么（人才、资金、政府扶持、企业家意识、市场压力等）？

政府支持行为与中小企业创新调查问卷①

敬启者：

为深入贯彻落实创新驱动发展战略的重要举措，进一步完善本区域促进企业创新的政策体系和提高公共服务质量，拟组织对本区域企业创新和政府服务情况进行问卷调查，着力解决企业创新过程中的制度障碍等问题。您的回答将完全保密，仅用于学术研究和为政府决策提供参考，以便为企业营造更好的创新环境。完成整个问卷大约会花费您 15 分钟，请给出最符合贵企业情况的判断，并在最能代表您意见的一栏中画“√”或填写有关内容。

非常感谢您在百忙之中抽出时间进行填写！

第一部分 基本信息

一、企业基本信息

1. 贵企业所属的行业是

A. 支柱产业类：a1 电子信息　a2 化工　a3 汽车　a4 其他（请注明）：________

B. 装备产业类：b1 机械工业　b2 仪器仪表　b3 发电与输变电设备　b4 其他（请注明）：________

C. 新兴产业类：c1 生物技术　c2 制药　c3 新材料　c4 光电子　c5 其他（请注明）：________

① 本书中的研究变量及问卷题项仅使用了该调查问卷中的一部分，并非全部内容。

D. 都市产业类：d1 印刷包装　d2 纺织　d3 轻工　d4 食品和农产品精加工　d5 其他（请注明）：________

2. 贵企业成立年份

A. 2000 年以前成立　B. 2000～2004 年成立

C. 2005～2009 年成立　D. 2010 年至今

3. 贵企业是否被国家认定为高新技术企业

A. 是　B. 否

4. 贵企业的区位

A. 高新区内　B. 不在高新区内

5. 贵企业 2014 年的销售收入

A. 300 万～500 万元　B. 501 万～5000 万元　C. 0.51 亿～3 亿元

6. 贵企业的从业人员数量

A. 100 人以下　B. 100～300 人　C. 301～500 人

D. 501～800 人　E. 801～2000 人　F. 2001 人及以上

7. 贵企业中研发人员（大专及以上学历技术员工）占总员工人数的比例

A. 10%以下　B. 11%～15%　C. 16%～20%

D. 21%～25%　E. 26%～30%　F. 31%及以上

8. 贵企业 2014 年研发投入占销售总收入的比例

A. 3%～5%　B. 6%～10%　C. 11%及以上

二、受访者基本信息

1. 性别

A. 男　B. 女

2. 年龄

A. 30 岁及以下　B. 31～40 岁

C. 41～50 岁　D. 51 岁及以上

3. 您的学历是

A. 初中及以下　B. 高中或中专

C. 大专　D. 本科

E. 研究生及以上

4. 您在贵公司的________部门，担任________职务。

5. 任现职时间：________年。

6. 您公司位于________市。

第二部分　企业创新状况

请您结合贵企业的实际情况，在相应的位置画“√”		非常弱	较弱	一般	较强	非常强
1	本企业识别外部机遇和威胁的能力					
2	本企业对各项资源（人力、物力等）进行合理分配的能力					
3	本企业调整生产过程、库存分配及物流等方面的能力					
4	本企业同时处理多项创新项目的能力					
5	本企业引进新知识或者技术去创新新产品/新服务的能力					
6	本企业接受新事物并且向员工提供新知识的能力					
7	本企业有着较强的产品销售和售后服务能力					
8	本企业采纳新技术成果的倾向性					
9	本企业在管理上寻求新想法的积极性					
10	本企业乐意接受项目管理中的创新行为					
11	本企业因风险因素而拒绝创新的可能性					
12	本企业喜欢以集体智慧来完善市场开发方案					
13	本企业愿意采纳员工有价值的观点并积极主动进行分享					
请您结合贵企业的实际情况，在相应的位置画“√”		完全不同意	不同意	不确定	同意	完全同意
14	本企业有着清晰的目标和明确的价值观					
15	本企业对于想要做什么以及朝哪发展有着明确的认识					
16	本企业更加注重长远的成功					
17	本企业通过资源聚集、组织扩张等方式扩大企业规模					
18	本企业通过创新不断拓展业务增长点					
19	本企业的研发费用保持持续增长					
20	本企业对核心业务活动特别关注					
21	本企业将产品质量摆在首要位置					
22	与同行相比，本企业的利润增长率较高					
23	与同行相比，本企业占据的市场份额较大					
24	与同行相比，本企业的产品改进与创新有非常好的市场反应					
25	与同行相比，本企业在行业内率先应用新技术					
26	与同行相比，本企业常常在行业内率先推出新产品/新服务					
27	与同行相比，本企业的创新产品包含一流的技术和工艺					
28	与同行相比，本企业的创新项目成功率较高					
29	与同行相比，本企业的管理制度一直在不断优化、改进					
30	本企业能够从外部获取到市场开发信息与技能					

续表

请您结合贵企业的实际情况，在相应的位置画“√”		完全不同意	不同意	不确定	同意	完全同意
31	本企业能够从外部获取新产品及服务信息与开发技能					
32	本企业能够从外部获取到生产运作信息与技能					
33	本企业能够从外部获取到营销信息与技能					
34	本企业能够以较低成本获取所需厂房、装置及设备等					
35	本企业能够以较低成本获取到运营资金					
36	本企业能够以较低成本获取到劳动力资源					
37	本企业能够以较低成本获取到技术资源					
38	本企业所处行业的法律、技术、经济等方面的要求变化很快					
39	环境变化为本企业带来的机遇很大					
40	本企业无法预知主要合作伙伴的需求变化（政府、供应商、顾客等）					
41	本企业的管理者能够对环境变化做出及时回应					
42	本企业享受到的各项市政工程服务（道路、交通、水电等）令人满意					
43	本企业享受到的各项社会保障服务（培训、住房、再就业等）令人满意					
44	本企业享受到的各项公共安全服务（消防、治安、应急等）令人满意					
45	本企业享受到的各项文化娱乐服务（图书馆、公园、广场等）令人满意					
46	本企业能够便捷有效地享受各种技术服务平台（如共性技术研发、技术转移服务等）					
47	本企业能够便捷有效地享受各类大型科学仪器设备服务平台					
48	本企业能够便捷有效地享受各类科技数据共享平台（如科技图书文献、种质资源等）					
49	本企业能够便捷有效地享受各类科技人才交流服务平台					

第三部分 政府对企业科技创新活动的支撑

请您结合贵企业的实际情况，在相应的位置画“√”		完全不同意	不同意	不确定	同意	完全同意
50	本企业所在行政区有着完善的知识产权保护方面的法律法规					
51	本企业所在行政区的知识产权保护方面的法律法规得到了很好执行					

续表

请您结合贵企业的实际情况，在相应的位置画“√”		完全不同意	不同意	不确定	同意	完全同意
52	本企业提出的专利申请可以得到相关政府部门的及时批复					
53	本企业注册商标/版权可以得到相关政府部门的及时批复					
54	政府对本企业生产的产品、提供的服务有明确的规定标准（质量、安全等）					
55	政府定期监测和评价企业生产和经营活动对环境的影响					
56	政府要求本企业提供安全的工作环境和良好的工作条件					
57	政府对本企业带动地区就业有指标要求					
58	本企业在政府机构办理业务过程中手续、流程等比较简化					
59	本企业办理行政审批的时间和经济成本很低					
60	本企业因为政府新政策法规的实施而减少了报送材料					
61	近三年来，本企业报送给政府机构的相关材料有所精简					
62	本企业的市场准入条件放宽了					
63	本企业的市场主体责任强化了					
64	本企业的生产经营活动权力扩大了					
65	本企业遭遇的多头执法和重复执法现象减少了					
66	政府通过财政拨款直接为本企业技术创新活动提供资金					
67	政府通过研发补助直接为本企业技术创新活动提供资金					
68	政府通过贷款贴息直接为本企业技术创新活动提供资金					
69	政府通过科技计划项目（星火计划、火炬计划等）为企业技术创新活动提供资金					
70	本企业享受到了研发费用加计扣除减免优惠政策					
71	本企业享受到了固定资产加速折旧减免优惠政策					
72	本企业享受到了所得税减免优惠政策					
73	本企业享受到了流转税（关税、消费税、增值税等）减免优惠政策					
74	本企业享受到了财产行为税（土地使用税、房产税等）减免优惠政策					
75	本企业的创新成本（如人力、时间、材料等）很高					
76	本企业在创新中的融资比较困难					
77	本企业在创新中缺乏研发人员					
78	本企业在创新中缺乏相关信息（如技术、市场等方面）					
79	本企业在创新中难以与合适的合作者建立长期联系					

续表

请您结合贵企业的实际情况，在相应的位置画“√”		完全不同意	不同意	不确定	同意	完全同意
80	本企业的创新风险得到了政府的分担					
81	本企业的创新容易被模仿或复制					
82	本企业的创新受到法律和管制的约束					
83	本企业所处的行业垄断较为严重					

第四部分　开放性问题

1. 您是否知道国家实施创新驱动发展战略？

A. 是　　　　B. 否

2. 您认为贵企业创新还需要政府进一步提供哪些支持或帮助？（可按照以下提示项的重要程度，填写 5 项）

____

A. 更多的资金支持　　B. 更多的税收优惠　　C. 人才支持

D. 各类技术服务平台　　E. 基础条件平台　　F. 知识产权保护

G. 规范市场　　H. 消除垄断　　I. 政务信息公开

J. 改革科技计划管理体制　　K. 简化行政审批手续　　L. 其他，请举例说明

3. 您认为在党的十八届三中全会召开之后，政府对贵企业的公共服务方面最大的改进是什么？

____

非常感谢您的合作！